U0129468

深圳大学传播学院
媒介环境学译丛 | 第三辑

柏拉图导论

[英] 埃里克·哈弗洛克 著
Eric Havelock

何道宽 译

中国大百科全书出版社

图字：01-2022-0712

图书在版编目（CIP）数据

柏拉图导论 /（英）埃里克·哈弗洛克著；何道宽
译 . -- 北京：中国大百科全书出版社，2023.3
（媒介环境学译丛）
书名原文：PREFACE TO PLATO
ISBN 978-7-5202-1315-8

I . ①柏… II . ①埃… ②何… III . ①柏拉图（
Platon 前 427—前 347) —哲学思想—研究 IV . ① B502.232

中国国家版本馆 CIP 数据核字（2023）第 049848 号

出 版 人　刘祚臣
策 划 人　曾　辉
出版统筹　王　廓
责任编辑　帖慧祯　王　廓
责任印制　魏　婷
封面设计　乔智炜
出版发行　中国大百科全书出版社
地　　址　北京市阜成门北大街 17 号　　邮政编码　100037
电　　话　010-88390969
网　　址　http://www.ecph.com.cn
印　　刷　北京市白帆印务有限公司
开　　本　710 毫米 ×1000 毫米　1/16
印　　张　16
字　　数　213 千字
印　　次　2023 年 4 月第 1 版　2023 年 4 月第 1 次印刷
书　　号　ISBN 978-7-5202-1315-8
定　　价　69.00 元

本书如有印装质量问题，可与出版社联系调换

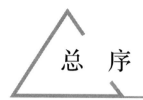

总　序

20 世纪 50 年代初，哈罗德·伊尼斯的《帝国与传播》《传播的偏向》和《变化中的时间观念》问世。1951 年，马歇尔·麦克卢汉的《机器新娘》出版。20 世纪 60 年代，麦克卢汉又推出《谷登堡星汉》和《理解媒介》，传播学多伦多学派形成。

20 世纪 80 至 90 年代，尼尔·波斯曼的传播批判三部曲《童年的消逝》《娱乐至死》《技术垄断》陆续问世，传播学媒介环境学派形成。

1998 年，媒介环境学会成立，以麦克卢汉为代表的传播学第三学派开始问鼎北美传播学的主流圈子。

2007 年，以何道宽和吴予敏为主编、何道宽主译的媒介环境学译丛由北京大学出版社推出，印行四种，为中国的媒介环境学研究奠基。

2011 年，以麦克卢汉百年诞辰为契机，世界范围的麦克卢汉学和媒介环境学进一步发展，进入人文社科的辉煌殿堂。中国学者不遑多让，崭露头角。

2018 年，深圳大学传播学院与中国大百科全书出版社达成战略合作协议，推出媒介环境学译丛，计划在三年内印行十余种传播学经典名著，旨在为传播学修建一座崔巍的大厦。

我们重视并推崇媒介环境学派。它主张泛技术论、泛媒介论、泛环境论、泛文化论。换言之，凡是人类创造的一切、凡是人类加工的一切、凡是经过人为干扰的一切都是技术、环境、媒介和文化。质言之，技术、环境、媒介、文化是近义词，甚至是等值词。这是媒介环境学派有别于其他传播学派的最重要的理念。

它的显著特点是：（1）深厚的历史视野，关注技术、环境、媒介、知识、传播、文明的演进，跨度大；（2）主张泛技术论、泛媒介论、泛环境论，关注重点是媒介而不是狭隘的媒体；（3）重视媒介长效而深层的社会、文化和心理影响；（4）深切的人文关怀和现实关怀，带有强烈的批判色彩。

从哲学高度俯瞰传播学的三大学派，其基本轮廓是：经验学派埋头实用问题和短期效应，重器而不重道；批判学派固守意识形态批判，重道而不重器；媒介环境学着重媒介的长效影响，偏重宏观的分析、描绘和批评，缺少微观的务实和个案研究。

21 世纪，新媒体浩浩荡荡，人人卷入，世界一体，万物皆媒介。这一切雄辩地证明：媒介环境学的泛媒介论思想是多么超前。媒介环境学和新媒体的研究已融为一体。

在互联网时代和后互联网时代，媒介环境学的预测力和洞察力日益彰显，它自身的研究和学界对它的研究都在加快步伐。吾人当竭尽绵力。

译丛编委会

2019 年 9 月

译者序

一、千古之谜

柏拉图的《理想国》攻击、贬黜和驱逐荷马等古希腊诗人，何以至此，似为千古之谜。千百年来，尝试破解者为数不少，最成功细致钩沉、悉心辨析、雄辩说理者当数埃里克·哈弗洛克的《柏拉图导论》。

《柏拉图导论》考察古希腊口语文化向书面文化、形象思维向哲学思维的转型。

作者认为，有了拼音文字和书面文化以后，古希腊人的思维达到了一个新的高度，于是抽象、分析和视觉的编码就锁定了难以捉摸的语音世界。

本书证明，柏拉图注重书面文化，排斥质朴的、聚合式的、意合式的、口语式的形象思维，所以他把诗人排除在其《理想国》之外。

埃里克·哈弗洛克是古典学教授，其《柏拉图导论》在欧洲古典学圈子里颇有争议。可以说，它并非真正意义上的古典学著作，但它既捍卫柏拉图主义，又捍卫古希腊诗人。它珍视希腊古风时期和古典时期的诗歌传统和口头传统，在人类学、民俗学、文化史、传播学、心理学等学科里产生了重大的影响。

本书分两卷，第一卷"形象思维人"探索口语文化，解释柏拉图的《理

1

想国》,第二卷"柏拉图主义之必需"捍卫柏拉图主义,为《理想国》辩护。

二、迟到之《导论》

2020 年和 2021 年岁末年初,中国社科院新闻与传播研究所的准博士朱豆豆在其博士论文杀青之际,对我做了一两个月的长时间的专访,成文后的文章题名:"探寻'遗失的经典':北美媒介环境学在中国的选择性转译"(收入其博士论文附录四)。兹将其中的一组问答抄录如次:

> 朱:通过对您译著的梳理后发现,哈弗洛克——作为一位学术地位堪比麦克卢汉的学者,您并未对其作品着手翻译(如《柏拉图导论》)。您未翻译《柏拉图导论》的原因是什么?
>
> 何:我不回避《柏拉图导论》,由于它和我已经翻译的《口语文化与书面文化》有相通之处,不便重复引进类似选目,将来不排除。如果洽购版权顺利,这本书应该纳入我正在主持的"译丛"的第三辑。

其实,朱豆豆不是提出类似拷问的第一人。早在 2013 年,中国传媒大学的梁颐博士就在《东南传播》第 10 期和第 12 期发表了两篇文章,分别题为《媒介环境学学术地位堪比麦克卢汉西方著名思想者埃里克·哈弗洛克研究》和《北美 Media Ecology 和我国"媒介生态学"、"媒介环境学"关系辨析——基于一种传播学研究乱象的反思》,尖锐拷问哈弗洛克及其《柏拉图导论》为何在国内罕有露面。

梁颐写道:"哈弗洛克和麦克卢汉同为媒介环境学第一代的代表人物,都对媒介环境学的基本问题成形作出了贡献,他不仅在学术地位、经历、著作、影响等方面和麦克卢汉有相同或相似之处,并且,他还影响了麦克卢汉。""但国内媒介研究领域关于哈弗洛克的研究可以说尚处于失语状态。

首先，国内没有他的代表作《柏拉图导论》的中文译本。"

三、《导论》之导论

2022 年 3 月 27 日，译完《假新闻》后，准备译《柏拉图导论》。我抱着试试看的心情给德里克·德克霍夫教授去信，看看他是否能为埃里克·哈弗洛克的《柏拉图导论》的中译本写一篇序文。他不但应允，还许诺两天内交稿。

两天内，他竟然完成了一万余字的长篇论文！我请他对论文瘦身，两天后，他提交这篇八千余字的定稿。我爱之心切，也在两天之内完成翻译。不到十天，我们两人创造了一个奇迹：一篇厚重的《柏拉图导论》中文版序。感慨良多，就用十五个字小结吧：伟大的激情，伟大的奉献，伟大的友谊。他对多伦多学派的前辈哈弗洛克充满敬意和激情；作为我们这个译丛的首席顾问，他竭诚奉献、倾力相助；这个几天内完成的序文确乎是一篇大作，是他和我们四年亲密合作的友情的见证。

《柏拉图导论》原本是欧洲古典学派内的一部论战经典，既捍卫柏拉图主义，又破解《理想国》贬黜古希腊诗人之谜，并非一般的学术畅销书，读起来有相当的难度，挑战一般读者的神经。尽管如此，我为什么还要引介它呢？语言之：柏拉图主义太重要了，破解《理想国》之谜太重要了。哈弗洛克《柏拉图导论》就是破解这一谜团的金钥匙，它是中国哲学界、文学界、人类学界、传播学界的阿里巴巴宝藏。

我为什么如此推重德克霍夫教授为《柏拉图导论》所作的这篇中文版序？因为：

（1）他弘扬了麦克卢汉"字母表乃发明之母"的论断，又对比了西方拼音字母和汉语语标文字的认识论差异，他的深刻洞见使人大开眼界。

（2）他科学地分析了东西方认识论的差异：西方"主体性和客体性的

极端区分";"汉语里没有与'个人主义'对应的专用词……它支持一种自我,只是自我不像西方那样优先于社会和社群的考虑而已";"传统的汉语认识论有三个主要成分:认知、情绪和道德……无疑,在汉语的认识论里,'自我'和自我意识的在场和感知是强大而盛行的,和西方别无二致。但'自我'和自我意识在这里不是孤立的。中国人感觉与环境结为一体——无论这环境是自然或工业、城市或乡村——这样的整合是人人分享的"。

(3)他正确认识中西方意识形态和政治制度的差异:"共同的汉字系统偏重社群而不是个人主义;因此,共产主义在中国成功了……中国人民之所以能完全接受'社会信用体系',就是因为该体系的宗旨是确保社会稳定与和谐;稳定与和谐不仅是靠儒学支撑的,而且是靠汉字养成的认识论支撑的。中国社会稳定和谐的时间比任何其他文明都要久远。"如此洞见不偏不倚,难能可贵。

(4)这篇序言洋洋洒洒八千余字,恰似一剂"十全大补":"引论"+九节,每节犹如一篇小论文。第八节"中国人必读《柏拉图导论》的五大理由"和第九节"书面文化是解锁东西方的钥匙"都是画龙点睛之笔。

这篇序言明白晓畅,极好,我为它加上一个题名:《导论》之导论",请读者分享我的喜悦。

四、三星同辉

20世纪中期,哈罗德·伊尼斯、马歇尔·麦克卢汉与埃里克·哈弗洛克在多伦多大学打造了传播学多伦多学派,恰似三驾马车、三花并蒂。伊尼斯和哈弗洛克对麦克卢汉产生了重大的影响,麦克卢汉推崇伊尼斯,为伊尼斯的《帝国与传播》和《传播的偏向》作序。他推重哈弗洛克,以下文字,足以为证;在《理解媒介》第二版的自序里,他写道:

在其鸿著《柏拉图导论》中,哈弗洛克就希腊人的口语文化和书面文化做了对比研究。到柏拉图时代，文字已经创造出一种新的环境，新环境开始了使人非部落化的过程。在此之前，古希腊人的成长受益于部落式百科全书的机制。他们将诗人吟诵的诗歌铭记在心。诗人们为一切生活事件提供了具体的操作性智慧……非部落化的、富有个性的人出现以后，人们需要一种新的教育。柏拉图为读书识字的人们制订了这样一种新型的计划。该计划的基础是他提出的理念。借助拼音字母表，分类智慧接过了荷马和赫西俄德的操作性和部落式百科全书。自那时起，资料分类式教育一直主导着西方的教育计划。

遗憾的是，由于历史局限，我们未能及时引介哈弗洛克的《柏拉图导论》。

21 世纪初，我撰文《多伦多传播学派的双星：伊尼斯与麦克卢汉》(《深圳大学学报（人文社科版）》，2002 年第 5 期)，由于本人知识的局限，我漏掉了哈弗洛克。

2008 年前后，我开始系统引进媒介环境学派，翻译出版了沃尔特·翁的《口语文化与书面文化：语词的技术化》(北京大学出版社)。本欲乘胜推进，翻译出版哈弗洛克的《柏拉图导论》，但学术圈里有人认为，这两本书的主旨和内容有交叠，《柏拉图导论》可暂缓一步。

2021 年，经过中国大百科全书出版社版权经理邹欣的艰苦努力，我们终于搜寻到《柏拉图导论》的版权人，并购得中译本的版权。

多伦多学派的三驾齐驱、三花并蒂的美景就在眼前。三星同辉，美哉快哉！

何道宽
于深圳大学文化产业研究院
深圳大学传媒与文化发展研究中心
2022 年 6 月 6 日

德克霍夫序 :《导论》之导论

　　我无论如何也不能拒绝为《柏拉图导论》中文版写一篇序，因为埃里克·哈弗洛克（Eric Havelock）是"多伦多传播学派"的奠基人之一。这是包括我在内的一些人给这个学派的命名（也有人不太同意这样的命名）。另外的两个人奠基人是哈罗德·伊尼斯（Harold Innis）和马歇尔·麦克卢汉（Marshall McLuhan）。"多伦多学派"最初由人类学家杰克·古迪（Jack Goody）在一篇文章的注释里提出，文章题名《传统社会里的书面文化》（*Literacy in Traditional Societies*, 1968）。我重申这个"学派"概念的理据是：这三位奠基人关注的重点是字母表书面文化的影响，继后在多伦多大学执教的追随者包括我也注重研究这样的影响。

　　伊尼斯《帝国与传播》（*Empire and Communications*, 1950）的部分内容就阐述字母表在古希腊口语文化里所起的作用，麦克卢汉为该书作序。当然，麦克卢汉受到了伊尼斯和哈弗洛克的启发。唐纳德·特沃尔（Donald F. Theall）[①] 在《多伦多传播学派》（*The Toronto School of Communications*, 2003）的文章里回忆道：

---

　　① 唐纳德·特沃尔（Donald F. Theall），麦克卢汉的第一位博士生，曾任特伦特大学（Trent University）校长。著有两部麦克卢汉传记：《虚拟麦克卢汉》《理解麦克卢汉：媒介是后视镜》。

伊尼斯公开承认哈弗洛克对他作品的影响。他对传播技术的兴趣以及多种媒介时空偏向变异的兴趣都受到哈弗洛克的启发。麦克卢汉的剑桥大学博士论文《托马斯·纳什及其时代的学问》（*Thomas Nashe and the Learning of His Time*）和第一本书《机器新娘》（*The Mechanical Bride*）都使他以独特的视角去看哈弗洛克的作品。这些作品呈现出重释、拓展和批判哈弗洛克许多洞见的可能性，还使他能重释、拓展和批判伊尼斯的思想。

《柏拉图导论》给我启示，促使我与查尔斯·朗斯登（Charles Lumsden）合编了《字母表与大脑》（*The Alphabet and the Brain*, 1988）。我们试图用神经科学验证多伦多学派的直觉。如此看来，多伦多学派的几位杰出干将即使没有紧密的个人关系，他们的宗旨也是始终如一的（麦克卢汉和伊尼斯起初互动不多，但从一开始，他们就向自己的研究生推荐对方的著作；哈弗洛克和麦克卢汉后期维持了长期的通信关系。看来，哈弗洛克较少察觉到自己洞见的重要性，麦克卢汉却常常引用他的《柏拉图导论》）：

> 人们对哈罗德·伊尼斯及其朋友埃里克·哈弗洛克的成就三缄其口，推动这种沉默的是我们面对这样一个事实而感到恐惧：我们私密的心灵源于拼音字母表，而不是其他的字母表［……］这一发现比俄狄浦斯情结更令人害怕。[1]

就我个人而言，我感谢他的作品，我怀念他，必须要为他的《柏拉图

---

[1] 麦克卢汉致约万诺维奇（W. Jovanovich）信，1972年2月2日，藏加拿大国家档案馆；转引自克里斯托尔（Andrew Chrystall）《麦克卢汉和哈弗洛克的形而上学》（*McLuhan, Havelock metaphysics*, 2021）。——德克霍夫

导论》中文版写这篇序。但我还有一个理由：尝试解释为什么除了文人以外，中国读者还应该接受挑战，熟悉古希腊传播和教育问题的细节，找到自己的思想立场，借以理解和比较自己的经验和《柏拉图导论》的核心论述：文字的书写如何深深影响着人的社会文化行为；从很长的历史时期看，书写甚至影响着整体的文明。

约翰·廷内尔（John Tinnel）在他言简意赅的文章里高度评价哈弗洛克的洞见，并提出一个重要的观点：《柏拉图导论》是一部文人的大作，因而是对中国读者的考验，但它并不是什么文学的洞见，而是深刻的文化洞见：

> 在哈弗洛克的笔下，从口语文化向书面文化的迁移是技术驱动的本体转型。他的冲动并不是文学的洞见。文化的自我（literate self）——其表述是基于知者／客体／知性相对已知／客体／感知的分离（前一套术语优先）——被证明不能思考人与技术的关系，而只能将其视为技术放大的人的问题：消极的物质听从并延伸人这个主人的指令。然而哈弗洛克却证明，如果没有希腊字母表系统体现的文化／认知条件，概念范畴本身是不可能发展起来的[1]。

一、哈弗洛克《导论》之导论

总体上，这本书给读者一把阅读《柏拉图对话录》的新钥匙。《柏拉图导论》反映了口语传播向文字传播的深刻认识论转型，不像大多数评论柏拉图的学者所作的那样，研究媒介的影响，而不是内容的影响。哈弗洛克的主要论点是对西方心灵最有影响力的文化洞察之一，不过，这个论点直

---

[1] 见 http://jtinnell.blogspot.com/2012/04/preface-to-plato.html。

到第十一章"心灵，知者与认知对象的分离"才提出。第十二章"认知对象的认识"补足这一论点。这两章凸显了西方认识论主要特征的源头：主体性和客体性的极端分离。全书其余的一切引向或跟随这样的观察。这种极端的分离使这样一种形式化的描述成为可能：提供一个客观的现象世界用于试验、分析、界定和描绘，以及让人赞同的概念，同时又赋予个人立场，使人成为"现实"的主体阐释者；至于"现实"的本质，没有人（哲学家除外）觉得有必要去质疑。

让我们直奔重点。第一卷共十章，仔细梳理并强调柏拉图对诗歌的抗拒，他反对把诗歌作为公民教育的正当手段，因为诗歌有强大的力量使人将情感投入——即使不是"着迷"——表演者和观众的感情被调动了。在第二卷里，他把抽象的力量归因于文字，读者因"着迷"而"中邪"。于是，字母表造成的主要对立是口头参与和文字疏离，哈弗洛克将疏离称为"抽象"。

我在这篇序文里对口头参与和文字疏离的对立做这样的解释：任何口头交谈都使交谈者处在近身和决定性的语境中；相反，书面交流使文本和读者脱离了原来生成书面文本的语境。再者，阅读淡化了交流，却强化了对内容的解释。柏拉图本人很清楚这样的效应，但为了捍卫文本使之不致遭到读者潜在的反对，他在《柏拉图对话录·书简七》里以鲜明的态度惋惜作者的缺失。

在这个问题上，我的主张是基于文本和语境的对立，换言之，任何类型的文字都使文本与它描绘的语境脱离或"分离"，但只有完全意义上的拼音字母表才能使读者和文本脱离。原因很简单，拼音字母表是唯一只需解码的文字，不依靠读者的知识，连它所表征的语言都不依靠。

二、解码对阅读

任何全字母序列都是一个"独立的"文本。字母完全用语音表现语言，足以容纳完全的讯息；无论你理解与否，事实就是这样的。解码任何字母表书写的语言时，你只需懂那文字，无须懂它表征的语言。

这个观点似乎有点傻乎乎，实际上却有非常深刻的意蕴，因为字母表不仅使文本和语境脱离，而且使读者和文本脱离。我的意思是，读者无须提供语境线索就可以读懂文本的字面意义。希伯来语或阿拉伯语却不是这样的情况，因为元音的缺失迫使读者要直奔语境才能阅读文本。其他的任何文字都迫使读者提供缺失的元素，将他绑定在文本里。那么，后果如何呢？这一特征如何影响认识论呢？在语言学里，全语音序列关键的特征名为双重发音（double articulation），少数的有意义单位（音位）的组合生成大量有意义的词素（语词）。

你可以说，解码是单纯的符号识别，只能和字母表文字的语音层次相关联，阅读或解读这些符号相当于识别词素的意义。那么再问，后果如何呢？结果是：在解码的基础层次上，字母序列同样是和文本的内容脱离的。你可以说，这是"内容不可知论"（content agnostic）。其余一切文字连音节文字和辅音文字尤其图像为本的文字比如汉字，把读者与文本和符号的语境捆绑在一起，理解符号的意义是随后才发生的事情。这就是东西方分离的地方。

三、汉语导论

说到这里，我需要中国读者纵容我的推测，让我从阅读汉字文本的假定效应中抽象出一些认识论的判断。在以下的表述里，我几乎肯定会出错，但我愿冒险；即使有误，我的观察仍然有用，它们能激发异议，也许能推动你的反思。我相信，这样的反思越来越重要，因为东西方的关系在地缘政治上处在试探之中。让我们把这篇序文视为比较认识论的文字，给哈弗洛克的宗旨敲敲边鼓。

中国读者和西方读者都需要一篇汉语导论。为什么？与重文本的西方人不同，汉语读者受语境束缚。阅读汉字文本时，文本和语境的分离从来都不是完全的。实际上，汉字的书写不是基于双重发音：符号和意义同时出现。意义不是也绝不可能是"字面的"。常用的汉字是语标文字，绝不需要贴近的解释。当然，数以百计的汉字（即使不是博学的读者所需要的数千个汉字）立即在读者的脑子里唤起词汇。不过，在符号和语词一一对应的情况下，汉语几乎总是"语词－符号"并置的，其会意字的情况更是如此。但即使这样并置的会意字也需要一个解释的过程，在两个层次上弄清语义：一是识别偏旁部首，二是解释并置的部首有何联系。应当承认，字母书写的序列显然也需要解释，不过那是语素层次上的解释，而不是语音层次上的解释。语素层次和语音层次的间隙正是知者与认知对象发生分离的地方。相比而言，汉语读者从未完全与文本分离。在这个意义上，解码汉字需要读者的符号输入，这样的解码和希伯来语或阿拉伯语不同，却有可比性：希伯来语或阿拉伯语的读者也需要提供缺失的元音，才能完成任何句子的阅读。稍后我们将看到，这还意味着，主体和客体的分离在汉语认识论里虽然可以想象，而且部分存在，却从来都不是完全的。

四、不出声的说话

朗读汉语极其困难。熟练的读者肯定能一符一词地朗读，捕捉一组汉字或语词读出声，大多数人则需要求助于默念，以解读复杂的语词序列。阅读汉语时，字形的意义瞬间可得，就像路标一看即懂（没有必要默念"停"的路标！）。汉语"阅读"（文本）这两个字的字面意思是看书（see book），可见，阅读行为直接转化为视觉行为［对应"阅读字母表"的汉字大概是"看"书，就像说"听书"（listening to a book）一样］。因此，汉语词的读音即使重要，也必然是第二位的。与前后的汉字组合时，字符可能会邀请人解读，会召唤其中的内涵，就像语词的音位序列需要解读一样，但即使仅仅是因为需要语标或义符以帮助消除单音节语词的歧义，视觉呈现在意义的形成中占主导地位。这是研究结果证明的结论。

显然，任何文化里，每一个读者都要在一定程度上进行默念。尚未找到令人满意答案的一个好问题是，汉语读者所需的默念是否比字母表文字读者少（训练有素的快速阅读者除外）。看起来，虽然起初学习读书写字时义符占优势，但大多数目前常用的汉字被称为语符，因为实际上这些字指的是语词，它们大概有内言语（inner speech）相助。不过，"内言语"不是"不出声的说话"（sub-vocalization）。

只需一刻工夫的内省就可以证明，内言语不依靠阅读。此刻你想想任何东西而不去阅读，你就足以认识到，无论你是否调动形象或语词，内在经验都会随意发生。实际上，许多西方人抱怨内在经验"无休止地唠叨"。阅读汉语能不用默念吗？这里的回答也是没有定论的，但尚不充分的实验研究和理论研究显示，默念总是以某种形式存在，即使快速阅读者也有默念的现象（也许观察家认为，连汉语读者也用默念）。所以，默念仅仅是一个程度多少的问题。尽管如此，我在这里的论点是，字母表文字鼓励默念，因为它有助于以两种方式生成意义。首先，内在声音既有解析功能，又是语调解释器。韵律是支持理解说话的钥匙。不出声的说话还提供短期记忆存储器。根据德国马克斯·普朗克研究所的乔斯·范伯库姆（Jos van Berkum）的创新研究，大脑需要预期呈现给它的序列、音乐、言语或事件，包括文字。

五、默念

当然至少从外部看，听自己内在的声音是唯有读者自己体会得到的静默的体验。我们再问一个有争议的问题：人们什么时候开始默念的？有人认为，古希腊罗马直至中世纪的阅读总是朗读，这也是麦克卢汉的观点。

他们认为朗读是可能的，一个理由是：连写无标点的文字是抄书人的惯习，横行的文字不间断，旨在节省书写的空间，在石头或铜器表面书写既艰难且昂贵；同时还因为，这些公文本来就是要大声朗读的。起初，字母表书写仅仅是口头说话的辅助，是为了记住说的话。如同在古埃及一样，古希腊的书写是抄书人的任务，是为强权人物服务的；而这些有权势的人常常是不会读写的。一切的阅读都是要朗读出声的，这说明一个事实：字母表起初是一种记忆技法，其功能是支持口语持续不断地占主导地位。古埃及和古希腊抄书人的作用宛若一种记录器。回放时总是有声的。也许，即使在早期抄书人的脑子里，肯定在机械复制的文本比如印制的抄本传播开来以后，人们开始默念了，他们不觉得有必要或在默认条件下与他人共享读物的意义。默念使过往的公开活动变成私密的事情。如此，默念还把说话转化为高度特化的思维，这是哈弗洛克的一个观点（但他没有把这样特化的思维与不出声的说话联系在一起）。当然，中国读者同样要内化和利用说出声的语言，但这样的运用非常复杂，需要学很久，并没有真正完成。

六、阅读与"自我"

在第十一章和第十二章里，哈弗洛克明明白白、言简意赅地把古希腊书面文化的演化和自我的演化联系在一起。言下之意是，这一发展过程和"认知对象的认识"紧密相关：

> 如果用现代语汇的话，公元前 5 世纪末那场革命后果的另一种更正确的表达方式应该是这样：确认与"客体"相对的"主体"，而"客体"是"主体"的认知对象。至于"客体"、数据已为人知的知识，我们将在下一章里探索。在这里，我们集中讲一种新知觉的可能性；一切情况下都有一个"主体"、一个"我"，其独立身份是我们必须要在

这里接受的首要前提，此后我们才能进一步陈述或得出结论，去讨论彼时希腊的情况究竟是什么样的。

哈弗洛克这段话的一个重要的必然的结论是，"知者与认知对象的分离"在知者身上产生了"自我"的新意识。两者的分离不仅使两者有别，而且使自我与世界脱离。根据我个人的研究，这一结果是西方心理的支柱，知道并理解这一点对中国读者可能会非常有用。西方个人主义的兴起和私密自我的形成可以归结为字母表的效应，字母表效应使意义建构的优先顺序从语境转向文本。哈弗洛克接着写道：

> 自主人格的概念是不能在抽象意义上求得的概念，不能被视为解决一个外部问题的科学答案。当然，一旦被发现，它就可以被泛化为与全人类有关的发现。但为求得这一发现，思考的人只能靠内省。对那个时期的古希腊人而言，从赫拉克利特到柏拉图，这都是个人的和私密的发现。"认识你自己"不仅能成为特尔菲神谕认可的箴言，而且能成为苏格拉底辩证法的座右铭。

七、"私密的"自我：语言的利用、内化和私密化

哈弗洛克最有力的论点之一是这样一种推断：古希腊哲学家可能有了自我的观念，但他们的观念并不是基于个人与此前的心理 - 社会情况的社会纽带：

> 你可以设想，一旦用这个假设和表达它的语言武装起来，古希腊思想家借此发展出一种全然主体主义（subjectivism）的哲学，理论上

看就是可能的了。按照这种哲学，自觉和内在自由充分实现的"我"成为宇宙——一种现实的存在主义中心，成为一切道德准则和一切真伪标准的源头活水。

哈弗洛克所谓的"内在自由"就是今天我们说的"私密自我"或更宽泛的"隐私"。我把一种内在、隔绝、被保护的自我形成的过程与社群媒介语言被个人使用的情况联系起来。我在上文说到主客区分、默念和语言的"内化"，把在这些论点组合起来，我们就可以看到，这样的组合的确可以生成个人主义，这是具有长远社会政治后果的心理驱力。

一切文字包括语标文字都使个人能掌握文字的内容并将其储存在记忆里供自己使用。然而，字母表给予人储存记忆的机会要大得多；原因很简单，阅读字母表文字的效果是内化意义，不是将意义作为思想、形象或观念内化，而是将表征的语言的读音内化。用语音的思维（thinking in phonological terms）和用思想或形象的思维（thinking ideas or images）截然不同。语音思维使人有许多机会搞语言的创新，把想象的复杂性化解为语词和概念模块化的、可管理的单位。更重要的是，它使读者能积累一种智能资本，而智能资本的功能是持续不断地界定和支持个人的私密身份。

相比而言，传统的汉语认识论有三个主要成分：认知、情绪和道德。感知的器官叫"心"，可译成英语的"心脏－心灵"（heart-mind），包括"知"和"情"，而伦理态度是两者的紧密结合。实际上，这个道德维度不只是对"知"和"情"经验的追加，而且是对"知""情"和"心"的整合。在汉语的认识论里，"自我"和自我意识的在场和感知无疑是强大而盛行的，和西方别无二致。但"自我"和自我意识在这里不是孤立的。中国人将感觉与环境结为一体——无论这环境是大自然或工业、城市或乡村——这样的整合是人人共享的。这样的整合构成个人与时间、地点和人的每一次认知邂逅。

这样的视野在儒家的教诲中象征性地实现了，儒家用复制现存的社会关系和权力关系来谋求稳定和秩序。"儒家强调人文价值，以谋求与天道的和谐，包括家庭与社会的和谐、孝道、仁义和礼仪规范"（Pae 2020, p. 121）。为此目的，"儒家厚古薄今，厚教义和顺从，轻原创思想和异见；重人伦和古典，轻自然探索"（Li Jiehong 2005, p. 109）。

基于上述前提，你的直觉可能会认为，儒学是保守的学说；实际上儒学不止于此，社会的集体默认（霍夫斯塔德/Hofstede 1980）基于整合的"我－我们"关系。理查德·尼斯贝特（Richard Nisbett 2003）在《思想版图：亚洲人和西方人的思维方式不同……为什么》（*The Geography of Thought: How Asians and Westerners Think Differently... and Why*）里，用这样的历史观察来区分古代希腊人和古代中国人：希腊人认为，社会生活的最高形式是看戏（因而养成事件与观者的重要距离），中国人却偏爱与家人和友人的聚会。

在中国人的语境里，"自我"的稳定和语言构造有关，和视觉表征亦有关系。关于前一种关系，语言分析（Gong 2009; Zhou 2001）显示，汉语时间流动的比方（时间动，主体静）比较多，自我动的比方（时间静，主体沿着给定的时间轴"动"）比较少。结果，中国人说话不太可能采取自我流动的视角（英国人说话采取流动的视角比较多）。至于视觉表征，卡斯特利（Castelli 2015, 28）敏锐地指出，"在传统中国画里，山水和田园风光先于人物；即使有人，和画面的尺寸相比，人物也非常小"。

八、中国人必读《柏拉图导论》的五大理由

回头说《柏拉图导论》，这本书虽然繁难，却是一本非常重要的中国人必读书，我们看看原因何在。

（1）如果说字母表使知者与认知对象分离，那么汉字的功能刚好相反，

它把读者和文本绑定在一起，而且是通过语境绑定，就是说，认知对象包含读者。

（2）和西方读者一样，中国人能内化知识，但中国人内化的不只是静默形态的口语；每次阅读时，中国人以某种方式内化整个的文化及其社会语境。

（3）拼音文字造成主客体的分离，使西方人能快速而不停地发展精密的科学、有用的观念、可靠的范畴和随之而起的技术，这样的主客分离还使智能和追求进步优先于其他品格和价值。自从字母表在希腊兴起，西方文明的冲击力和时间取向从过去转向了未来。

（4）反过来，到了它与西方接触增多的时代，绵延不绝的中华文明还是继续影响着其社会政治风景，还是面向过去、基于保守的，还是让远见、耐心和智慧优先于革新和才智。

（5）汉语里没有与"个人主义"对应的专用词。这并不表示，中国人没有自我，因为"心"（心脏－心灵）暗示，它支持一种自我，只是自我不像西方那样优先于社会和社群的考虑而已。

这段文字的寓意是：直到今天，虽然采纳了西式的市场驱动做法和资本主义的诱惑，实际的施政举措即使"过"，也要捍卫和维持中国庞大人口的平衡与和谐。

九、书面文化是解锁东西方的钥匙

从以上论述，我们得出一个结论：在文明的基底，无论东方还是西方，主要的传播媒介即语言决定着人与人的认知－情感关系，也决定着人与人的社会关系。虽然不同文化的语言千差万别，但一切文化都见证着类似的行为和演化。一切文化差异更大程度上都取决于环境、地理和气候因素，反过来，文化差异又影响着各地方文化的适应模式。在一切情况下，演化都是缓慢的甚至是停滞不前的。只有语言找到文字记录的方式时，停滞不前的文化才会被拾起并强调文化差异。拉丁谚语云："口语词展翅飞翔，书面词原地不动"（Verba volant, scripta manent）。文化的结构取决于持久形式的文化编码。哈弗洛克说得很清楚，字母表文化固化了西方的个人主义。字母表渗透古希腊文化，它携手个人主义，生成民主，把迥然殊异的人扭结起来去顺从社会秩序；民主即使并非唯一的出路，至少是最佳的办法。社会一致的意见名为"法律"，法律写在墙上。但个人主义又演化出资本主义，资本主义促成了科学技术快速而增量的发展，以及丰富而多样的经济。然而，在资本主义肿胀的趋势里，在社会和环境的破坏性趋势里，民主未能起到主导的作用。今天，世界面临资本主义这一疏忽所产生的后果：威胁人的环境恶化和好战的敌视态度建立在意识形态和语言的种种托辞上。

中国文化过去依靠而且现在继续依靠文字。实际上，中国文化对文字的依靠大大超过对语言的依靠，因为单一的汉字书写系统竟容纳了许多语言，而且其中一些语言是极为不同的，比如普通话和日语、广东话和客家话这些差异较小的语言就不用说了。如上所述，共同的汉字系统偏重社群而不是个人主义；因此，共产主义在中国成功了，在苏联失败了。西方一个普遍的错误观念是，共产主义不民主，但那是用苏联的经验去解读中国的共产主义。原则上，民主和共产主义并不是不可兼容的，因为两者都是用"人民"的名义进行的。大体上，中国人民之所以能完全接受"社会信用体系"，就是因为该体系的宗旨是确保社会稳定与和谐；稳定与和谐不仅是靠儒学支撑，而且靠汉字养成的认识论支撑。中国社会稳定和谐的时间比任何其他文明都要久远。

德里克·德克霍夫

2022 年 3 月 30 日

于维科埃昆塞

前　言

我们这套书旨在展示早期希腊心灵的成长，此为第一卷。我无意追求另一种希腊哲学史，使之有别于人们接受的那种意义上的哲学。所有的人类文明都依靠某种意义上的文化"书"，依靠储存信息以备再用的能力。荷马时代之前，古希腊文化的"书"储存在口头记忆里。晚近发现的"线性文字 B"（Linear B）的破解和结论固然迷人而时尚，却不能遮蔽口头记忆的基本事实。在荷马和柏拉图所处的时代之间，储存信息的方法变了，因为信息被字母表化了；相应的变化是，眼睛取代耳朵，成为处理信息的主要器官。希腊化时代（Hellenistic age）到来之前，书面文化的全盘后果尚未在希腊产生重大的影响。希腊化时代到来之后，概念思维（conceptual thought）流畅起来，表达概念思维的词汇或多或少被字母表化了。柏拉图生活在这一变革的过程，他宣告这一变革并成为其先知。

心灵现象的直接证据只能寓于语言用法。如果以上勾勒的变革的确在希腊发生了，它就应该在希腊书面语词汇和句法的变化中得到证明。就语词的多义项而言，迄今为止希腊词典编纂的语义信息多半是分析性的排列，而不是历史顺序的排列，宛若悬停在真空里有限意义的原子，而不是意义的区块，由语境容纳和界定的领域。这样排列的效果是养成一种无意识的假设：从荷马到亚里士多德的希腊经验构成一种文化常态，固然可以用一个种类繁多的符号系统来表征，却只含有可以交换的集合。

因此，摆在我们面前的任务就是记述前柏拉图时代抽象词汇的发展，这一发展不应被视为口语的附加（不过附加的观点也必须予以考虑），而应该被视为已有资源的重新建模。

这一事业的价值必然建立在他人奠定的基础之上。实际上，我要感谢很多人，因为我这里的综合依靠许多古典学术的独立发现，乍一看，这些领域似乎并无关联。尝试重新诠释希腊思想史、寻找尚未实现的概念和尚未发明的术语时，我们面对一个令人生畏的障碍，那就是希腊化时代和罗马时代古典里保存的传统的记录。在这些文献假设中，希腊最早的哲学家一开始就在用有限的元素思考形而上问题，他们提出的解答预设了对抽象概念的掌握：希腊最早的哲学家事实上是现代哲学语义上的哲学家。1879 年，狄尔斯（Diels）的《希腊学述》（*Doxographi Graeci*）的出版证明，这些古文献倚重泰奥弗拉斯托斯（Theophrastus）支持的物理哲学家（physical philosophers）失落的历史的形而上部分，同时，这本书的出版并没有损害这些古文献的终极权威。浏览伯奈特（Burnet）的《早期希腊哲学》（*Early Greek Philosophy*）就可以看到这一点。毕竟，还有比泰奥弗拉斯托斯更权威的呢？亚里士多德这位学生和继承人是希腊思想史的先驱。哈罗德·切尼斯（Harold Cherniss, 1935）断言，很大程度上，亚里士多德著作里对前柏拉图思想家的形而上诠释适应他自己体系的问题和术语。1953 年，麦克迪亚米德（J. B. McDiarmid）指出，泰奥弗拉斯托斯对第一动因的描绘成为后世传统的支点，他的记述似乎是基于亚里士多德对自己观察的整理，因此不能再号称高于今天现有的权威。可以说，自泽勒（Zeller）的古代哲学史巨著问世以来，现代学术享有盛誉的繁复结构轰然坍塌。如果说狄尔斯的《希腊学述》依靠泰奥弗拉斯托斯，如果泰奥弗拉斯托斯是亚里士多德历史观的镜像，如果这些著作把早期希腊思想置于亚里士多德的语境里，而不是前苏格拉底的语境里，那么，这样的传统就不可能是历史传统，许多学者难以接受这一结论，但看到它被侵犯还是目不忍睹。熟悉未必能保证忠诚。

下一个任务似乎是针对早期希腊思想家形而上立场的描绘做一番矫正，进行必要的建设。读者将要发现，根据这些发现，我觉得可以迈出更大的一步，质疑那一整套的假设：早期希腊思想执着于形而上，能用一套适合追求形而上的词汇。如今，介于现代史学家和早期希腊心境（mentality）之间的那一层隔膜有可能被移除了，我们有可能重新审视一种本质天真的现象。1902 年，狄尔斯印数有限的《前苏格拉底残篇》(*Fragmente der Vorsokratiker*) 出版以后，现代人的眼光瞥见了早期希腊思想的纯真。该书用两列并排，一边是原文，一边是传统的解读，揭示两者可以被视为不可调和的语言冲突。

然而，如果早期希腊心境既不是形而上的，又不是抽象的，那它究竟是什么样的，它想要说什么呢？最先由木匠留下的木刻文字资源为我们提供了下一条线索。这些木刻的文字指向一个结论：总体上，希腊文化维持在口语基础上，直到公元前 700 年。如果这一结论不错，那首批所谓的哲学家生活和言说的时期还处在调整的过程中，以适应可能会来临的书面文化的情况。我断定这种情况会姗姗来迟，因为新情况依靠的不是少数人对书面文化的掌握，而是依靠许多人对流畅阅读的掌握。

少数选择成为未来哲学家的人尝试把知识资源理性化，那么，口语记忆里储存和准备再用的知识究竟是什么样的形态呢？在此，我转向米尔曼·帕利（Milman Parry），看见了答案的轮廓，这一答案还可以解答另一个问题：色诺芬尼（Xenophánes）、赫拉克利特（Herakleitus）和巴门尼德（Parmenides）这三位最早的思想家何以会以奇异的方式生活与说话呢？他们口头创作的公式化风格特征不仅再现了某些口语习惯和韵律习惯，还表现了思想的投射和心理的状态。前苏格拉底思想家本质上是口头表达的思想家，是具象事物的预言家，由于长期习惯与过往相联，他们相联的表达形式也是经验形式。不过，他们努力为将来设计一套词汇和句法，用句法组织的类别来表达思想，那样的句法适合抽象的表述。这是他们专心致志的基本任务。他们没有发明后世哲学样态的系统，而是专心致志于一个初级的任务：发明一种使将来的语言系统成为可能的语言。简单来说，这就是冉冉升起的新景象。即使这样，如果没有 1905 年尼尔松先知式的文章，我也不会欣然承担从帕利的成果演绎这些隐含命题的任务。尼尔松那篇文章猜度，米利都学派（Milesian）的早期出版物有口语的特征。

以上这些原创性路标指明了本书研究的路途。我们开篇说明的是柏拉图论对希腊诗歌传统的攻击，从时间上来说他的攻击来得最晚。与此同时，重新审视所谓早期"哲学"史的新鲜报告在另一个新领域（quarter）出现，几种早期词汇的研究冒出来。伯奈特的文章《苏格拉底的灵魂学说》（*Socratic Doctrine of the Soul*）开辟新天地。文章证明，任何思辨性活动的基本概念大概是在公元 5 世纪后半叶发明的。斯滕泽尔（Stenzel）论苏格拉底的专著于 1927 年由保利 – 维索瓦（Pauly-Wissowa）印行。斯滕泽尔提出的一个大论题补足了伯奈特的洞见。这个论题是：苏格拉底的学说基本上是强化语言的试验，是一种意识：语言被有效地用于界定和控制行为时拥有强大的力量。斯内尔和冯·弗里茨（Snell and von Fritz）让人关注一个事实：柏拉图和亚里士多德谋求精准界定意识的运行，我们通常将这些术语的类别视之为理所当然。实际上，这些术语经过了相当长时期的发展才达到那样精准的程度。恰当语词到来之前，你不会有那个理念，语词变得恰当需要在一个适当的语境里使用——这是一个合理的推想。学界正在为其他术语和思想领域的生成 – 历史方法论（genetic-historical approach）进行准备——这样的迹象不乏其例，理解希腊最初时间观念的努力即为其一。

我们当然应该承认，这种类型的研究受惠于广泛的激励和启发。其他学科对古典研究领域里注入了新的思想，比较人类学和心理分析的贡献尤其大。早期希腊思想的史学家不必全盘接受列维–布留尔[①]的理论以证明对他的感谢。如果说早期希腊的理性主义仍然可以被视为宗教象征主义和仪式禁忌的坚守，如果荷马和柏拉图的两个世界可以被视为耻感文化（shame culture）和罪感文化（guilt culture）的反差，诸如此类的大论题并不损害本书的主旨，而是给予它支持。尽管如此，我们研究问题的关键寓于口语文化向书面文化的过渡中，寓于具象思维到抽象思维的过渡中；在这里，研究的现象是明确的，这些现象是传播技术的变革生成的——这也是明确的。

克里斯汀·米切尔（Christine Mitchell）、亚当·帕利（Adam Parry）和科尔（A. T. Cole）教授审读了本书的初稿，提出矫正和改进，瑾表谢忱，他们的建议已被纳入文稿。在横跨如此宽广领域的书里，错谬可能不少。我希望，读者的纠正将引向诸多问题的进一步研究，本书揭示问题并不完全，解决问题无疑也是不完善的。

埃里克·哈弗洛克

于麻省剑桥

1962 年 4 月

[①] 列维 - 布留尔（Lvy-Bruhl, 1857—1939），法国社会学家，著有《孔德的哲学》《原始人的心灵》《原始人的灵魂》《原始思维中的超自然与自然》《原始神话》《原始人的神秘经验与象征》等。

第一卷

形象思维人

第一章　柏拉图论诗歌

在书面词的历史中，有时会出现这样的情况：一件重要的文学作品的题名并不能准确反映其内容。部分内容被认定为全部内容，题名的意义在转译过程中发生变化。但如果题名有一个通俗的、可识别的圆环，它就可能对手捧书本的人实施思想控制。读者的期望符合题名，却很不符合作者所说的实际内容。他们坚守对作者意向的先入之见，不知不觉间让自己的脑子重塑了他们要解读的内容。

上述这段话完全适合柏拉图风格的《理想国》(*Republic*)。要不是它 *Republic* 的题名，它本来可以被按照其内容来解读，而不会被当成一部乌托邦政治理论著作。实际上，该书只有三分之一的内容论及治国术。该书长篇论述的是人的境遇，而且常常涉及各种各样的事务，这些问题在现代政治论著里肯定是没有一席之地的。

读者读到《理想国》第十卷和最后一卷时，这种文不对题的感觉再明显不过了。柏拉图这样的文章高手不太可能磨去棱角，让自己的思想在书末偏移自己要说的内容。然而，《理想国》末尾开篇考察的却不是政治的性质，而是诗歌的性质。

它把诗人和画家放在一起，认为艺术家生成的经验双倍脱离现实；他的作品最好时也不过是轻浮的，最坏时就对科学和道德构成危险；从荷马到欧里庇德斯的主要的诗人都必须被驱逐出古希腊的教育系统。柏拉图以激情追求这个异乎寻常的主题。他对诗人的攻击占去了这一卷一半的篇幅。一望而知，《理想国》的书名不会使我们准备在这里迎接他对这个希腊文化发起的正面攻击。如果他的论述符合一个预定计划，如果他在这里发起的攻击构成他预定计划的必要部分，那么，整本书的目的就不可能在我们所谓的政治学范围内去解读。

至于全书的总体结构，我们稍后讲。此刻我们进一步考虑柏拉图攻击的语气和脾气。开篇他就说诗歌的效果是使人脑残。诗歌是疾病，我们必须要有解毒剂。解毒剂必须是"事物本来面目"（what things really are）的知识。一句话，诗歌是精神毒品，是真理的敌人。这样的说法使任何现代读者都感到震撼，他结尾的话也不会减轻读者的质疑。他的结语是："这场斗争真的极为重要，比我们想象的重要——比我们挑选善恶好坏——面对诱惑时忠于正义和美德还重要，无论这诱惑是名誉、金钱或权势，还是肯定诗歌甚至诗歌本身。"

如果他劝我们与诗歌斗争，就像希腊的圣保罗与黑暗势力斗争一样，我们就可以断定，他已经失去分寸，或者他的矛头所指并非我们理解的诗歌，而是希腊经验中更基本、更强大的东西。

人们自然不愿意从字面上去理解他论述的价值。他的仰慕者通常忠于他的分量最轻的述说，到达目前这样的语境时，他们开始寻找一个安全的出口，而且认为这是柏拉图提供的出口。到该书结尾时，他不是说诗歌可以为自己辩护吗？他不是承认诗歌的魅力吗？他不是承认不愿驱逐诗歌吗？这难道不意味着，他实际上收回了自己的话吗？他的确做了这样的自白，但如果你认为他做了这样的自白就等于收回自己的话，那就深深误解了他的意图。实际上，他对诗歌让步的措辞、让诗歌自辩的措辞本身就是谴责的措辞。他实际上把诗歌视为娼妓，是勾引他笔下参孙（Samson）的黛利拉，夺走参孙的力量。她可以魅、哄、骗、迷，这正是她致命的力量。除非我们能用自己的魅力去反制她的魅力，否则我们是不敢聆听诗歌的。我们必须一遍又一遍地吟诵以前听过的推理的诗行。我们要保持警惕："我们有灵魂的城堡去防御她。"

这段话的情绪揭开了难解的核心。他攻击的靶子似乎正是诗歌的经验。这是我们所谓的审美体验。对他而言，审美体验是心灵毒药。你必须时刻准备好解毒剂。他似乎需要摧毁诗歌本身，摧毁作为交流载体的诗歌。他攻击的不只是坏的诗歌或奢靡的诗歌。在构建反对诗歌的过程中，他进一步澄清了自己的意思。于是他说，诗人用语词润色自己的话语，利用音韵、节奏与和声修饰言语。这些手法就像化妆品，涂抹在表面以掩盖话语的贫乏。就像画家用幻觉欺骗我们一样，诗人采用声音效果蒙骗了我们的智慧。这就是说，柏拉图攻击诗化语言的形式和内容，抨击其意象、节律和用语。对诗人提供的广域的经验，他的敌意不减分毫。应当承认，诗人能再现成千上万的情景，描摹成千上万的情绪。这多种多样的能力正是麻烦所在。凭借描摹，诗人能解锁我们同情的回应。这一切都很危险，没有任何一种能被接受。总之，柏拉图攻击诗人的靶子正是我们鼓掌欢呼的品质；他攻击的范围包括诗人的广域性、普遍性，他对情绪的掌握、具有的强度与诚意，使他能言他人所不能言，只有他能揭示我们隐藏的东西。然而，对柏拉图而言，这一切都是病。我们不得不问，这是为什么。

他把反对立场置于他设定的教育标准的语境。但这丝毫无助于我们解答他思想的悖论；如果用其他价值来判断，也许那就是荒诞。对他而言，诗歌作为教育的功课造成道德危险，也造成精神危险。诗歌引起价值混乱，使人平庸，使人失去洞察真理的能力。诗歌的审美特征轻浮无聊，提供没有价值的模仿样品。这就是智者的主张。然而，我们估计诗歌的教育作用时，肯定要把柏拉图的判断颠倒过来。诗歌使我们道德提升，激励我们为理想而奋斗；诗歌可以放大我们的道德同情心；从审美的角度看，诗歌是真实的，就是说，诗歌像穿透神秘现象一样穿透现实，而散文是没有这种能力的。在我们心目中，诗歌具有特有的语言、意象和节律，散文是没有以上功能的；我们要把诗歌的语言特征用于人文教育体制，多多益善。

如上所述，柏拉图的诠释者不愿意从字面上去理解他，不足为奇。相反，反其道而为之的诱惑占压倒优势。这位大文豪本人不就是伟大的诗人吗？他驾轻就熟的文风可以放弃抽象的论辩，难道不是用生动的描摹或象征性神话诉诸一切想象的资源吗？如此敏锐的散文家对音韵的排列和语言的意象真的冷漠甚至敌对吗？这些特征也是散文文风的秘密所在呀。不，他不会是敌对的。他想必是在讥讽，或一时兴起在耍脾气吧。他的话不可能是他的本意。他对诗歌的攻击可以也必须另做解释，我们可以删去其枝蔓、剥掉其恶意，以符合我们对柏拉图主义的定义。

这样的观点下意识地产生，就像以上的推想，它反映了现代人的偏向：觉得有必要时不时出手去拯救柏拉图，把他从其言论的后果中解救出来，把他的哲学塞进符合现代口味的世界。这可以称为还原法——可用于他的某些政治方面的解释——这样的还原法就是将大树砍头去枝，直至把它们移植进我们人工修剪的园林。

这个修剪的过程完全可以用于我们正在考察的《理想国》这一卷。为此，我们用了几种工具，分别用于论述他的各个方面。在总体问题上，经过调适的柏拉图适合现代口味；我们说，《理想国》的纲领是乌托邦，他对诗歌的排斥只适合世俗社会在可知的未来里不可能实现的理想境界。你可以反问道，即使在那种情况下，为什么偏偏要把缪斯排除在乌托邦之外呢？但事实上对柏拉图论辩这样的回避所依据的是我们上文提到的假设：《理想国》全然是政治论述。这不就是他瓶上的标签吗？对，是标签。但我们必须认识到，瓶装的内容尝起来教育味很浓，不像政治理论的味道。《理想国》提议的改良被视为当时的紧迫任务，而不是乌托邦。诗歌并没有被指控有政治罪，而是被指控有精神罪。因此，保护免于诗歌影响的机体两次被定义为"灵魂的政体"（polity within the soul）。

批评者们谋求另一种工具，他们提议，柏拉图论辩里更极端部分的矛头所指是文学批评里彼时正在消退的文学批评风尚，那是智者派倡导的文学批评。批评者认为，智者派牵强附会地把诗人作为一切应用科目的教育资源，把自己的主张推向荒诞。这第二种解释也行不通。诚然，柏拉图并没有把诗歌的"捍卫者"视为专业人士。他们似乎更像是共同意见的发言人。柏拉图还说智者派宣称荷马在推动他们，仿佛公共舆论分享他们夸大荷马的意见。至于智者派，人们通常的说法并不是那种应该的评价，柏拉图在此并不把智者派视为敌人，而是将其视为盟友。这可能不符合批评家们对智者派与柏拉图关系的先入之见。不过至少在此刻，柏拉图并不把智者派置入那种信念的语境：抨击诗歌时，他是在抨击智者派对于诗歌的观点。

保护柏拉图的批评还有另一件武器：至少柏拉图的部分言论中，他攻击的靶子不能与诗歌本身划等号，那个靶子局限于戏剧，甚至仅限于一些形式的戏剧：追求极端形式主义时尚的戏剧。但柏拉图的文本根本就承受不起这样的肢解，仿佛一会儿对准荷马、赫西俄德和戏剧，一会儿只对准戏剧。的确，柏拉图脑子里萦绕的首先是悲剧，如上所述，原因很简单：当时流行悲剧。但突出的一点是，他总是拒绝明确区分史诗和悲剧这两种不同的样态，也不把荷马和赫西俄德（他也提到赫西俄德）与其他悲剧诗人区别开来。在一个地方，他甚至用语言暗示，"悲剧"即戏剧，悲剧可用来界定一切诗歌，悲剧同样可以用来描绘"史诗和抑扬格"。他似乎是暗示，无论我们说的是荷马或埃斯库罗斯（Aeschylus），都没有什么不同。他把自己攻击的题材界定为："人的行为，无论自动的行为，或外界强迫的行为，还包括人们对自己行为的所思所感；就是说，他们如何用幸与不幸即相应的悲喜来解释自己行为的后果。"这个定义生动地适用于《伊利亚特》，也适用于任何上演的戏剧。实际上，柏拉图接着阐述诗人笔下父亲失去儿子的悲伤。显然，这使人想起他早前在《理想国》里提到的一个例证：普里阿摩斯（Priams）失去儿子赫克托尔（Hector）时颓然倒下。

如果没有哲学家们超常地关注观众对公众场合表演的情绪反应，学者们常常会经不起诱惑，要在这些语境中把柏拉图的靶子局限于戏剧。在稍后的一章里，我们将展开论述学者的执着。的确，这样的执着提供了一条线索，供我们解开柏拉图整套论述之谜。在现代经验里，柏拉图笔下那种挑起公众回应的艺术情景应该是舞台戏剧表演。所以我们不禁断定，柏拉图的目光专注舞台，但我们忘了希腊史诗的朗诵同样是表演，而且史诗朗诵人利用了他堪比舞台演员与观众的关系。

学者们尝试削减柏拉图攻击的冲击力，试图将其分散到多种目标上。他们是好心肠，但他们误解了论战的总体精神和要旨。这是一个整体：首先是针对诗化的语言，其次才是针对诗化的经验。论战的进行是极其认真的。柏拉图以满怀激情的调子诉说一个人的感受：觉得自己面对一个最令人生畏的对手，那是个能调动传统和当代舆论的全部力量与他对阵的对手。他恳求、论辩、谴责、劝诱。柏拉图是对阵歌利亚（Goliath）的大卫。他说话的语气仿佛是别无选择，唯有战斗到底。

这里有一个谜团，历史之谜。假装它不存在，假装柏拉图说的话不可能表达他的意思——这样做并不能解开谜团。显然，柏拉图说的诗歌不是我们今天认定的诗歌。或者更妥当地说，他所谓的诗歌和我们的诗歌有许多共同之处，但业已变化的是诗歌实践的环境。反正，他说的是如今不存在的总体文化环境。如今，诗歌被尊为陶冶心性的最给人灵感、使人受惠的资源。我们的共同价值业已发生巨变，什么线索能解开这个巨变的谜团呢？

回答这个问题之前，有必要将其放大。柏拉图反对诗歌的论战并不局限于最后一卷的前半部。实际上，在该书的序言里，他就回忆，"迄今摹仿"的诗歌已经不被人接受。他指的是《理想国》第三卷对诗歌词汇或动词机制的分析，那是紧随他对诗歌内容攻击的分析。他的攻击始于第二卷末尾，他提议对希腊诗人实施严厉和广泛的审查，包括古今诗人。他拷问自己和读者，传统诗歌能给我们什么道德教诲呢？他的答案是：罕有教诲。换言之，如果我们认真看待诗歌里的诸神、英雄和凡人，那就没有什么教诲。那些故事充满谋杀和乱伦、残忍和背叛，以及放任的激情、虚弱、懦弱和歹意。这类素材反复出现，导致不明达、稚嫩脑袋的模仿。审查是唯一的对策。总之，柏拉图的立场与那些主张为青少年编辑《旧约》类似版本的人别无二致。唯一的不同是，希腊神话已然固化，他的建议不得不更极端。

迄今为止，无论我们是否认为他说错了，柏拉图的目的都是可以理解的。但是，他把矛头从诗人所讲故事的内容转向诗人讲故事的方式。风格问题替代了内容问题；在这一点上，同情诗人的读者感到迷惑不解。柏拉图提出三种有用却简单的诗歌分类框架：第一种是通过诗人的嘴报告正在发生事情；第二种是让人物说话，将人物讲述的故事戏剧化；第三种是前两种方法的结合。在这里，荷马又处在柏拉图思考的前沿；荷马提倡的是混合风格，而悲剧全然是戏剧性的。我们将在下一章里对这一点做更细密的分析。

此刻只说一点足矣：柏拉图显然敌视戏剧风格。诚然，我们将看到，他会容忍戏剧；只要如此表现的人物伦理上优秀，他会容忍戏剧化情景的诗歌和言语。但等到他在第十卷开头回想起这样的语境时，他已经忘记，他曾经有那样的宽容心。他在第三卷里的大部分论述都贯穿着怀疑和厌恶戏剧同感的潜流。他暗示说，如果用纯描写的效应来改述荷马，荷马吟诵的东西就无足轻重了。这就是说我们不能回避，即使在讨论他第三卷不如第十卷那么极端的提议时，他表现出对诗歌体验本身根本的敌意，对构成诗歌体验里的想象表现出根本的敌视。这应该会使人迷惑不解。

解惑的一个办法必然是，首先换一个角度从整体上来看《理想国》这本书，以便问：诗歌在这本书里的总体角色是什么？仅限于以上评说的、分析诗人吟诵的段落吗？不，不限于此。《理想国》展示和捍卫的形式主题

（formal thesis）在第二卷开头就在讨论。"苏格拉底"被挑战，目的是要分离出抽象的道德原则（principle of morality），因为它可能是存在于人类灵魂里的道德原则（moral imperative）。这个道德原则必须要界定清楚，要捍卫，其奖惩应该被视为是自然而然的；要证明，这种纯粹的道德原则是最幸福的人类境遇。这一挑战主导着全书的布局；第九卷的结尾正式回答了这一挑战，第十卷继续展开这样的论述。

为什么这一挑战如此重要？无疑是因为它标志着一种革新。前人从未构想过这样纯粹的道德。希腊人喜欢的（Adeimantus 有一段有力而真诚的陈述）的半道德（half-morality）传统，最佳妥协状态下是一种暮色地带（twilight zone），最恶劣时是一种愤世嫉俗的密谋。根据这样的半道德，年轻的一代长期被灌输的观点是：重要的与其说是道德，不如说是社会威望和物质报酬，而社会威望和物质报酬的来源即道德名望却未必够资格。或者是另一种情况（并非始终如一），年轻人不知不觉间受到的告诫是，美德当然是理想，但美德难养成，而且常常得不到报偿。大多数情况下，原则的阙如反而更获利丰厚。诸神不是常常奖赏不义之人吗？反正，不道德的行为很容易用宗教仪式来赎罪。总体的结果是，希腊青少年养成的态度说到底是愤世嫉俗的；表面上装样子比实践中的道德养成更重要，礼貌和得体行为并没有明显被违背，但内在的道德原则是被伤害了。

这是对希腊传统和心灵教育体制的控诉。支撑这种暮色道德的主要权威是诗人。被点名和引述的诗人有荷马和赫西俄德，还有其他一些人。看来，《理想国》提出的问题不是特化意义的哲学问题，而是社会文化问题。它拷问希腊传统及其基础。对这一传统至关重要的是希腊教育的情况和品质。无论这个过程是什么，青少年思想和态度养成的过程是柏拉图问题的核心。这个过程的核心是诗人的在场。诗人是问题的核心。《理想国》开篇时，诗人就以"敌人"的面目现身；在第十卷里，诗人就这样扮演他们的角色了。

　　一旦《理想国》被视为是对希腊当时的教育体制的抨击，其谋篇布局的逻辑就一目了然了。一旦理解诗人是教育体制的核心，继后对诗歌的批评自然就到位了。直接讲述政治理论的部分只占前九章的三分之一。政治论述插进来是为以后讨论教育理论提供托辞。其政治框架可能是乌托邦，其教育建议肯定不是乌托邦。于是，在第二卷里，在问题被提出以后，建设有关个人灵魂的正义，所用的手法就是先描绘宏观的政治社会与微观个人对应的社会。社会演化追求的顶点是，"守护阶级"（guardian class）以国家关键阶级的面目出现。据此，论辩很快就转向教育，结果，我们得到的是彼时修订后的希腊初级和中等教育纲要。这一点说过后，论辩短暂转向政治，详细描绘三个阶级的国家及其优点。随后讲个体灵魂的心理，这一理论显然是为了符合柏拉图的教育目的。接着再讲政治、社会和经济理论——两性平等、家庭的共有化（communisation），有限战争的作用——直到提出一个悖论：唯一安全可靠、适合领有政治权力的人是哲学家。这个建议很新奇。天生的哲学家可以说是极少数的，其性格和看戏的人对比鲜明，与戏剧表演的观众等也形成鲜明的对比。柏拉图再一次暗示，诗人以敌人的面目出现。接着勾勒现存社会里哲学家的模糊地位，他时而是傻瓜，时而是罪犯；当我们面对哲学家够格的问题时，被引向真知源头的秘密，那是他精神品格（integrity）的基础。然后是《理想国》最重要的第七卷，随之是训练哲学家使之完成任务的详细课程表。通过数学上升到辩证法，为20岁至35岁的年轻人开设这样的课程，学习这些课程的资格建立在竞争基础上，在几个前后相继的阶段淘汰能力较差的学生。第八卷的论辩转向政治理论。社会和个人从理想状态的堕落用四个阶段来介绍。第九章又回到柏拉图开篇的问题。界定了与流行道德对立的绝对道德；绝对道德是真正哲学家的智慧。这也是普通人最幸福的情况吗？柏拉图回答说，是的。第十卷回头说未竟的一件事。先前他界定了柏拉图学园的新课程，但没有解释课程里没有诗歌的原因。此刻，诗歌被排除就合乎逻辑、势之必然了，因为诗歌的才能与新课程背后的认识论完全是不可兼容的。所以，第五卷短暂揭示诗人是哲学家的敌人后，第十卷就充分揭露诗人并将其逐出哲学教育阶段的训练课程了。

从这个角度看，《理想国》关于教育的论述经过了两个阶段：名为音乐（mousike）的中小学课程和第七卷的大学课程。每个阶段都加上了政治托辞。第二卷提出守护人（guardian），第五卷提倡哲学王（philosopher-king）。在第一个阶段，传统的诗歌课程保留但有所清洗，根据似乎有一点奇怪的原则来清洗；在第二个阶段，传统的诗歌课程则被粗暴地抛弃了。

这是一个宏大而华丽的论点，它是欧洲文化史的一个重要文件。它标志着西方大学制度的建立。但它为现代思想提出了几个历史性问题。首先，在彼时的希腊教育制度里，诗歌被视为绝对的核心吗？如果我们追随柏拉图的论述，诗歌似乎享有完全垄断的地位。其次，为什么柏拉图在诗歌风格领域提出如此奇怪的改良。为什么戏剧化如此重要，为什么他认为戏剧化如此危险？再次，为什么他觉得必须要把诗歌从大学课程中剔除？在人文研究的领域里，现代口味和实践可能充分利用诗歌经验的地方究竟在哪里？为什么柏拉图充满激情地向诗歌经验开战？这些问题的答案和希腊思想史不无关系。

第二章 摹 仿

我们说到柏拉图敌视诗歌经验的潜流——这一现象使柏拉图主义者尴尬，他们可能觉得，在这一点上，柏拉图大师让他们失望了。柏拉图对诗歌和诗歌情景的批评的确很复杂。除非我们准备与希腊哲学词汇里最令人困惑那个词妥协，否则就不可能理解他的批评，这个希腊词就是摹仿（mimesis）。在《理想国》里，柏拉图首先将其用于界定戏剧作品与描写性作品相对立的风格分类。接着往下说时，他似乎放大"摹仿"以涵盖其他几种现象。这些现象被理解以后，理解希腊文化特征的一些线索就浮出水面了。

摹仿一词在第三卷里初现。柏拉图从诗人讲述的故事转向诗人"口语交流的技法"（technique of verbal communication）时用了摹仿一词。"口语交流的技法"这个冗赘的表达也许足以转述希腊词 lexis（词汇）的弦外之音。他往下说时，逐渐阐明了这个词的意思，它涵盖了整个口语表达的范畴，包括供诗人使用的韵律和意象。以下细察的批评把这一技法分成三个部分。起初他检视诗人本身，其风格以及可能达到的效果。在论辩的中段，他转向与"守护人"心理有关的问题，也就是他所谓的公民士兵的心理问题；他认为这些问题与诗人相关，肯定和社群里的这个不一样的阶级相关，因为无论怎么延展想象，士兵都不可能是诗人。再往后，他再次回到诗人创作和风格的问题。再次占据视野的是诗人，而不是守护人。我们首先看看他在论诗人及其诗歌的两段文字是怎么说的。

柏拉图首先说，在一切口头交流里，描写方法和戏剧化方法之间有一个根本的差异。荷马是这两种方法的原型。荷马的诗歌分成两种言语，一是演员的对话，一是插入对话的言语，即诗人本人说的话。前者是摹仿的例子，即戏剧性"摹仿"或"拟人化"，后者是"简单叙述"（simple rehearsal）的例子，或者说是第三人称的叙说。因此，史诗完全是混合创作形式的例子，而戏剧仅仅是摹仿的例子。柏拉图说得很清楚，他对史诗和悲剧这两种样态的区分不感兴趣——我们觉得这样的区分很熟悉——他感兴趣的是言语交流的基本类型。根据他的分类，戏剧放在史诗类，和叙事一样。阿得曼托斯（Adeimantus）问他是否准备把戏剧排除在他的理想国之外时，他也做了这样的暗示。他回答说："也许吧；但也许我目标还要大一些。现在还不知道。无论我们论争的逻辑把我们带往何方，我们必须要往前走。"这句话暗示第十卷更基础的批评，并提醒我们，史诗和戏剧的正式区分本身与他的哲学宗旨无关。

说到这里我们可以判断，摹仿一词有用，它相当准确地定义了一种创作方法。但在论述的过程中，插入了一句很奇怪的话："诗人用另一人的语言说话时，他使自己的语言媒介（词汇）像那个人"——然后他接着说："凡是使自己像另一个人的声音或体态的诗人都是在摹仿那个人。"（因而在进行摹仿）。表面上看，这是不恰当的结论。这两句话之间失却的一环可能是："任何使自己像另一个人的声音或体态的诗人都是在摹仿那个人。"问题是，如果把这句话用于诗人创作的行为，那显然是不真实的。诗人荷马自觉挑选合适的技能描写阿伽门农。他根本就不是在摹仿阿伽门农，他必须使自己的艺术才干与人物保持距离，因为不久之后，他又要用同样的技能让阿喀琉斯说恰当的话。不过，如果柏拉图的提议不是用于诗人的创作，而是用于演员或朗诵者的话，那可能就接近真实了。在一定程度上，演员或朗诵者不得不"认同"艺术家提供的原文。他必须进入角色，因为他不是在创造角色，而是在复制角色。这样的复制是为了观众，他必须引起观众的兴趣和关注。他可以拒绝"摹仿"，但那只能得到观众不温不火的回应。

关于柏拉图所用的摹仿一词的第一个谜团在这里已经露出端倪。为什么既用它来描绘创作的行为，又用它来描绘演员的表演，而演员不过是传声筒或朗诵者而已？这个词的使用是否太随意且使人迷惑呢？或者说，他在表达一种和我们的文化情景截然不同的文化情景吗？

讲述诗人"口语交流技法"的第三部分时，柏拉图回头说诗人，说艺术家情景与演员或表演人之间的歧义性是如何维持的。在任何一个给定的句子里，我们没有把握判断哪一种情景在哲学家的眼里更突出。被视为朗诵者时，柏拉图心中的诗人更喜欢最少摹仿、最大描绘的风格。越是陶醉于极端摹仿形式甚至动物的嘶鸣吼叫，诗人的品味就越低。柏拉图接着说——半是风格分析，半是哲理判断："戏剧摹仿形态有多种变化的形式。"这种摹仿是多形态的，我们可以说，它表现出丰富且难以预测的经验流动的特征。而描绘的形态把这样的趋势削减到最低限度。那么，我们是否要承认，多才多艺的诗人能扮演任何人、能表现一切情景呢？这肯定是不可能的。显然，在柏拉图的脑子里，创造性艺术家的情况和艺术作品表演者的情况还是相互交叠的。

但是，这样的结论引出了上一章提及的另一个问题。为什么柏拉图如此仇视戏剧化产生的广博而多样的可能性呢？有人说，他攻击的目标是当时人极端而粗野的现实主义。但他的反对原则指向了多样性和广度，既对准劣质戏剧，又对准优秀戏剧。诗歌美德（我们心目中的美德）既放大作品意义的广度，又放大观众的情绪共鸣，竟然被柏拉图说成是邪恶的，怎么会这样呢？

在论述的中心部分，柏拉图突然从诗人和表演者转向国家的年轻守护人，把摹仿情景用来分析他们的情况。他问道，他们要摹仿吗？他们大概不会当诗人或演员，而是当士兵；既然如此，如果摹仿问题是艺术风格和方法问题，摹仿问题怎么可能影响他们呢？解答这个问题的线索寓于"工作""追求""过程""惯习"（希腊词 epitedeumata 可能的几种翻译），应该承认，所有这些活动都是这些年轻人生活的核心。作为成年人，他们将成为国家的"自由工匠"。但他们还得学手艺，通过练习和扮演来学习，实际上通过教育训练，让他们"模仿"（imitate）前人的行为模式。如此，摹仿一词就用于学徒的情景，他们学习课程，重复就是"模仿"师傅。柏拉图回忆以前需要劳动分工和专业化的社会和教育原理，他把这个观点说得更清楚了。

年轻的守护人需要培训。他们的任务不是狭隘的技术任务，还需要品格和伦理判断。柏拉图说，这正是训练的结果，训练需要"从童年期"就随时进行"模仿"（imitate）。显然，他论述的语境已经从艺术情景转向了教育。但这一转向只能使摹仿一词有歧义的谜团更复杂。为什么柏拉图不满足于把摹仿一词既用于诗歌的创作和表演，又用于学童的学习行为呢？为什么艺术家、演员和学童的情景要混为一谈呢？这并不会穷尽摹仿一词的歧义性呀。这是因为，他热衷于学童－守护人的主题，而他们的道德取决于正确的"模仿"，学童长大成人，由于这样那样的原因，他们进行朗诵和表演，可能会卷入令人遗憾的模仿类型呀。柏拉图说，他们最好要警惕，要审查自己的表演。简言之，不仅诗歌情景与教育情景混为一谈了，教育情景和娱乐情景也混为一谈了，即使摹仿一词被用来描绘成人朗诵的情态是恰当的字眼。

因此，学者和批评家难以断定柏拉图所谓的摹仿是什么意思，就不足为奇了。离开第三卷前，我们还要注意另一个衍生的困难。这个词起初只用来界定一个理念（eidos）或一种创作，即戏剧性，与之对立的是"简单的"风格和直接叙事以及两者的"混合"风格。在论及大部分风格时，摹仿一词都坚守这样的意思。但快到末尾时，阿得曼托斯说"模仿一种有道德的简单的模式"，苏格拉底却没有反对。这是柏拉图的笔误吗？或者说我们可以推导出一种意思：摹仿这个词也可以用于非戏剧类型的诗歌，并用于所有的诗歌。

这正是第十卷展开论述时，柏拉图赋予摹仿这个词另一种意义。的确，起初被禁止的诗歌限定在"非摹仿的诗歌"，但他后来似乎放弃了这样的限定。他说磨砺自己何为真正诗歌的目光。他超越了第三卷的批评，那一章批评的靶子仅限于戏剧。到第十章时，不仅戏剧人，而且荷马和赫西俄德都要受到拷问了。而且问题不再仅限于保护道德品质。还有令人智残的危险。为什么呢？他回答说，答案需要对摹仿做一个完全的、穷尽性定义。答案取决于我们是否接受中间那几卷所确立的柏拉图主义：绝对知识或曰真正的科学是关于形式（Forms），且只能关于形式的；应用科学或熟练技法依靠复制人工制品的形式。画家和诗人没有这两种成就。诗歌与其说是非功能性的，还不如说是反功能性的。诗歌完全缺乏精确的知识，而工匠就拥有关于手艺的知识；诗歌更不能运用准确的目的和目标，而教育者就需要培训学生智能的目的和目标。因为这种教育依靠估算计量的技能；感觉经验的幻觉被理性批判地纠正了。相反，诗歌沉迷于常恒的迷妄、混乱和非理性。归根到底，摹仿就是这样的，是幽灵的影子秀，就像在黑暗洞穴里墙上看见的形象一样。

我们小结了柏拉图论述的决定性部分，稍后的一章里我们再细说。但现在清楚了，"摹仿"一词成了诗人表现现实的总体的语言媒介本身（音韵和意象也在攻击之列）。对柏拉图而言，现实是理性、科学、合乎逻辑的，否则它什么也不是。诗人的媒介非但不揭示事物的真实关系，反而构成一个折射屏，掩盖和扭曲现实，同时使我们分心、跟我们玩把戏，诉求于我们最肤浅的感知。

可见，摹仿一词指的是诗歌再现的所有的行为，不仅仅指戏剧风格。柏拉图凭借什么理由把同一个词先用于狭义、后用于广义呢？我们再问，我们如何从广义上解释他对诗歌经验报有根本敌视的态度呢？

他解剖诗意叙事时，还想界定诗歌叙事有意指向的那部分意识，指向诗歌语言和韵律的意识。这是无理性的、病态情绪的领域，是无节制的、波动的情绪，是我们能感觉到却从不思考的情绪。这样沉迷时，情绪就能削弱并摧毁我们理性的机能，而理性是我们个人救赎和科学知觉的希望所在。摹仿被用于诗化言语的内容。柏拉图考虑这种说法对我们意识的吸引力时，他又被牵引着去描绘听众在诗歌表演现场的病态，于是，摹仿又带上了他在第三卷里假设的意思，就用来命名个人的积极认同，观众与表演共情的认同。那就是我们对表演魅力的屈从。摹仿不再描绘艺术家的非完美视野，无论那视野是什么，观众都认同它。

就摹仿的这个意义而言，我们重申，第三卷让我们做好了准备。如果柏拉图只用或主要用摹仿的这个意义，我们理解其用法就不会那么困难。作为拟人化的一种形式，"摹仿"是可以理解的概念。虽然我们可以争辩说，好演员可以再创造其角色，但总体上，他的表演还是被视为摹仿。如果"摹仿"一词进一步被用来指观众看表演时的投入，我们就难免扬眉吃惊了。柏拉图在这个语境里的描写有暴民心理的弦外之音。他的描绘不太像现代看戏人的情绪和态度，更不像学生那样的专注。事实上，我们不得不注意他暗示的希腊观众奇怪的情绪宣泄，那全然不同于我们的情感体验。这就是我们至今解不开的那个大谜团的一部分。

但如果我们考虑现代价值与感知，没有什么能比柏拉图描绘的摹仿难以消化的了；他把摹仿这个词用来描绘诗歌交流的内容，描绘诗化体验的才能。我们应该问，他为什么要那样评判诗歌，仿佛诗歌是科学、哲学、数学或技术呢？为什么他要求诗人"知道"木床，就像木匠知道木床一样呢？无疑，这是贬低了诗歌创作的标准，将其贬低到价值不高或不妥当、不相关的标准。诗人有必要成为他所讴歌素材的专家吗？这样的预设没有道理。

然而，这无疑是《柏拉图导论》第十卷的假设，这把我们推向我们最好和最重要的问题，那就是搜寻这一切有何意义的线索。在考察全书时我们看到，就像教育理论是《理想国》布局的核心一样，诗歌也是教育理论的核心。在彼时的希腊，诗歌占有核心地位，在当今社会它似乎也占据这样的地位。它占据这个地位的理由不是它提供灵感、激发想象力的效果，而是它提供应用知识宏大的存储库，它是伦理、政治、历史和技术的百科全书；有出息的公民将其当作教育设备的核心来学习。

《柏拉图导论》第十卷说得十分清楚："我们的下一个任务是批判性考察悲剧与荷马的原型。有人告诉我们，这些诗人拥有一切技艺和人类事物的善恶知识，更不用提神事的知识了。"在柏拉图的眼里，这样的宣示不可能维持。不过让我们暂时忽略他所谓的技艺能力的宣示，而是让我们来看他这句话："荷马视为己任的那些至上价值的大问题，荷马叙说战争、军事领袖、政治和行政，以及人的教育"。这样表述以后，那种形式就成了荷马的宣示了。这就是说，柏拉图在转述别人搁在荷马诗歌上的传统估计，这样的估计具体化为荷马观念里希腊化时期卓越的教育手册。柏拉图着手揭示，这样的估计是错误的。他反问道："如果荷马能教育人并使人更好，……谁是他的学生和门徒呢？"智者派有追随者，至少证明其教育的有效性。但荷马的追随者在哪里？赫西俄德的追随者又在哪里呢？

这个问题酷似从个人出发的论辩。无论如何，柏拉图从修辞回到辩证法，着手详细证明理性理解的真理与诗歌达成幻象的鸿沟。然后走向论辩的终点，他再次例举荷马的观念，认为那是完全不可能的："你遇见赞扬荷马的人，他们说这个诗人培养了管理人事和教育的赫拉斯（Hellas）；他是正确的权威，要尊敬，要学习，因为他能指引人一生如何立身行事……"——面对这样的宣示时，你只能轻轻地回答说："在那样的情况下，你可能尽量做最好的人……"（即荷马教育的最好产品）；但我们了解的荷马是不可接受的。柏拉图感叹曰：我们这样看他，实在是太难啊。我们不是都感觉到他的魅力吗？尽管如此，我们对他的感情虽然传统而深厚，却是我们不得不抛弃的爱，因为它太危险了：

> "我们对荷马这种诗歌的爱欲是教育养成的，那是较好政体的特征。"但那是危险的，我们对自己说我们有解毒药："小心翼翼，以免再次陷入许多人仍然感觉到的不成熟的激情。"

柏拉图的上述言论清楚显示，诗人尤其是荷马不仅被视为伦理和行政技能教育的资源，而且在希腊社会里拥有制度性地位。看来诗人的地位得到国家的支持，因为他们提供了教育，社会政治机制的有效运转依靠这样的培训。

这一切都促使我们意识到，在同时代的人里，柏拉图对诗人及其诗歌所持的观点对我们的思维方式全然是陌生的，我们认为诗人是艺术家，其作品是艺术品。似乎有一段时间，柏拉图也持这样的观点。他把诗人比作视觉艺术家即画家。但他的比较不是建立在审美基础上。实际上我们这样说不会过分：可能用于文学和艺术创作的价值系统的审美观念从来就不曾进入柏拉图的论述范围。他写作的方式仿佛使人觉得，他从来就没听说过审美甚至艺术之类的东西。相反，他坚持要讨论的诗人的工作仿佛就是要提供有韵律的百科全书。诗人既是基础信息资源，又是基础道德培养的资源。从历史上来说，他的言论甚至延展到了诗人提供技术训练的功能。他仿佛期待诗人承担一切功能：一方面是宗教教育或道德训练的功能，一方面是课本、历史、手册、百科全书和参考材料的功能。实际上他看待诗歌的方式根本就不是我们探讨的那种意义上的诗歌。他甚至拒不承认诗歌是自有规则的艺术，而是认为诗歌不过是信息资源和教育灌输的系统而已。

对我们而言，这是令人震惊的假设，不过一旦被接受以后，可以给柏拉图对诗歌的哲学批评提供一个合乎逻辑的借口，使他把诗歌置于和形式理论（Theory of Forms）相关的地位。形式理论是认识论的，它寻求定义可以称为普适、精确和最终性的知识。数学科学就是这样一个好例子。应用科学也并非和这种理论知识格格不入。相反，应用知识把理论知识以及独特而精确的形式用作范式，现有物质产品复制这样的范式。复数形式的床是木匠独特形式"床"的复制品。

但诗人在诗歌里只说床，他并不了解床，不试图制作床。如果荷马真的假装提供制作木床的手册，这种说法对他也许就是公平的。柏拉图说，如果荷马真想制作木床，他的诗歌就是很糟糕的手册。因为他的诗歌不是知晓木床、船舶、战马或任何其他东西的人创作的。相反，荷马做的仅仅是用语词描绘木床的样子，千百种令人困惑的情境中的样子，他的知识在幻觉里有效率，他觉得自己能用语词和韵律形象创作，而不是在精确的程序里制作。

这是"第二间距的摹仿"（*mimesis* at second remove），在第十卷更基础的批判里，柏拉图把这样的摹仿打发给诗人。摹仿的用词本质上表明，诗人的语言是哑剧；和木匠的机械精准和忠实比较，那就是幻象。柏拉图把摹仿一词用于诗化语言的全部内容，而不仅仅指戏剧。

这就是摹仿在柏拉图手里最终的形变。真是一个千变万化的词。但它被用于全然的诗歌幻象之谜的背后还有一个生成第一谜的第二谜。我们重申，诗歌的构想和意图都是要成为一种社会百科全书的预设，这令我们震惊。如果诗歌真是这样设计的，显然就是因为到了柏拉图的时代，诗歌做得很差。根据柏拉图学园的标准，诗歌不可能完成这一任务。柏拉图课程表的特征可以用希腊词 *episteme* 来传达，我们现在的科学一词也许是最接近它的同义词。柏拉图学园的毕业生经过数学和逻辑的严格训练，使得他能用科学的术语界定人生目的，能在社会里实现自己的人生目的，因为社会是根据科学路线重组的。宣称自己履行了这一职责的诗人于是就容易成为他攻击的目标，我们觉得诗人太容易成为他攻击的目标。首先，诗人绝不应该被放在这个不适合的位置。柏拉图绝不应该这样对待诗人。然而，他的确这样做了，所以我们就不得不问为什么。

第三章　作为保存交流信息的诗歌

回顾《理想国》第一、二卷说了些什么，我们就可以看到，在柏拉图这本书里，希腊诗人扮演了一连串难以解释的角色。也许柏拉图试图告诉我们有关诗人的事情比我们认识到的更重要。如果是这样，他要说什么呢？不知为什么，诗人的在场似乎纠缠着他的长篇大论，仿佛是挥之不去的障碍，可能会切断他与公众或学生的接触，横亘在柏拉图主义的路上。

然而，我们对柏拉图有关诗人言论的考察并没有真正揭示他这种感觉的理由。考察揭示的问题如下：

第一，为什么他那样对待诗歌，仿佛诗歌在当时的教育制度中占据垄断地位？

第二，为什么他那样对待荷马的诗歌和戏剧家的悲剧，仿佛它们不是艺术，而是浩瀚的百科全书，容纳了公民生活和个人生活的信息和指引？

第三，为什么柏拉图态度决绝，要把诗歌完全逐出高等教育，而不至少给予它一个次要的角色？

第四，他把摹仿一词用于诗歌，考察其隐含的命题时，似乎假设艺术家的创作"行为"、表演者的摹仿"行为"、学生的学习"行为"和成年人的娱乐"行为"全都相互交叠？为什么这些情景混淆不清、搅得像锅粥？

第五，为什么他时而把摹仿一词用于戏剧，时而将其用于史诗，而且认为它们的类别差异不重要？

第六，为什么他常常执着于观众的心理回应？在描绘诗歌的心理冲击时，他似乎常常将其描绘成近乎病态的情景。至少他在揭示希腊学生和观众强烈的情感回应吧，这对我们全然是陌生的。

对这些问题，我们并不能一口气做出回答，但它们构成一个相互关联的模式，引向一套结论；搁在一起时，它们指明希腊文化的总体特征，开始解锁希腊思想的一些秘密。让我们先看潜隐在第六和第七个问题里相当明显的事实：柏拉图发现讨论诗歌有困难，他发现，如果不讨论诗歌表演时的情况，要进行任何讨论都会有困难。第三卷首先阐述摹仿，这样的困难就特别明显。在第十卷更进一步激烈的批评中，这样的困难同样明显。我们断定，诗歌表演对希腊文化模式而言，其核心地位大大超过了我们今天的构想。那不是在公共场所或私下朗诵的宣读，也不是剧场里每年一届的演出季。相反学生的情景和成人的情景没有明显的区分，这就意味着，诗歌表演是成人生活的基本内容。在柏拉图的心目中，这两种情景服务于同一个目的。坐在竖琴手下方的阶级、史诗朗诵或剧场看戏的观众都是普通习俗里的伙伴。

明显的结论是，彼时的表演就是口头表演。这些老老少少并不为教育或娱乐，而是习惯性地读书。他们不在书桌旁消化信息；他们不购买《伊利亚特》诗歌或剧本带回家阅读，借此获取荷马和戏剧的知识。柏拉图提供的证据不容许我们做出其他结论。他字里行间支持这样的结论，随意而反复地讨论当时诗人的情景。我们看到，在他的宏论起始的第二卷里，诗人处在讨论的前景（foreground）。隔一阵子，他们回来接受审查，第二卷和第三卷审查诗人的素材和风格。到第五卷时，诗人的影响似乎退居背景（background），成为哲学的对手。到第十卷时，诗人被解剖并受到谴责。在一次又一次讨论中，学生和公众与诗歌的关系是听者的关系，不是读者的关系，诗人对公众或支持者而言总是朗诵者或演员，绝不是作者。例子众多，难以一一列举。有一个例子令人瞩目，可以引用。第十卷开篇，柏拉图把诗歌的罪过说成是根本性的罪过。为什么？因为诗歌"使智力伤残"。他又说"听者的智力"；从我们的立场出发，他补充的这句话实在没有必要，因为它证明了人们那个无意识设想：虽然是负面的，但诗歌的精神影响也能在口头表演下完成。

恰当的结论是，在柏拉图描绘的文化情景里，口头交流仍然主导着一切重要的关系和生活的有效交往。书籍是有的，字母表已经用了三百多年，问题是，多少人在读书、用字母表？如果在用，用于什么目的呢？直到柏拉图时代，在教育体制里或成人的精神生活里书籍和字母表的引入几乎没有造成任何实际上的差异。这个结论让人难以接受，尤其在倚重书面词的学者眼里难以解释。因为他们自己用参考书和文件，觉得难以想象不够格文化之名的文化。实际上，他们把注意力转向书目文献的问题时，露出并非始终如一的倾向，他们会尽量推广正面的证据，尽力往前推。但是，如果容许这样的无意识偏颇，希腊自公元前 8 世纪起就一直在用字母表——这样的结论适不适用呢？不是没有大量的文字遗存吗？公元前 5 世纪雅典的公共文告又在哪里呢？提及旧喜剧①的文献又在哪里呢？柏拉图写这本书时，雅典字母表刚刚转写成爱奥尼亚模式——这样的改良不是预设了书面文献的广泛使用吗？至于课程表，在大概早于《理想国》的《普罗泰戈拉》篇里，柏拉图不是引经据典证明学校里用字母表吗？这些反对意见似乎可以用来反对以下结论：公元前 5 世纪末希腊文化基本上仍然是口传文化。

然而，柏拉图证据之厚重就摆在那里，甩不掉，一旦你准备接受它，你就会注意到，希腊书面文化发展的问题是多么复杂，这个问题上的一些证据是多么靠不住。首先要意识到，公共文告的惯例未必意味着普遍的识

---

① 旧喜剧（Old Comedy），公元前 400 年以前的古希腊喜剧。

字：还可能暗含相反的情况；希腊诗人的书写习惯——荷马之后的作品无疑都是书写的——也不能证明识字普及了。无论是哪一种情况，我们正在研究的环境最好还是要描绘为书写的书面文化：公共文告是为官员所用的，是用来制衡任意解释的。至于诗人，他可以为自己写诗，提高技能；他为公众写诗，但他知道公众不读他写的诗，只会听他写的诗。解答这个问题的线索不在于书面词和书面材料的使用——学者关注的就是书面文献，他依靠的是读者的供给，读者的供应量又依靠读书识字的普及情况。用现代术语说，阅读的痛苦必须强加在初级教育阶段，而不是在中等教育阶段。我们认为，迟至公元前 5 世纪前半叶，证据指向的事实是：即使雅典人真的学习读书写字，那也是在青春期。读写的技能只是加在此前口语训练上，也许他们学写的不过是自己的名字而已——人初学最想写的字——而且拼写和正字法还不规则。阿里斯托芬《云》这出戏是公元前 423 年上演的，里面有一段话描绘竖琴师主持学校的情况：它根本不提文字，只强调朗诵。剧本有怀旧情绪，将其与普罗泰戈拉关于儿童习字的话进行比较，我们就可以引申出一个结论：雅典学校在初级阶段教识字的做法在公元前 5 世纪后半叶就开始了。这样的结论与伯罗奔尼撒战争末期一般的识字水平是一致的，欧里庇德斯的《青蛙》（405 页）要公众注意这样的情况。实际上，最后这一点证据使我们想起，旧喜剧频频提及舞台创作里的文献，但往往将其视为新奇、滑稽或可疑的。悲剧里不少的段落也流露出同样的弦外之音。

总之，考虑雅典识字水平的增长时，我们预设公元前 5 世纪上半叶这样一个典型的阶段，可以称为半识字的阶段。此间，写作技巧在希腊人中逐渐但痛苦的过程中传播，相应的流利阅读却没有提高。如果你驻足思考伯罗奔尼撒战争末期的情景，这是难免的，因为使流利阅读成为可能的便利和大量供应的书刊从何而来呢？你不能在少量铭记的基础上去培养大众的读书习惯。这一切都使柏拉图令人为难的、沉重的证据容易得到我们的宽容。直到他的时代甚至以后，教育制度仍然落后于技术进步，而且在其他可能性已有条件的情况下仍然坚守传统口授法——如果我们加上这个预设，宽容他的不足就更容易了。很可能，柏拉图描绘的情况在他写作时即要改变。演说家存世的文献大概可以用来证实，公元前 4 世纪中叶，那场静悄悄的革命已经完成，有文化水平的希腊公众已成为阅读人的社群了。

然而，这场革命不是柏拉图的假设，他也没兴趣去关注变化的可能性，这样有一个根本的原因。一旦接受口传情景贯穿整个公元前 5 世纪的假设，你就面对一个结论：所谓口传的心境（oral state of mind）也坚持下来了；一种有别于书面文化的意识模式、一种词汇和句法依然存在。一旦你承认这一点，口传的心境就会表现出时代差异，传播技术变了，它却深入新时代；于是口传的心境仍然是柏拉图的主要敌人——这就变得可以理解了。

但我们这是在预期尚未被证明的事情。让我们先提一个问题：假定一个希腊的社会制度和文明起初并没有文献，而且继后的三百年间文献也很少，那么，这一文明的机构是如何保存的？在这里，我们要说社群的公法和私法、礼仪和传统、历史意识和技术技能。

这个问题提出时，常常得到的回答是，民俗的保存和传播留给了社群的无意识心灵，留给了代际之间的互谅互让，而不需要其他帮助。我们认为，实际情况绝不可能是这样的。权且用一个方便的字眼"传统"吧，至少在够得上文明的文化里，传统总是需要语言原型体现。它需要语言表述、雄心勃勃的表述话语，其功能既描绘又强化群体的习惯模型、政治和私人的习惯模型。这一模型提供了群体的联系纽带。这条纽带必须要标准化，以便让群体发挥群体的功能，享受共同的意识和共同的价值。为了标准化并维持标准化，群体必须要排除在日常心血来潮的情况下维持标准化。维持冲突需要采用语言形式，包括正确程序的反复例证，通过标准技术惯例的界定，由群体遵循，比如建房、造船或烹饪方法的界定。再者，我们认为，语言表述或范式告诉我们是干什么的，我们应该如何行事，这不是偶然形成的；语言表述是在世世代代的操练中形成的，在家庭或氏族成长中形成的。语言表述为群体提供教育体制的内容。今天的书面文化社会是这样的，必要的训练通过书籍获取，受书面文献控制；缺乏文献的前文字社会也倚重语言的表述。

在前文字社会里，语言表述是如何保存的？回答必然是：在一代又一代人的活生生的记忆里，在生死相继的代代相传里。无论如何，持久而可靠的群体社会记忆是维持任何文明绝对必须的先决条件。然而，如何在人与人传播、代代相传的过程中遭受损失、失去稳固性和权威性的情况下，活着的记忆力如何才能维持复杂的语言表述呢？为了断定用散文是不能保存的，你今天只需要做一个小小的试验足矣：一个平淡的指令，用嘴巴接力传递会不准确。确保传递信息保存和固化的唯一可能的语言技术是：韵律精美的语词，精心组织、足够独特以维持自己形态的语言模式和韵律模式。这就是历史本源，我们至今仍然将那种现象的动因称为"诗歌"。但如果我们考虑诗歌的功能完全变了，文化情景完全变了，那就完全可以理解了；柏拉图论述诗歌时，他说的那种诗歌真的不是我们今天所谓的诗歌。

我们对两个问题的答案大概已经揭晓了。如果柏拉图可以把诗歌当作参考书库或伦理、政治与战争的论著，他所报告的是诗歌在口语文化里永恒的功能，旨在证明一个事实，这仍然是他那个时代希腊社会诗歌的功能。诗歌完完全全是一种传承文化的教谕工具。其次，如果他在《理想国》里把诗歌当作垄断公民训练的工具，他同样是在忠实地描绘这种文化的教育机制。语言内容必须是诗歌式的，否则它什么都不是。

如果我们考虑口语文化里教育机制是什么，其他几个谜团的答案也就显而易见了。教育机制不能狭隘地和学校、老师划等号，它们不代表教化的独一资源，与如今的书面文化社会迥然不同。诗化传统的一切记忆依靠时常反复的背诵。你没有书参考，不能靠读书来记忆。因此，只有通过表演，诗歌才是存在的，诗歌作为教育工具才是有效的。这样的证明必须在成人生活的语境里。在私密的表演里，诗歌传统在餐桌旁、宴会里和家庭仪式里得到重复；在剧场或市场，诗歌在公共表演里不断被重复。父母和长者的朗诵，儿童和少年的重复，成为诗人、朗诵人和演员专业朗诵的补充。社群必然进入一种无意识的合谋状态，以保持传统的活力，使传统在社会的集体记忆里得到强化；集体记忆是个人记忆的总和，集体记忆和个人记忆都必须在各个层次上不断地再"充电"。由此可见，柏拉图所谓的"摹仿"混淆了诗人和演员的情景，而且把这两种情景和儿童的课堂教育及成人的娱乐也混为一谈了，但他的"摹仿"说的确是当时的真实情况。

简言之，柏拉图描绘的是彼时存世语词（preserved word）技术的总体情况，这种语词技术在以后欧洲不复存在了。我们还没有穷尽口语文化特有的语词技术的各个方面。我们还需要考虑个体少年或成人的情况，时代迫切需要他们记住口语语言传统，并使之常青，那是他的文化仰赖的传统。起初，他聆听、不断重复，给自己的记忆极限加料，自然人的记忆库因人而异。这样的记忆功夫如何让人人能及，不限于有天分的人而是惠及群体里的一般人呢？人人都需要最低限度掌握传统的。我们认为，唯一的办法是利用每个人意识里潜在的和可以利用的心理资源，而这些心理资源今天不再是必需的。在稍后的一章里，我们将仔细考察这个心理机制的范式。这种心理机制的特征可以归纳为：这是一种忘情卷入的状态，个人和诗化言语的情感认同，诗化语言是个人必须保持的语言传统。即使用少量的心理能量去记住一首莎士比亚的十四行诗，现代学生也认为自己学得好。他并不比古希腊的学生懒惰。他只不过把精力用于阅读和书本学习，他用眼睛而不是耳朵学习。古希腊学生必须要调动记住荷马和其他诗人的心理资源，他的记忆必须足以达到必需的教育效果。为此目的，唯一的办法是：像演员表演时牢记台词那样记住诗歌。你全身心投入阿喀琉斯的情景，认同态度他的悲伤与愤怒，你就变成了阿喀琉斯，变成了你正在聆听的朗诵人。三十年后，你自然而然地引用阿喀琉斯的台词，能引用诗人对阿喀琉斯的评述了。如此巨大的诗化记忆能力的获得必须要付出巨大的代价：客观性的完全失落。

　　于是，这就是解读柏拉图挑选摹仿一词的主要线索，他用这个词描绘诗性的经验。起初，摹仿一词不是聚焦于艺术家的创作，而是摹仿使听众与的话语产生的认同，近乎病态的、肯定的认同。然后，柏拉图似乎混淆了史诗和戏剧这两种不同的样式。他说的是，任何诗化的语言的设计和朗诵都必须是戏剧性的，在朗诵者和听众的灵魂里都像戏剧。这种戏剧、这种记忆里重新体验的方式，而不是分析和理解的方式，对他而言就是"敌人"。

　　总之，如果你把这些发现用来分析柏拉图之前的希腊文学史，你就会接受这样的说法：将其称为我们现在语义上的文学是用词不当的。荷马大体上代表一个长期非书面文化的终点；彼时的希腊口传诗歌已养育成熟，教育青年人、传承群体民俗只剩下口授的方法了。公元前700年前，只有少数人能熟练使用字母表；这些人是谁还是有争议。这些人的圈子随着时间的推移而增大，但字母表理论上使阅读文化形成以后很久，比以前的传授和交流习惯以及相应的心境更自然的东西还会传承很长一段时间，这个继续传承的东西是什么呢？

　　这引向一个结论：欧里庇德斯去世之前，一切希腊诗歌几乎完全垄断了交流信息的保存，而诗歌创作的情况从未在以后的欧洲复制过，诗歌拥有特殊魅力的秘密。比如为了方便举例，荷马被当作纯口头创作的最后一位代表人物。即使这一点也令人生疑；他的诗歌没有受惠于字母表转写的重组，看来是不太可能的。但这一点有争议，也不影响主要的观点。可以肯定，他所有的后继诗人都是笔头创作的。但同样可以肯定的是，他们都是为朗诵和听众创作的。可以说，他们的创作是在听众的控制下进行的。书面文化的挑战只针对他们自己和同侪。他们写的语词和句子必须是能重复的。语词和句子都必须要富有"音乐性"，我们稍后再回头说这一功能的意义。而内容则仍然是传统的。大胆的发明是作家的专利，在什么文化里都是这样的。

总之，荷马的后继者仍然设想，他们的作品会被重复并牢记。这是他们"功名"的依托，是不朽的希望所在。于是他们还下意识地设想，他们"说"的诗歌适合听众活生生的记忆。这样的设想既限制了希腊传统主流的范围，又大大增强他们创作的极端认真态度。

在这里，我们关心的不是文学批评，而是被称为希腊的哲学的知性主义（intellectualism）的源头。我们要认识到，天才的作品在半口语传统里创作，虽然对现代读者是极端愉悦的资源，其构成或代表的心境并不是我们现代人的心境，也不是柏拉图的心境。我们还要认识到，就像诗歌至上，对有效的散文构成主要的障碍一样，给一种心境贴上"诗歌的""荷马式的"或"口语的"心境的标签是很方便的；这样的心境是科学理性的主要障碍，对分析法、经验分类和因果关系的重新排列，这种心境也是主要的障碍。这就是为什么这种诗歌心境是柏拉图的头号敌人；为什么他认为这一敌人令人生畏，也就容易看清了。他挑战千百年用韵律记忆经验的习惯。他要求人们考察这种经验并予以重组，要求人们思考自己说什么，而不是只说而不想。人们应该与经验拉开距离，而不是认同经验；他们应该成为"主体"，与"客体"拉开距离；应该重新考虑、分析和评估经验，而不仅仅是模仿经验。

因此，希腊诗歌的历史也就是早期希腊儿童教育的历史。诗人为课程表提供一个接一个的补充。柏拉图把教育的领导地位先后赋予了荷马、赫西俄德、悲剧家、智者派以及他本人。根据这样一个假设：希腊正在通过手工艺文化（craft literacy）从非书面文化走向半书面文化直到书面文化的，这个顺序有道理。在黑暗时代（Dark Age）[①]，史诗是保存语词的载体，必

---

① 黑暗时代（Dark Age），欧洲历史上约公元 500 年至 1000 年之间的中世纪早期。

定是教育的主要载体。在公式化语言的帮助下，即使纯口语的史诗一定程度上也披上了权威的外衣。用字母表转写之后，史诗更严格地标准化，就可以用于教育的目的了。在梭伦（Solon）时代，传统经历了学校改良，在庇西特拉图（Pisistratus）时代，荷马的文本经过了一些修订。将学校改良于荷马文本的修订联系起来并断言，在一段相当长的时期里，不同的史诗写本互相调适以用于教学——这样的推断是有道理的。叙事诗朗诵者也是老师，和诗人一样。就像提尔泰奥斯（Tyrtaeus）的生涯所示，叙事诗朗诵者和诗人的职业身份是相互交叠的，这样的职业身份回应手工艺文化的传统。叙事诗朗诵者参考荷马史诗的文本，以纠正自己的记忆；他用口授的方式教育民众，而民众只记诵不阅读。像诗人一样，叙事诗朗诵者也受制于听众。

在僭主庇西特拉图统治下的雅典，口头创作的第二种形态被赋予了正规的地位，得到了国家的支持。舞台剧的台词更贴近本地的通俗话，成了雅典对荷马传统经验的补充载体，成了道德教育和历史记忆的载体。舞台剧被人记诵，用于传授，被人引用和查阅。你去看新戏，那新戏又是旧戏，充满新情景下重组的陈词，有许多格言警句和谚语，有行为典范，亦有警告不好行为的例子；总是有部落历史和民间历史的重述，有先辈的记忆——艺术家成为重述和记录的无意识载体。剧情总是典型的，而不是有所发明的；剧本无休无止地重复先例和判断、学问与智慧，那是希腊化文化积累和储存的学问和智慧。

柏拉图不经意间将荷马认定为原型人物，根本原因是，荷马史诗不仅是一切储存信息的原型，而且一直如此；荷马史诗简明扼要的内容和广泛表演提供了另一个持续不断的传统，借此希腊戏剧摹仿内容、使表演的方法适合表演；从风格上来说，戏剧有小的差异，而不是类别的不同，柏拉图自己就有这样的感觉。

希腊悲剧的荷马背景是制度性的、根本性的。这是拓宽既定形态、长期保存的言语技术的问题；无论是叙事诗朗诵者表演时一个人"扮演"所有的人物也好，抑或是分割为不同的角色、让朗诵者成为演员也好，那只是言语拓宽的技术问题。你还可以补充说，这样的变化发生时，雅典的智能就能展现出胜过其他城邦的优势，把自己的特色成分加入课程表。在公元前5世纪的雅典儿童和少年记诵的教育里，希腊戏剧或其选段已被纳入，他们能够吸收的资源比较多；在其他的希腊社群里，荷马也许维持了完全的垄断，儿童和少年能利用的教育资源就比较少了。

但柏拉图攻击的主要对象是荷马。他满脑子都是荷马；是时候了，我们要转向他视荷马为百科全书的观念。为此，我们要检验那个假设：口传语言的史诗原型包含必须要记诵的汇编、要维护的传统和要传承的教化。

第四章　荷马式百科全书

　　首先把荷马当作教谕式作家来对待，那就是对读者提出了过高的要求，就不太可能赢得读者的同情。"史诗"一词的言外之意是涵盖宏大的概念、生动的行为、活泼的形象，似乎预先就排除了对这位欧洲第一诗人教谕式作家的估计。对荷马而言，故事是最重要的。教谕或百科全书式的成分可能会有吧——比如你想到著名的船舶分类目录——那是史诗宗旨的附带成分，而且可能会拖累故事。然而，我们要探索的论点刚好相反：荷马史诗的经纬是教谕性的，故事从属于史诗，承担着要容纳教育材料的重任。

　　让我们尝试为这样的研究方法铺路，这也许能缓减一些直接的开局，首先指出很早的一篇希腊文献。它论及史诗的目的和内容，不过人们通常不从这个观点来考虑问题。这就是赫西俄德《神谱》（*Theogony*）的序曲，共一百零三行，其成文年代不会晚于公元前 7 世纪末。其形式是对缪斯的颂歌，形式和内容都堪比荷马史诗的颂歌。这就是说，讴歌描绘神的降生、特权、神力及其在人类社会里的功能。诚然，这首颂歌结构松散，不太合乎逻辑。有交叠和重复，可能暴露了不止一个源头，但这也可能是赫西俄德其他作品的风格。结构松散的一个原因是，有时他似乎把缪斯神作为他赞颂诗的代言人，这就是神的赞美诗，另一些时候，他用更普通的字眼把神描绘为一切口传诗歌的代表。我们稍后将要论及，神表现的这两个方面并不是不可兼容的。

无论如何，在第五十三行以后的篇幅里，诗人转向描绘诸神。描绘宙斯的降生，以及他们靠近宙斯奥林匹斯山的住地，赫西俄德讴歌他们体现诗歌普世威力的一面；在这个语境下，他界定诸神歌唱的内容：

不朽诸神的习惯法（custom-laws）和民俗（folk-ways）。

这些语词在句法里有歧义，这似乎反映了这首颂诗总体上双焦点的性质；正如上文所言，被讴歌的缪斯一定程度上就是《神谱》的作者，吟游诗的对象一定程度上也是作者。根据《神谱·序曲》第一行是一个总体的表述，最可能的解读是：

他们歌唱法律和诸神的行为。

接着的第二行与第一行关联，

甚至歌颂凡人。

这样的处理意味着，在赫西俄德的脑子里，凡人和诸神的行为方式没有僵化的区分。我们将看到，这两种方式的混合的确代表着《神谱》背后的世界观，还代表着荷马史诗两个世界的混合，神界是人类社会的镜像。

我们把 nomoi 和 ethea 这两个词翻译为 custom-laws（习惯法）和 folk-ways（民俗）。这两个词是什么意思呢？ nomoi 后来成为规范的"law"；两个半世纪以后，在《柏拉图对话录》里，它甚至成为《法律篇》的篇名；神圣习惯的意义甚至高于法律的意义。Nomos 代表着成文法之前习俗的力量，也代表着希腊先进社会里成文法的力量。但这个意义的 Nomos 不是它在荷马史诗里的意义。赫西俄德率先使用它，使之流行。在如此早期的诗歌作品里，Nomos 不可能指成文法，但它可以涵盖口传的法律。那么，ethea 一词又是什么意思呢？起初，它可能用来表示动物的洞穴或出没地，之后，它有了个人行为模式的意思，甚至个人性格的意思，所以到了柏拉图时代，它提供了"伦理"（ethos）一词的基础。这就是说，在赫西俄德和柏拉图之间，nomos 和 ethos 这两个词都经历了从具体到抽象的类似演化。我们认为，赫西俄德用这两个词来描绘被认可的、妥当的、"美好的"社会道德行为范式。他的行为准则观念或形象大概是两极的：一是我们所谓的群体的公共法，一是个人本能和家庭习惯。这就是为什么他用这两个词。Ethea 的约束力不亚于 nomoi，但更具个人的性质；起初，Ethea 指的是个人在其"出没地"的行为方式。如果是这样，它就很容易被引申为涵盖家居行为的风俗。相反，nomoi 可能与牧场的分配有关系，它从更大的社会视角看待习俗。nomoi 的视角更宽广。因此，ethos 涵盖了个人对亲友和敌人妥当的感情和反应。而 nomos 则像赫西俄德所描绘的一样，涵盖了辛苦工作的普遍规律，或本能被禁止的行为，比如吃人肉的习俗。

接着用一个相当全面的口传诗歌的定义（我们说口传，因为赫西俄德显然接近希腊文化的非书面文化状况）。但这个定义是否有意用于史诗吗？下文将论证它是有意向的；实际上，在颂歌之后的地方，赫西俄德这样描绘吟游诗人：

> 他是缪斯的仆人，他吟唱前人的伟业
>
> 和神圣的神灵。

赫西俄德不区分对缪斯的讴歌和吟游诗人对"习惯和习俗"的赞颂。

无论如何，赫西俄德定义里的两个词 nomoi 和 ethea 大致相当于我们今天所谓的希腊社会里公共的和个人的、政治的和家庭的法律，它们可以相当恰当地用来描绘荷马史诗的百科全书式内容，我们将在荷马故事里发现这些内容，我们在《伊利亚特》第一卷里发现这样的例证。

特洛伊的希腊人洗劫一个邻近的城市，分赃时，阿伽门农夺走阿波罗祭司克莱西斯（Chryses）的女儿作为自己的财产。父亲苦苦哀求，阿伽门农拒不放人。神的代表遭受屈辱，神被激怒，阿波罗让灾难性瘟疫降临，城邦不得不召集公民大会来处理紧急状态。在阿喀琉斯的鼓动下，主要的斗士先知卡尔克斯（Chalcas）勉为其难地透露真相：统帅阿伽门农必须放回克莱西斯的女儿，以躲避瘟疫。他的建议激怒了阿伽门农，阿伽门农把那女子作为战利品，要求至少要有其他战利品替代。阿喀琉斯说，无可替代，除非先前的分赃被取消。阿伽门农更生气，威胁说要用阿喀琉斯的战利品布里塞伊斯（Briseis）来替代。阿喀琉斯的暴怒堪比阿伽门农，他几乎要杀死阿伽门农，发誓此后不再参战。他要统帅阿伽门农和希腊人为他遭受的屈辱付出代价。年迈而受人尊敬的涅斯托耳（Nestor）出面干预，以平息争端，指出双方都有错。但两位强大的勇士不理睬他的呼吁。阿喀琉斯退回军帐，阿伽门农的传令官夺走了布里塞伊斯。阿喀琉斯向母亲美人鱼狄蒂丝（Thetis）诉苦，请宙斯说情。众神与众人之父做好安排，让阿喀琉斯的撤退生效，胜利转向特洛伊人。与此同时，祭司克莱西斯的女儿回家的仪式也顺利结束。谨慎的奥德修斯（Odysseus）率队护送她回家，祈祷和献祭使阿波罗得到安抚。在狄蒂丝的诉求下，场面转到奥林匹斯。宙斯勉强同意，因为他知道，妻子海伦不希望特洛伊人胜利，哪怕是暂时胜出。实际上，海伦发现宙斯做了什么许诺，这激起奥林匹斯夫妻的不和。但夫妻的争吵以有利于宙斯的方式得到迅速解决：他威胁海伦，如果不管好自己的事情就要挨揍。海伦一个儿子劝她顺从，于是夫妻二人的紧张关系得以缓和。神的家人目睹了这场紧张的争吵，他们坐下来平静地聚餐会饮。夜幕降临后，众人归寝。

柏拉图在《理想国》第十卷里说，这种故事用散文讲述就没有什么分量。现代读者可能不会同意。即使被剥掉韵文，诗人的叙事依然显示出选材的简省、一定的戏剧性和情绪起伏、场景变换、驾驭有度的模式，总体来看，这些技法还是令人惊叹的。荷马对讲故事的戏剧性艺术驾轻就熟，人物栩栩如生，情节持续紧张，《伊利亚特》很吸引人，乃天才之作；所以我们不太愿意从任何其他立场去看荷马的创作。我们觉得，诗人一开始就构想一场重大的争吵、家族的纷争，为整个故事提供一个驾驭的框架，然后就实施这一构想，用尽一切创造性想象力铸就了最有力的风格。无论继承什么传统的素材，他都能拿捏重塑，以适合自己强有力的设计。

我们现在提议从反面和长远看诗歌，不是将其视为文学创作，而是将其当作民间传说的汇编。这样来考虑《伊利亚特》第一卷的缪斯，她就在讴歌"前人的伟业"，同时也在记录赫西俄德所谓的"所有的公共习俗和个人习惯"，包括神和人的习惯：仿佛缪斯的述说与柏拉图的构想一致：荷马是部落百科全书。我们将有意采纳那个假设：故事的设计是为了使用方便，将其用作文学百宝箱，以混装各种习俗、方便设施、治病良方和办事程序。

缪斯讲述的故事是两个强大男人的冲突，其激情和决策都关乎整个群体。我们可能把关注的焦点放在独立人格的英雄身上，但我们不能忘记，他们实际上不是独立自主的。他们的行为和思想扰乱了社会的行为和命运。这种诗歌是公共的或政治的，所以英雄争吵的故事首先是显示公共法的一个载体，我们可以称之为希腊社会的管理机构。

如果没有管束战利品的严格的规矩，那场争端首先就不会发生。这些规矩使统帅陷入两难，使军队也为难。阿伽门农犯了渎神罪，只有送回他掠走的女人，换得一点赎金，他才能赎罪。但他拒不接受女孩父亲的提议，于是阿波罗强化了宽恕阿伽门农的条件。赎金的提议被收回。瘟疫惩罚的解除只剩下唯一的办法：女孩被放回，没有对阿伽门农的补偿。但那女孩代表着统帅阿伽门农破城以后的战利品份额，而战利品的分配有严格的成规：位高权重的男人优先——如果不是这样的事实，阿伽门农还是可以接受无偿送回女孩而不尽失颜面的。因此，阿伽门农索求替代品是有道理的。这补偿的替代品来自哪里呢？唯一的追索权就是取消此前的战利品安排，重头再来。如此，节外生枝的复杂性使困难重重，实际上这个办法是不可能的。阿喀琉斯指出这一事实，不经意间把这个管束分赃的成规记录在案：

> 宽宏大量的阿盖亚人如何给你奖品？
>
> 我们不知道哪里会有大量的公共储存。
>
> 我们攻城略地之所得已经分配完毕。
>
> 人们再次分配、搜集已经分出去的东西、重新聚拢，并不妥当。

继之而起的争吵和社会混乱的痛苦经验产生了这样的法律；所以诗里的描绘性处理"不妥当……"这一段保存的习俗隐藏较深，因为它和语境密切相关；这样的叙事停不下来。

稍后，一个类似的例子更明显。阿喀琉斯誓言退出战斗时，两位英雄的争吵加剧了：

> 这木杖真是这样——它的枝叶
>
> 绝不会再生发，一旦它离开山林的树桩
>
> 就不会再花枝烂漫。包裹木杖的铜皮被剥落
>
> 树枝与树皮被剥落。如今阿盖亚人的儿子
>
> 手握木杖，连掌握先例的仲裁人
>
> 也在宙斯的注视下守卫。这就是你的誓言；
>
> 真有一天，阿喀琉斯的愿望降临到阿盖亚人身上。

　　描绘木杖象征权威的一段话被插进来，描写他震怒的叙述被打断了：你如何进树林、砍树、木杖的样子，谁有权拥有这一木杖。持杖人的主要功能就这样被记住了。他的宣示保存了法律先例。如果采用的意象不是与场面的极端严肃有关，不是与英雄情绪的强度有关，叙事的中断听上去似乎有点奇怪。

　　稍后，涅斯托耳尝试担任和平缔造者的角色，对阿喀琉斯提出告诫：

> 珀琉斯的儿子，勿与一个王子激烈竞争
>
> 他拥有的东西与他人不一样，
>
> 他甚至手握节杖，宙斯给他荣光。
>
> 即使你更勇武，因为你的母亲狄蒂丝是神，
>
> 但阿伽门农更优越，因为他统领的人比你多。

　　这一段概括了社会结构稳定的基本关系。王子的权威必须维护，因为他是王子，不是因为他更壮实，他常常不强壮。神支持这样的安排。他手持的节杖就是他权威的外在象征。

　　狄蒂丝代表儿子阿喀琉斯前往宙斯的神殿修复关系，请宙斯助她一臂之力。狄蒂丝的举动和宙斯的举动是请愿者请愿的范式，以及王子如何接受请愿的范式，宙斯最后同意，上下点头，一段评述是这样的：

> 我这样做在众神里是最伟大的
>
> 迹象。因为我的陈命不能撤销，不能篡改
>
> 也不能半途而废；我点头确认，那是认真的。

　　结尾的话界定了一个悠久的成规，因为庄重的点头是公众要看的，因此，神的机构就是人间机构的映射。

随军的预言师卡尔克斯表达担心阿喀琉斯会得罪阿伽门农，他这样描绘阿伽门农：

他统治所有的阿哥斯人（Argives），

你和阿盖亚人要侧耳聆听。

这是史诗保存的一个相当公平的定义，阿伽门农在阿盖亚历史上的政治地位就是这样被保留下来的。先知继续表达以下的情绪：

国王对麾下臣民生气时，他的威力更大。

即使他今天强抑怒火

后来也心怀怨恨，直到气消，

留在心里。

这可以用作法律或民俗、公共法典或个人行为模式的例证。这是国王行事的方式，这是权力的严酷事实。

王子可能会发现暂时抑制怒火是明智的；只要反对者是臣民，它可以压抑。心理观察与社会观察在这里结合；这里没有道德判断。吟游诗人只是简单地报告和描绘，这赋予史诗的习语耐人寻味的冷静品质，提升其宏伟的气质。正是在这宏伟的气质里，诗化语言用来建构"教谕性"的观察使之以永久的形式保存下来。

以上几个例子表述的政治关系是那种社会期待治理的关系。它们不是概括性的、公式化的，而不是系统性的，只在故事提示时介入。它们是《伊利亚特》和《奥德赛》数以百计这种表述里的一小部分样本。因为其政治性，所以它们仅限于人的法律关系和社会关系，相对而言是比较容易辨识的。但公共法律包括的范围宽得多。在史诗故事里，人的机构和宗教机构对应。两种机构都用公式化的表述，给任何言行都添上一点仪式的性质。但宗教机构有自己的要求，可能会与人的自傲和激情发生冲突。人的政治安排必须顺从宗教的要求，但在有些情况下，两种机构的要求是难以调和的。倘若阿伽门农被允许留下那女孩，军队的纯政治需求可能会得到比较好的满足。但他们全都生活在宗教机构之下，他们都接受宗教，满足军队的纯政治需求就不可能了。因此，《伊利亚特》的故事不得不描绘这样的冲突，这样的描绘促使诗人记录大量的仪式规定和程序及信仰，这样的描绘同样构成部落百科全书的一部分。

《神谱》序曲旨在预报故事进程：由于首领间的纷争，灾难即将降临。接着插上评述"宙斯的忠告被履行了"。这半行诗短促，却发挥了两种功能。一方面，这一神谕旨在总结具体故事的具体事件，《伊利亚特》第一卷末尾告诉我们，宙斯勉强同意阿喀琉斯的请求，做出安排以平息他的愤怒。到第八卷末尾以及第十五卷末尾时，神谕被忠实地执行了。但古代的听众听到阿喀琉斯的愤怒时，自然而然地在更广阔的语境里去解读。宙斯的神谕总是在一切情况下占上风。这个道理不仅适用于阿喀琉斯直接得到满足的情况，而且适用于他的祈祷被满足后的情况：他的希望和欲望发生讥讽性的反转。整个《伊利亚特》都有一种普世的逻辑：宙斯的神谕在宏大的规模上得到执行。这些思想大大超越了荷马有意识的或虚构的思想。它们是用机巧的批判表达的。我们提出这些批评，目的是要显示，正如这些公式对现代读者产生复杂的结果一样，对古希腊读者而言，它们也成为规则的口头表达，格言谚语形式标准的表达，只是古诗的句法要求这些规矩要用过去时态表达，而这些规矩就隐藏在格言里。宙斯的神谕被执行了，而且任何时候总是要听从的。

荷马诘问，这样的纷争是如何开始的：

勒托（Leto）和宙斯的儿子因国王而生气

惹来了军队里的瘟疫，使人们死去。

一方面，这是故事情节必需的具体表述。但它同时又是一切瘟疫既定公式的结果：瘟疫如何发生；神怒总是危险的。

但为何首先是阿波罗生气？

祭司克莱西斯被阿特瑞斯的儿子羞辱。

有一个具体的表述用了过去时态；但它同时又意味着一般神令的永恒表述。这里表达的是神的气愤是如何引起的。听者被警醒：否定祭司的特权是危险的。祭司特权被废除的描写使诗人想起规矩。过几行以后，隐性的格言用明快的公式化语言说明。军队听祭司述说委屈时：

兵士齐呼"说得好！"祭司应该受到尊重。

希腊词"祭司"在这里不区分这位祭司和任何祭司。这位祭祀走向希腊军队的营帐：

释放他的女儿，你可得无数的赎金。

这里可见习惯法标准的实施，习惯法管理战时的人际关系。习惯法是世俗的，只不过祭司刚好在这里担任了执行人。同样的表演在故事里一再发生。这个场面在《伊利亚特》的前一千行里被记诵了三次。顺便指出，有趣的是，语句表达的顺序是并列的，意思是：两种行为即界定加实施的行为是按照"自然"发生的顺序叙述的：

他有意释放他

他得到赎金。

在这里，复杂但后荷马逻辑（post-Homeric logic）可以用相反的语序：

他手捧赎金

以便解救她。

迄今为止，祭司的表现是世俗的，但作为祭司，他携带适合自己身份的装备：

手捧神射手阿波罗的装饰

镶嵌在金杖上。

这一公式赋予他的效能，他有权携带这样的装备。阿伽门农警告他让他离去时，这一事实再次被记诵：

以免神的节杖和条带对你无用。

故事里的阿伽门农想要违规，其违规表现在这些仪式性装饰里。但讲故事的方式使规矩反复被吟诵。记录是间接的，但的确是记录。

祭司提出请求，念过赎金的公式后，他最后对阿特瑞斯的儿子们和希腊人说：

尔等要尊敬宙斯的儿子神射手阿波罗。

再一次，具体的诉求含有这种社会里一般的规定。阿波罗必须永远崇敬；他的正规名字叫宙斯的儿子。阿伽门农拒绝祭司的祈求，表示他不求神时，祭司退出，诗人重复阿波罗父母的定义，这次是从母亲的血统：

> 祭司祈祷很多事情
> 阿波罗是一头秀发的勒托所生。

他随后的祈祷用直呼体，听起来像这类讲话的范式：

> 听我说，卫护克鲁塞和神圣的基拉的银弓之神，
> 强有力地统领着忒奈多斯的王者，史鸣修斯……

他选中祈请的神，给予恰当的界定。那是居于崇拜中心的一位神，其特殊功能是在此控制死亡之箭，对他的崇拜分布于安纳托尼亚北部沿海。祷文接着唱道：

> 我曾为你立过庙宇，
> 烧过裹着公牛或山羊的
> 腿骨，那就请你成全我的祷告和心愿。

这几行诗相当节制地纪念简单而标准的习惯，那是创立和维持崇拜的做法。具体到这些危机，祭司的祈求同时又使人想起规定的程序。以下是宗教行为准则的片段。

瘟疫降临，吞噬军队。阿喀琉斯召集部众，让他们听安抚的祈祷。荷马专注这一祷文时，实际情况是要求阿喀琉斯让预言师履职，显然预言师卡尔克斯是恰当的人选。不过，故事再次回归记录的习语，而不是创新的

习语，用一般的公式替代具体的公式：

> 我们不求先知或圣人
>
> 不求释梦人——不求梦见宙斯——
>
> 他会告诉我们。

有关梦境神源的格言包含在三个主要源头的自然联想里，那是人寻求神灵指引的源头。祭司的祷文继续，用同样公式化的语言，涵盖了与神维持友好关系的表演：

> 神见我们犯罪，我们献祭，或为百牲祭，
>
> 或品味完美无瑕是绵羊或山羊
>
> 神可能想要我们献祭，他就会驱除瘟疫。

这两段希腊文在铿锵有力的声觉中展开，英语译文的声音效果很不完美。这悦耳的特征潜入宗教仪式的公式，揭示其熟悉而通俗的定义；无论怎么熟悉，希腊人都需要随时回忆温习。实际上，献祭和百牲祭结合，加上神的怨气在二十九行诗以后又重现，融入预言师卡尔克斯的回答，语境变了，语言几乎没变。

阿喀琉斯的第一场讲演用上了一般的规则。卡尔克斯起身回应。但这件事在诗人的脑子里再次启动了有变化的语言，而不是特别的叙事：

> 大预言师特斯托尔的儿子卡尔克斯解释梦境的能力大大超过他人，
>
> 他知道已然的事物、将来的事物和过往的事物，
>
> 他指挥阿盖亚的船只直到伊利昂
>
> 因为他有福玻斯·阿波罗赋予他的预言，

面对阿盖亚人，他整理好思绪说出预言。

在这五行诗里，唯第三行不受典型或一般规则的任何影响。第一行诗隐隐使人想起社会钟爱制度的安抚。第二行诗界定智能的边际：赫西俄德在《神谱》里描绘缪斯授予吟游诗人的诗歌天赋，这一天赋予预言的形式出现。这样的提醒在阿喀琉斯的答词中以变异的公式出现。有了这样的准备之后，人就可以用妥当的"思路清晰地说话"。即使在描述一件事时，诗人也会回想起社会"道德"。那道德既是师生的，也是世俗的。宗教规定的习俗同时又是政治机构的惯习。如果神表述的祭司或预言师的地位可以归类于社会公共法，那社会期待他的智能的实践也会成为社会伦理的一部分，也是社会伦理的个人准则，不知不觉间彼此进入系统的类别。同理，两者都用语言唤起，往往用标准化的程序或情景来表达。

先是诗人对预言师卡尔克斯的描绘，随后卡尔克斯本人的语言也被框定在同样的类别里。然后他转向阿喀琉斯说：

因此我要说，你对我发誓
言行都和我真正站在一起。

正式的诉求描绘了两个盟友的关系，他们的结盟由正式的议定程序确认——口语文化特有的开头盟誓。情景是具体的，一旦用语言表达，就成为条约的一般范式，就成为条约确认和依靠的忠诚。条约在脑子里回响，成为这种社会盟约的恰当公式。它既是习惯法，又是习俗。

接着他给出了诉求的理由："阿伽门农可能会给我带来危险。"但这个具体的危险立即被译解为一般的语言，成为阿伽门农统帅地位的形式化的描写：

因为我认为，有个人会生气，很生气

他以勇武统帅，阿盖亚人聆听他的话。

这也是阿喀琉斯回复预言师的程式化语言特征，他的话使人回想起阿伽门农的地位：

谁也不能控制你，即使你说出阿伽门农的名字

他宣称远胜阿盖亚人。

这两句话说明，阿喀琉斯不畏惧挑战军队里的对手，同时也肯定贵族地位的事实。这里有一条记忆线，它既是描绘性的，也是规定性的，他鼓励学生敬仰"最高的"地位，或许还激励他们去获得最高的地位。这是史诗习语里保存的社会伦理的另一个片段。

考察荷马的文本以搜寻公共法痕迹时，你会不断发现，个人行为准则的痕迹也交织在公共法里。史诗的习语既保存了熟悉和妥当的习惯法，又保存了可以接受的有价值的习惯和态度。我们在《伊利亚特》第一卷里搜寻的宗教习俗显示了这样的结果。如此保存下来的伦理被广泛地渗透到荷马史诗的诗行里，我们的分析几乎可以无穷无尽地进行下去。

让我们搁置这样的搜寻，转向更明显的习语保存，它们会更明显地显示自己，因为它们处理的是习惯，而这些习惯既是公共的，也是个人的。在上文的祈祷程序和崇拜仪式里，我们审视了政治的惯习，然后转向了宗教的惯习。宗教的惯习发生在故事的后期，祭司的女儿被送回给父亲，她回到原来的神庙。希腊人的代表团把她放在克里斯，祭司最终与希腊人和解，阿波罗的气愤被平息，瘟疫得以免除。原初故事情节的逆转恰到好处地标示出来，祭司再次回投他的神，再次念诵神所示的那个祈祷词公式，不过他的祈求被颠倒过来了：

　　如今我再次祈祷完成我的心愿。

　　使希腊人免遭悲惨的灾害。

　　从叙事方面看，这一祈祷使争端解决、情势平顺。但它也有通用的特性：它使这种祈祷的习语被奉为神圣，任何人遭遇灾难时都可以用上。

　　希腊代表团的表现为希腊仪式行为提供了仪式证明的范例。作为赎罪过程的一部分，他们为阿波罗完成了一个献祭仪式，那六行诗的描写听起来像一切类似仪式的指南，牺牲的屠宰、杀戮、分割、敷料和烹饪被逐项列示。仪式完毕，宴饮和音乐表演的描绘同样带仪式性，直到就寝。吟游诗人报告一帮男神一日之内的生活范式，我们稍后会注意到，诗人将描绘诸神一日结束时的生活。这个过程构成一首田园诗，宗教习俗和社会习俗的平台，在史诗里固化并被保存下来。

　　史诗的结果遵循这一范式，故事所需的具体情景遵循典型的行为范式。行为范式是时代生活和思想的组件，社会生活就是那样的。因此，人物的言行不断地显示了政治治理的公共机构，也显示了敌友、男女、家人、家庭之间等个人关系的行为准则。阿伽门农意欲留下祭司的女儿克律塞伊斯（Chryseis），这就为诗人插入两种描写提供了自然的场合，并借此描写家庭生活的习俗：

　　我不会交还这位姑娘；在此之前，岁月会把她磨得人老珠黄，

　　远离她的故乡，在我阿耳戈斯的家里，

　　她将与布机做伴，随我同床。

　　这段话概括了妃子的命运。她被当作战利品掳到阿伽门农身旁，尽职于机杼，生儿育女，最终成为年迈的老佣。这几行诗几乎同样适用于妻子的角色。阿伽门农热衷于这宜人的主题，相夫教子的公式被进一步加强。

卡尔克斯警告阿伽门农要他交回女子，这使阿伽门农更想要留下她，使他的念想增强，视她为妃。因此，诗人通过阿伽门农的嘴提出了自己的要求，那是男人挑选女人的标准：

> 的确，我更爱克律塞伊斯，胜过我的原配克吕泰涅斯特拉。
> 克律塞伊斯不比她逊色，无论容貌或床上
> 她心智亦强，干活亦棒。

既然《伊利亚特》许多情节发生在战场上，诗人的视角转向了奥林匹斯山以后，家庭生活的习俗就更加突出。因此宙斯听取狄蒂丝的诉求后。回到宴会厅，但见：

> 诸神起立
> 见神父出场，谁也
> 不敢静坐餐桌，全都肃立恭候，
> 等他在高椅上就座。

就餐礼仪范式保存了父系制家庭的习俗，成年后的子女仍然是从属。这样的社会体系对家庭成员都有要求，男人和女人、丈夫和妻子、性别各有遵从，服从总体的要求。因此，妻子赫拉数落宙斯最近听取狄蒂丝的诉求时，宙斯的回答就符合这个典型的范式：

> 不要指望，我的一切交往
> 你将知道。它们不能入你脑，虽然你与我同床。
> 凡是适合你身份的，你都知道
> 你先于其他诸神或男人。

> 凡是我视为私密的决定
>
> 我要你不追问，以后也不能再问。

　　这个语境里的这段话可能有点骄狂，而他认为的绝密根本就无秘密可言，甚至令人可笑。但这也是父系制家庭里男子角色一般化的言论，符合个人身份的正式表述。赫拉前三行的应对同样正规，表达她接受宙斯所言的成规。当她袒露他知道宙斯与狄蒂丝的幽会、给他施压时，她所表达的接受也就失效了，宙斯的决定使她厌恶。如此，故事的进程容许家庭规范被打破。不过，这样的打破为确认家庭规范提供了新的一幕。当双方的脾气快要危险地失控时，一个年轻的儿子出面干预，劝告母亲说：

> 我敦请母亲，虽说她自己也明白，
>
> 主动接近我们心爱的父亲，说说怎么办妥当，
>
> 让我的父亲不再生气。

　　这一段话对家庭的现实做了小结，被家人接受了。"怎么办妥当"的公式既是典型的描绘，也是典型的规定。我们无需怀疑，雅典那样的社会在稍后的时代里保存荷马史诗，将其作为教育的载体，同时又保存了父权制的伦理，虽然新的条件和环境可能会与之抵触。

　　家庭的一幕结束，调子更轻松，诸神坐下欢宴。整个过程成为一个纪念仪式；奥林匹斯一天的生活结束了。家宴的气氛酷似交战的英雄把克律塞伊斯送回给祭司父亲那一天的盛况，欢庆、宴饮、歌唱：

> 整整一天，直到太阳落山
>
> 开怀畅饮，精神酣畅
>
> 欣赏阿波罗用可爱的里拉琴弹唱，

和缪斯姑娘们悦耳动听地轮唱。

　　有人说，柏拉图描绘人类活动的那些领域是荷马作为教育者主持的领域，柏拉图两次使用了教区（dioikesis）一词。这样总体的社会和个人生活"管理"，从家庭外延至政治和宗教义务，正是我们从《伊利亚特》第一卷开始就一直在努力理清的，柏拉图也提到荷马本人宣示技术指导。对现代人而言，无论这多么令人吃惊，都与诗人的角色无关，即使《伊利亚特》第一卷都可以提供柏拉图宣示的例子。首先我们要注意，史诗记述的政治、宗教或家庭领域习俗，常常可以转化为某种技艺。道德行为和技能行为之间的界限在口传文化里是相当弱小的。这是既有事实的固有特征，大量的社会行为和举止必须是仪式化的，必须用仪式化的形式记录下来，这样记述下来的行为几乎相差无几。

　　程序必须遵守，作为运行过程记录下来的程序可以准确界定不同的行为，它们必须遵循某种顺序。因此，为了描绘节杖的权威，阿喀琉斯偏离准则、把节杖扔到地上时，他的行为就提供了一件部落法，同时也显示了部落技艺。这个例子很简单，却是准确的。节杖必须要制作精良，用节杖必须有仪式感。法律和技艺交叠的一个更明显的例子见于对牺牲的描绘，那是阿波罗送回被掳的女孩时阿盖亚人举行的牺牲礼。仪式由特色分明、界定清晰的行为组成，动作必须按照既定的顺序进行。故事的叙事要求行为动作用过去时态。但行为序列传达仔细提炼过程的效应，以便于容易模仿。这是必须遵守的知识技能。口传文化感觉到需要遵守这样的程序。它们的记忆和遵守可能是专业人士比如祭司和圣僧的领域，但这样的普及知识渗透了整个社会，贯穿了整个史诗的教谕功能。因此，如果首批书写自己文化的希腊人把宗教惯习纳入发明的技艺，那就不足为奇了。具体地说，希腊宗教不是信仰问题，而是由大量积累的程序组成的崇拜实践；精心的表演需要技能，目的是让表演者尽责、妥当、虔诚。

我们再次重申：在口传文化里，储存的社会习俗往往披着储存技艺的外衣。这一倾向是精湛技艺的固有特征，运行的程序就被投入技艺的运行之中。实践是这样，实践的记录也是这样的。最突出的例子见于《伊利亚特》第一卷的航海技艺，那是一切希腊时代的核心技艺。诗人的故事创作赋予航海机会。被掳的女孩若要被送回父亲的神殿，就必须走海运。这就成了重述标准运行程序的场面，故事在四个特色分明的段落里详细展开，构成一个渐进的模式，现分述如次。

阿伽门农讲话，勉强同意送她回家的要求：

> 驾黑色的大船，我们驶向大海
>
> 桨手们，我们认真打起精神，迎接百牲祭
>
> 让我们扬帆，让美丽的克律塞伊斯待在甲板上
>
> 我们起航。一位船长，一位谋士，应该齐备。

"认真"一词使人想起阿喀琉斯和赫菲斯托斯在先前的例子中对"妥当"与"合适"两个词的专注。这类规定性的字眼常用于史诗的总结程序里。它们可能表现出诗人对诗歌教谕功能的意识。

至此，我们看到了一个程序的建议。两百多行以后出现的是程序的执行，重复使用建议里的字眼来描绘：

> 阿特瑞斯的儿子驾着快船驶向大海
>
> 他挑选的二十个桨手将赴百牲祭
>
> 他为神出使，美丽的克律塞伊斯待在甲板上
>
> 他带着她。同行的有一位船长，还有携顾问的奥德修斯。

两段公式化的文字说明许多口语文化的重要事实，保存信息的方法是

口语时，保存的信息就显示这样的特征。两段文字的事件、行为和目的相同：第一件事是开船，第二件事是召集船员，第三件事是准备货品，第四件事是乘客出发，第五件事是任命船长。百牲祭的运行程序可用来做比较。但实际的言语公式——两个以上语词的节律单位组成的建构，在诗行里的相同顺序和相同地方出现——却又显示出相当的差异。比如第一行就有独特的言语结构。相同的三个词不在相同的节律位置出现。这说明一个事实：在诗人的脑海里，口语传承里真正和基本的"公式"包括总体"情景"。总体情景由一系列标准化的意象组成，这些意象在诗人的脑子里有固化的顺序。而口语公式是用作意象被使用的工具。然而，只要基本的意象被保存下来，组合意象的句法就是会发生变化的。你还注意到，机械程序被记述时，辅助记忆的节律手法也可能是机械的。此间重复的诗歌有童谣的品质。

　　然而，在记述机械程序时，这种文本并不含有详细的说明，这和你在现代教科书里发现的情况不一样。更准确地说，口语文化里保存的是事情发生的简化版素描。记录是经验的综合，不是分析。航海人数以千计的技能细节被漏掉了，只是用事例、习惯和模仿来传达，细节不会进入史诗的公式里。实际上，史诗的习语被用作保存的技法，知识被当作普通教育的一部分。因此，史诗的描绘总是典型的而不是详细的。无疑，柏拉图反对的一部分主张正是这样的：诗人不是专家。

　　女孩真的被送回家了，海船抵达克里斯时的描绘是这样的：

　　　　海船进港，泊位在望，

　　　　落下船帆，搁在支索旁，

　　　　手脚麻利，快速划桨。

　　　　船员抛锚，缆绳系牢

　　　　水手起身，海岸登上

牺牲带上，献给掷飞镖的阿波罗。

美女克律塞伊斯离船回到家乡。

引人回想的童谣语言和韵律机制是十分明显的。在希腊原文的"帆"和"桨"里，韵律机制更加明显，因为它们有谐音。正规程序的各个步骤依次展开，逐项罗列。第一步抵港，第二步卷帆，第三步降桨，第四步向岸边划桨，第五步抛锚，第六步从船首下船，第七步卸货，第八步送客。这是任何船舶抵港的程序，不仅是克律塞伊斯回家那条船进港的程序。我们不能说它偏离主线，它和语境是完全相关的，不过它呈现故事暂停休憩的一幕，详细规定程序的步骤，逐项说明，有料有味。诗人不受戏剧艺术简省原理的约束，那是我们理解的原理。诗人既是讲故事的人，又是一部部落百科全书。

另一场航海记述发生在他们返回营地时：

众人升起主桨，挂上风帆

风鼓满帆，海浪擦着船身，

波光粼粼，噼里啪啦响

船头骑在浪花上，一路向前。

抵达阿盖亚人的营地

他们把黑色船拽上海滩

船停靠在沙滩，搁在支木上

船员散开安营扎寨。

诗歌分句前的副词（up, into, around 等）再次成为儿歌韵律的标记。四段关于船舶的文字放在一起，我们就可以说，《伊利亚特》第一卷完整保存了装船、登船、下船和卸货的公式化记述。总之，这里有荷马式"技术"的完整样本，不妨用"技术"一词描绘关于船务的熟练程序，那些程序很普及、也很分明。如果回想柏拉图的断言：根据普遍流行的估计，诗人"掌握了一切技艺的知识"，我们就可以明白他这句话的意思了。

第五章　作为记录的史诗和作为叙事的史诗

　　读者还记得，我们请他不要急于进行判断。《伊利亚特》被颠倒过来，首先不是被视为诗歌创作，不是被当作艺术品，而是被视为有音律的教科书。我们将其第一卷作为样本摊在读者面前。我们选取了前一百行，分离出五十来行，辨认具有教谕意义的内容，它们回忆或记忆典型的行为、态度、判断和程序。在积累的过程中，这些内容开始读起来像社会流水账，诗人向社会讲故事，但这本流水账同时又提出一系列的推荐事项。社会就是以这样的方式运行的，我们这些社会成员是诗人的听众，他的诗歌鼓励我们这样行事。这里没有训诫：故事的情绪是平淡的，但诗歌提供可接受习惯或妥善情感的范式，与之相对是不寻常、不妥当、不过分或不莽撞的行为方式。就诗人的创作而言，他的人物偏离公认的法律和伦理而不是顺从它们时，他的创新就更有可能显示出来了。总之，赫西俄德《神谱·颂歌》描绘缪斯颂歌的内容，将其视为法律和伦理，他是在描绘史诗；柏拉图关于荷马所宣示的史诗功能的观点还是有道理的。荷马真的是希腊百科全书，至少提出了荷马式的教育思想。荷马史诗是保存交流信息的诗歌，它保存的信息必须是典型的。

　　让我们用荷马的方式，用三个明喻展示这种口传诗歌包含的内容。我们可以说，史诗像一条磅礴的大河。卷入洪流或被洪流推进的是浩瀚的物质材料，它们赋予洪水气象万千的色彩。这个比方不完美，因为它暗示一个质的差异：叙事描绘的磅礴力量与倚重洪流的信息、描写、规定和分类差别很大，仿佛洪流承载的内容不是洪流的一部分。因此，让我们用另一个明喻：一个设计复杂的建筑群，比例恰到好处，修建完善，其效果取决于沙石、木材、砖瓦、大理石等建筑材料的质量。这些材料的颜色和形态被融入建筑，展现了这个建筑群的几何设计效果。这第二个明喻表明荷马的记述不是被硬塞进故事叙事的，而是他自己风格重要而固有的部分。要荷马自己说他融入了典型的五彩斑斓的元素，那是难为他了。

但我们还需要第三个明喻，它描绘这些典型元素建成的效果图非常鲜明。它们不是无差别的砖瓦、水泥和石头。但其视觉效果与其说是独特的，不如说是典型的。荷马并没有发明这些搜集习俗和习惯的方式。他对社会的记述想必与其他诗人一样，当然他们的技艺水平各有不同。荷马没有创造准则，他也不能用个人的视野强行修改诗歌叙事的总体色彩，只能在有效的范围内有所创造。让我们把他视为居住在一幢大房里的人，房子里塞满家具，必需的和精致的都有。他的任务是在里面穿行，边走边抚摸家具，记述其形态和质地。他挑选了一条蜿蜒而休闲的路径，在一天吟诵的过程中，他触摸和摆弄大多数家具。这条选中的路径自有其设计。这成为他的故事，代表着他尽可能接近的纯发明。这幢房子、这些房间和家具并不是他自己打造的：他要充满感情地不断地向我们回忆倾吐。但在触摸和摆弄的过程中，他可能会做一点修饰，掸掸灰尘，稍微重新摆放，但不会大动。只有在他选定的线路上，他才做出决定性选择。这就是百科全书式的吟游诗人的艺术，在吟唱记述的过程中，荷马维持了口传文化的社会道德范式。

我们认为，解读批评家对荷马史诗进行升华的线索就寓于他口传的社会道德范式。对有些翻译家而言，唯一可能的回应是尝试用钦定版《旧约》

习语的解读。其他批评家号脉现代性时同样不得不尽可能摆脱宏大风格，以便用现代习语翻译荷马。这两种版本都代表着成功与失败之间某种难以避免的妥协，第一个版本至少显示了荷马对事物的知觉，这是独特的百科全书式的视野，与之并行的是完全接受了社会风俗，是他对社会思想形式（thought-forms）的熟悉和情感。荷马的诗歌非常接近与非常态并列的记述。若把他的风格描绘为升华，那就是一个蹩脚的比方。他的力量源于他的能力，这一能力没有把他纵向拔高到胜过人的精神，而是使他横向延展直达他讴歌的社会边界。他满怀深情地接受这个社会，不是因为他个人的选择，而是由于他作为记述者和保存者的角色。因此他心态平静，没有个人的算计，没有完全私人的视野。房子里的家具可能会被重新摆放，但没有新造的家具。如果我们问：为什么他不感到索然寡味呢？也许我们应该这样来回答：如果他像计量表那样履行这些职能，那就会枯燥无味。但他是一个口赞低吟的诗人，根据一些心理律来创作，那些心理律是时代特有的，现已不复存在，至少在欧洲和西方已不复存在。柏拉图表现出对他那个时代心理非常敏锐的知觉，即使他试图消除这样的心理。稍后，我们要回到这一点，考虑他这种诗歌不得不采用的心理机制，还要考虑他的诗歌养成的意识。

在这些诗人中，超级天才属于对相关艺术有超级驾驭能力的人。他的一部分注意力放在故事上，故事容许人有所创新，一定意义上则是传统的；但他把大部分精力有意识地投入有所创新上，他要使故事与通行的社会结构维持持久的接触。社会结构越介入，故事越丰富、叙事越是混合，社会机构越容易在叙事的语境下被控制，结果就越顺利，效果就越富戏剧性。因此，诗人的卓越才干可以在两个层次上利用社会结构，既将其用于一般的记述，又追求一种特殊的效果，与具体的叙事情景有增强的相似性，或反差。我们描写了阿喀琉斯对节杖的描绘，将其作为使他息怒的附加物。然而，有人听他描绘不再生枝发叶的树桩，这也是真的，因为这段话成了另一种意向，带上了相关性：木头脱离树桩不可挽回，阿喀琉斯与军队的分离同样不可挽回。记述文字在这里就成了戏剧手法。

然而，整个现代批评的总体倾向有一个特征：记述成分被忽视，创作成分被夸张。我们的诗歌观念没有给口语记述留下余地，不容许荷马人物的复杂性。我们对艺术创作一词的理解与史诗表演相比，要简单得多。史诗表演意味着艺术家与政治社会行为的分离。如果我们的《柏拉图导论》是荷马批评的专著，我们就不应该选边站，或选他的百科全书功能，或选他将记述编织进故事的艺术手法。

这正是他同一复合型天才的两个方面。而我们正在追求的目标却不是荷马的目标，我们的目标越来越具有压迫性——仿佛是这样的，因为荷马越来越被我们抛诸脑后了。这是柏拉图式的非荷马思想和语言的追求；在这种追求的语境下，有关荷马的最重要的问题竟然是柏拉图笔下的荷马：在荷马时代及以后的许多岁月里，荷马的首要主张是担任希腊教育者的角色。柏拉图本人不分析这种主张的历史原因。我们的《柏拉图导论》试图提供这些理由，我们认为，荷马是口语文化里必须存在的那种诗歌的代表；若要存活，任何"有用的"话语——历史的、技术的或道德的语言——都必须或多或少是标准化的形式，而做到这一点的唯一办法是要活在文化群体人们的记忆中。因此，史诗是我们目前考虑的首要立足点，史诗不是创作，而是提醒和回忆的载体。史诗的赞助神缪斯是谟涅摩绪涅（Mnemosune），她不仅是记忆心理现象的象征，而且是提醒、回忆、纪念和记忆全套行为的象征，这一切都是靠史诗达成的。对罗马时代的作家而言，缪斯可能代表内容的创新，还可能代表形式的创新。但希腊文明的古风时期和古典盛期并不特别强调创新。创新的故事属于逻各斯范畴，不属于神话范畴：启动它的是非诗性的散文语言追求，是真理的、非荷马式定义追求。

既然诗人的语词和重要的交流只能存活在鲜活的记忆里，那诗人描绘的人物就不仅要记述和回忆，而且要重复。重复中有变化。典型的内容在相当宽广的口语公式里被重复。相反，书面文献式的百科全书把材料分离成专题，每个专题的处理都穷尽无遗，重复极少。所谓"博学"的各种版本被斧削修剪，直至单一类型。口语记述的程序刚好相反。书面文化的阐释者没有经过严格的想象力训练，他们不懂口语文化保存的心理机制。他们会分割、修剪和删除荷马或赫西俄德，以便使其文本顺应书面文化的程序，而书面文化就没有鲜活记忆的要求。百科全书有书卷气，如果我们用这样的书卷气，那么，荷马是部落百科全书的明喻实际上就不严密：倘若荷马从现代人的立场来不断重述、重铸他那个社会的法律和伦理，他就会不知道哪一个是正确的版本。事实上，他清楚把握着总体的行为准则；在数以百计的语境里，他用数以百计的语言变异来表述这样的行为准则。

这种"同中有异"的习惯是荷马史诗的基本特征，显示出荷马史诗结构的基本原理，这是米尔曼·帕利[①]（Milman Parry）分析所得的成果。可以认为，口传诗歌的口语技法含有以下几种：纯音韵模型；允许标准时段里诗行的重复，诗行由可以互换的音律成分构成；或由源源不绝的词组或公式组成，长度有变异、句法有韵律，适合诗行的构件，词组和公式也由可互换的语词组成。或由不同的公式合成，或由不同公式的部件合成——诗人在维持韵律的同时可调整句法。如此，他总体的诗艺拥有各种变异的无穷配置。不过，一切变异都有严格的局限；虽然语言变异的可能性很多，但归根结底还是有限的。从语义学的角度说，语义变异的可能性、语句变异的可能性从长远看有是有限的。这样的有限性与诗人不断回忆的法律和伦理模型的有限性是对应的。

---

① 米尔曼·帕利（Milman Parry, 1902—1935），美国古典学家、民俗学家，研究荷马史诗，在南斯拉夫地区做田野调查，确定史诗中的"荷马式公式"，他及其学生阿尔伯特·洛德（Albert Lord, 1912—1991）的贡献之一是"帕利–洛德理论"，其研究成为"荷马问题"研究史上的一个转折点。

　　荷马技艺之精湛令人吃惊，进一步探索其精妙能给人美的享受。不过，在当前的语境下，其技艺进入我们的考虑范围仅仅出于一个非常基本的原因。推动希腊吟游诗人技艺发展的心理动机究竟是什么？人们对荷马的批评试图在现代人的诗歌观念局限下去回答这个问题，那就是把诗歌当作创新性创作了。我们倾向于全神专注的诗人在房间里巡游时的叙事线路，忽略了房间里的家具。因此，史诗的公式化技艺仅仅被视为诗歌创作的辅助手段，其功能是让诗人容易讲故事。然而实际上，这一技艺是以记忆和记述手段而存在的；即兴创作的元素完全是第二位的，正如他的个人创新对他记述和保存文化和民俗而言，是第二位的要素一样。

　　希腊史诗是即兴创作和受限急就章的观念是如何形成的？它显然受助于现代人对诗人的期待，一些研究成果的现代类比也起到推动作用，从巴尔干和东欧残存的口传诗歌研究得出的类比起到了一定的作用。这种方法表面上很有把握、很科学，实际上受到一种不科学预设的引导。这种预设把两种全然不同的诗歌情景捆绑在一起：巴尔干农夫和荷马式管理阶层。荷马史诗的实质是，它代表彼时重要信息交流的唯一载体。因此，诗歌承担记忆并保存社会机构和管理机制的任务，用柏拉图的话说，诗歌要承担领导和社会管理教育的任务。比如，阿伽门农必须组建一个舰队，他的指令必须用韵文组织，使之在传达的过程中不走样——不止如此。同样的韵文是教育制度之必需，整个社会的延续和黏合有赖于此。一切公共事务、一切交流都有诗歌通用规范的引导。诗人首先是社会的书记员、学者和法官，其艺术家和表演人的身份仅仅是第二位的。

　　在口吟诗歌技艺残存的国家里，诗歌再也不是文化的中心。从南斯拉夫或俄国那些残存孤岛做出的现代类比忽略了一个重要的事实：千百年来，这些欧洲国家政府和社会领袖的中心事务都要靠文字办理。管理阶层用的是书面文化，它掌握了以首都为中心的文化机构。因此，民间唱诗的人主要是娱乐人士，他们设计的语言公式必须容易即兴创作，而不是容易保存威严的传统。荷马史诗的公式截然不同。嵌入这些公式的法律和历史、宗教和技术都是全社会尽人皆知的。因此，他的艺术处在核心和功能的地位，这样的情况在他以后不复存在了。他的艺术享有教育和治理的统帅地位，一旦字母表文化成为政治权力享有的工具，那荷马那样的诗歌技艺就会失传。巴尔干唱诗人的角色早就衰落了，沦落到了唱故事的地位。在动乱和社会脱位的情况下，他的爱国主题可能使古老的威望短暂恢复，使他成为社会领袖和导师。但这是暂时现象。领袖的地位通常寓于其他地方。

总之，古希腊经验不能在现代欧洲复制。古希腊的诗歌经验不仅是功能性的，而且是威严的、百科全书式的。书面文化的到来使情况逐渐发生变化。到了欧里庇德斯时代，戏剧在雅典继承史诗的部分功能，保存了我们所谓的功能性（而不是纯公式化）风格的一些基本要素。被视为妥当的政治和道德关系仍然是用典型情境里的警句、谚语和习用的段落表述和重复的。人物的功能仍然是表现妥当和不妥当行为的范式，就此而言，人物是典型的。社会批评出现，艺术家开始缓慢地以难以觉察的方式与记述的对象分离，但批评的形式仍然是并置法律和伦理中似乎矛盾的现象。这样的对比仍然用可选择的行为模式来表现，或使用约定俗成的语词来表现。艺术家还不能说出他特有的准则。表达个人观点的创作是柏拉图之后出现的现象了。

因此，连欧里庇德斯的语言都是用口语程式编织的，他使用陈词的程度令人吃惊。随着书面文化的进步，仪式风格失去功能，失去通俗的魅力。但即使到公元前 5 世纪末，诗人社会百科全书的角色、程式化语言作为文化传统载体的功能仍然是一望而知的、至关重要的。

第六章　赫西俄德论诗歌

　　柏拉图评估，荷马等诗人是希腊教育的载体，这一评估受到他所处时代的约束。他专注彼时的时代危机，很妥当，他提议由自己取代诗人。在时事所需的情况下，他满足于清晰而明快地辨认诗歌此前的角色，目的是要清除诗歌对思想发展的危险障碍。他没有问：以前的时事使这样的宣示妥帖吗？当然，他带有直觉的历史意识，否则他不会坚称很满足希腊社会的教谕角色，也不会正确地认识到，他的宣示不限于史诗。

　　虽然有这些限制条件，但柏拉图的记述的确是希腊人唯一有意识阐明一个核心事实的尝试：诗歌对希腊文化的控制。这并不是说，更早的诗人尤其品达（Pindar）都没有表达过自己的教谕宣示。你可以说，柏拉图首先界定了一个事实：这样的宣示有普遍意义。

　　不过，很久以前就有一位诗人发表过类似的意见。这就是荷马之后不久的赫西俄德，他率先论说吟游诗人如何看待自己和诗歌的意义。他勾勒的诗歌画像相当精湛，轮廓与柏拉图对诗歌的形式对应。实际上，赫西俄德和柏拉图分别身处一个伟大转折的首尾，那是由口语传承习惯向文字传承习惯的转折，他们对诗歌境遇的记述是互相补充的。柏拉图回顾吟游诗人与社会的关系，他的观点既复杂又敌对。赫西俄德同样渴望表达诗人与社会的关系，亦有其原因。对他而言，这一关系是当代关系，表达这一关系的仅有的资源是诗歌的和象征性的，唯一可行的态度是伙伴关系的态度。赫西俄德用自己的诗歌捍卫并描绘诗人这一行当，他满怀豪情的态度完全是妥当的，因为彼时诗歌的表现并无时代错乱的迹象。

为此目的，赫西俄德选择的寓言式载体是：颂诗献给缪斯，前面一章已有引述，颂诗出现在《神谱》的序曲里。我们称之为颂诗，因为它绝对不只是祈祷，其精湛长度使人去设想，这首一百零三行的序曲是用荷马史诗的精神构想的，序曲欢庆神的诞生、神职和特权，实际上提供了神在人间功能的定义。

这里的神就是九位缪斯神。这容许我们推测赫西俄德创作《神谱》的构思和宗旨。荷马和他之前的史诗诗人满足于将缪斯作为自己颂诗的源头。但如果赫西俄德也以长篇巨制讴歌缪斯，就像他讴歌阿波罗或阿芙罗狄蒂（Aphrodite）那样，这就说明他是一位特别的诗人，是一位更富有自我意识的诗人。赫西俄德将诗歌本身作为创作主题的源头或赞助的力量。如果他旨在界定诗歌的特权和职能，那么他设计的效果就是尝试界定他自己这个行当。他献给缪斯的颂歌成为首先描绘希腊吟游诗人的自我观念和社会角色的文献，其原因就在这里。这篇文献记述了社会期望他要说的话，以及他表达思想所采用的那种表演。在他的诗行里，轻歌曼舞的缪斯就是与诗人同名的代表。如果这些代表人物传授历史、发布预言，如果他们规定道德、发布命令、进行评判，那么这样的功能同时又显示了诗人本身在彼时历史场景里的作用。

赫西俄德笔下的缪斯代表着一种通用的诗歌，真是这样吗？她们不是赫西俄德个性化诗歌的映射吗？她们不过是个人的缪斯，波伊欧学派（Boeotian school）教谕史诗的代表，而这个学派难道不是他亲手创建或他亲自加入的吗？学界普遍分享这一观点。这个学派采用希腊化时期希腊文学分离的习惯，就像早期哲学分为各学派一样。这个概念缺乏历史视角。

首先，它忽视公元前 8 世纪和前 7 世纪史诗技法的泛希腊特征。写到这里，我们只做一点足矣，只检测一个假设：赫西俄德笔下的缪斯就是所有史诗诗人的缪斯；只检测一个命题：赫西俄德对彼时诗人社会地位的记述对应二百五十年后柏拉图对诗歌的假设。荷马仅仅祈求缪斯，她形象地表达荷马要说的话。赫西俄德实际上在问：谁是缪斯？缪斯究竟做什么、怎么做？也就是说：我在做什么，我如何做？他自问自答，开始超越史诗功能和观念。他标志着一个伟大转折的开端。他进一步界定诗歌的内容和宗旨，而这一点是完全意义的吟游诗人尚未意识到的。因此，在观念上他比荷马前进了一小步。虽然他还在用口诵史诗的语言和公式化陈规，但他的诗歌已将叙事削减到最低限度。首先他不是讲故事的人，而是回忆者和描绘者。他不在塞满家具的住房里"发明"一条穿梭的"旅程"，不停地摆弄家具。他省却那样的旅程，以便编制一个家具目录。他更直接地审视那些家具，也就是历史、政治和道德的社会机构。这种非荷马颂诗的功能，可能是对他更高层次的能力要求，可以被视为他界定缪斯颂歌内容的冲动，不仅仅是要吸纳缪斯的灵感。如果史诗故事的功能是记录文化，我们就可以说，赫西俄德已经觉察到这一事实，所以他反思诗人的角色究竟是什么。

口诵史诗是教育灌输的工具，其终极目的是群体身份的保存。口诵史诗被选中担任这一角色，那是因为在没有文字记录的情况下，其韵律和公式提供了回忆和再用的唯一机制。对这一技术事实，荷马相对漠然，赫西俄德的讽喻法则显示他有所觉察。像所有颂神诗一样，他的颂歌必然要纪念神的降生。降生的手法使他能指明神的出身，亲子关系能用来象征神与奥林匹斯神系的关系。于是，讴歌缪斯时，他就纪念缪斯的出身，确认她们是谟涅摩绪涅的女儿。上文业已表明，希腊语纪念一词的意义不只是记忆。通过亲子关系，赫西俄德确认了诗歌存在的记述理由：诗歌描述缪斯的功能。她们不是灵感或发明的女儿，基本上是记忆的女儿。她们的核心角色不是创作而是保存。

她们的父亲是宙斯。在赫西俄德的讽喻体系中，这一亲子关系同等重要。它象征这样一个事实：她们的领域是宙斯治下确立的政治和道德秩序。诗歌纪念的正是这一事实。为证实这一诠释，我们可以回到《神谱》文本的主体，并考虑其布局。在神系族谱的外衣下，《神谱》叙说世界史的各个阶段。首先出场的是神，大多数神象征物理世界的基本特征，没有伪装的外衣；初始阶段的神有天地昼夜山岳和海洋。天地合，欧朗尼德（Ouranids）生，他们是更多原始力量和神怪的集合，其中的两位女神象征人类的文化境遇。她们是大地规律的女神忒弥斯（Themis）和记忆神谟涅摩绪涅。她们两人同时出世似非偶然。记忆神难道不是吟游诗人之母吗？忒弥斯难道不是贮存之母吗？她象征口头传播和保存的法律裁决；阿喀琉斯说，忒弥斯由审判者（dikaspoloi）保卫，审判者手握权杖。

天空之神乌拉诺斯（Ouranos）由儿子克洛诺斯（Kronos）继承，克洛诺斯由儿子宙斯继位。在克洛诺斯治下，数十位神祇降生，主要（非排他性地）象征万千气象——雷电、河川、溪流、火山、地震、风暴和风等。这些自然元素之间的冲突、暴力、无序甚多，直到宙斯；宙斯一旦确立了至高无上的权力，在他治下就实现了和平和相对的和谐。其前兆是他与若干女神的交合生育。一组神基本上确定了荷马史诗里的奥林匹斯山系的神祇。勒托生下阿波罗和阿耳忒弥斯，赫拉生下赫伯（Hebe）、阿瑞斯（Ares）、厄勒梯亚（Eileithyia）和赫淮斯托斯（Hephestus）。雅典娜（Athena）是宙斯一人所生。

但还有宙斯缔结的另一个神系，他们是《神谱》里奥林匹斯神系的祖先，所以在赫西俄德的心里也拥有优先地位。这个神系如下：

> 宙斯首先与墨提斯（Metis）交合
> 生下雅典娜，她的降生推迟。

接着他娶了忒弥斯

生下时序、良法、正义与和平，还有命运三女神或摩伊赖（Moirai）。

其次，他娶了泛法（Wide-Law）

生下美惠三女神：光辉女神阿格莱亚（Aglaia）、

激励女神塔利亚（Thalia）

和快乐女神欧芙洛绪涅（Euphrosyne）

再次，他娶了德墨忒尔（Demeter）

生下的女儿珀尔塞福涅（Persephone）被宙斯嫁给冥王哈迪斯
（Hades）

再其次，他娶了谟涅摩绪涅

生下缪斯神。

　　在上列生生死死的讽喻神谱中，冥王哈迪斯夫妇"入侵"，可以理解。这是要纪念人类境遇的一个核心事实。这一境遇的政治、社会、道德同样是宙斯的四场婚姻四位妻子的象征。我们看到，其中两个妻子是天和地的女儿；另外两个妻子是天和地的孙女。这些希腊语词的神祇及其后裔纪念人类文明生活的要素有：人类的才智被用于创造安定的政治秩序，以享受创造的成果、美的追求，以追求宠爱和优雅。对个人而言，死亡当然可以使这一切终结。但就像四季更新、春华秋实一样，缪斯颂诗记录并回忆人的生命和生存。诗歌记录的内容正是宙斯前三场婚姻中生成的政治道德秩序。我们认为，这正是赫西俄德构建神谱的意向。因为诗歌能包容生生死死的循环，比如冥王哈迪斯夫妇。

　　总之，赫西俄德的讽喻暗示，诗歌的核心角色正是维护希腊文化，柏拉图拒不接受的正是这一点。缪斯颂诗的内容是百科全书式的、威严的，拥抱出自宙斯本人的秩序。我们在书里所做的这一推论与其说是源自赫西俄德明快的语言表达，不如说是我们用自己的方式对他的语言重新组合以显示其内在的联系。他这一段话放在《神谱》的末尾。一个类似的段落可以追溯到《神谱》的开篇。实际上，这两段文字用了一个共同的参照，两段话都庆贺缪斯的降生，第一段发生在《颂诗》(*Hymn*)里，有相当的铺成。该诗描绘了缪斯降生、体态、家庭和主题，这个主题是庆贺"所有神和人的习惯法和民俗"。她们前往奥林匹斯，为宙斯献唱。她们表演的仪态有精湛的描绘。《颂诗》接着唱道："如今，宙斯在天上主宰"

> 他驾驭雷电
>
> 战胜父亲克洛诺斯。
>
> 潇洒地指点
>
> 分配任务给众神，为他们设计特权。

我们所谓的暗示模式是：在《颂诗》的末尾，宙斯确立了统治权，取代以前无序的时代；他创造文明样态，接着是他和记忆神女儿缪斯（其职能是保存记忆）的降生。在早期的这段文字里，缪斯降生。她们歌颂文明样态，前去朝觐父王宙斯，宙斯在此君临文明秩序。文明的样态和宙斯的天命与缪斯的生存和表演联系在一起。这是我们的推断，因为它们构成表演的内容。缪斯在宙斯跟前歌咏，描绘他的统治，这些内容都在希腊社会的法律和伦理里得到总结。

赫西俄德庆贺缪斯的《颂诗》可以转化为对宙斯的庆贺，就是这个道理。她们的歌唱与宙斯的思想广延至相同的空间，领悟了社会政治秩序。诗歌记录、渗透并控制人类境遇的一切领域。这可能就是缪斯女神多达九位的讽喻理由：她们构成自己独有的奥林匹斯神系。实际上，她们又独有自己的小奥林匹斯即赫利孔山（Helicon），一座远山之巅的栖息地，她们在此"欢歌通宵达旦"；另一说是，她们降生在"奥林匹斯山下"，自封为"奥林匹亚神"。赫西俄德本人并没有发明这一神话机构，至少并没有发明其全部，他只是利用了这样的讽喻可能性。

赫西俄德或可以用非常特殊的字眼描绘缪斯颂歌的内容。这里，我们要考虑他对自己的看法以及他在《神谱》里为自己提出的任务。这全然是对彼时世界史和文明秩序的合理化。他的意图是不考虑史诗故事，专注在房间里巡游时看见的家具。他有一种手法，或称为语言手法，更恰当地说是一种思想创新：半观念式的（semi-conceptual），需要用法律范畴思想却尚未完全把握的手法。在庞大神谱的外衣下，他安排世界史和人的道德。神、魔、宁芙和半神在族谱里各安其位；生活的"事实"被搜集起来，整理成信息百科全书，不必再隐藏在长篇故事里等待被发现，而是就在那里聚拢。对他而言，神谱不仅是为了方便，这是他构想的现实，希望借此组织和描绘的现实。当他径直思考缪斯颂歌的内容时，当他庆贺世代相继的神谱时，很自然用上了六次界定的复沓形式。

然而，在其他地方提到这一颂歌时，他用上了另一些语汇描绘他本人有所领悟（大概是比喻性的）的时刻时，他笔下的缪斯对他说：

> 我们知道，许多貌似真相、多有欺骗的言语
> 我们还知道，我们显示的事情是否真实。

这两行诗用动词的平行结构，这样的设计是一般定义的象征。他在这里提出一个公式：一切诗歌盖属这两种。其暗示为：一种诗歌象征史诗故事讲述人是虚构，另一种诗歌是与赫西俄德教谕诗相关的"事实"。不过，这一公式既适合用来表现荷马和赫西俄德的反差，也适合用来表现荷马本人身上的反差。这是史诗吟游诗人双重角色的描绘：一方面他是部落百科全书，另一方面他又是讲故事的人，用对诗歌艺术的掌握来使人快乐。

赫西俄德接着写道，缪斯神让他接过诗人的权杖，把灵感注入他

我可以庆贺未来的事情，也可以庆贺过去的事情。

然后他援引缪斯，描绘她们在奥林匹斯山给宙斯的献唱：

歌咏现在的事情、未来的事情和过去的事情。

赫西俄德就是用这样的语言描绘预言师卡尔克斯的智慧。严格地说，吟游诗人保存的是"现在的事情"——法律和伦理。但预言还指向历史的群体意识；这些"过去的事情"是我们先人的事情，"过去的事情"成为"现在的事情"；未来是现在的进一步延伸，不是预言变革，而是肯定连续性。

根据这一范式，赫西俄德描绘诗歌功能的严肃性，勾勒他感觉到的诗歌的建设性内容。这是真相（与欺骗相对），缪斯们借以掌握知识的真相。这绝不是与散文和说明文相对的诗歌的真相。相反，用现代非功能的意义，这里的真相应该相当于"诗意的"（poetic）真相。那就是吟游诗人采用的骗人的吟唱：叙事的虚构、情节、戏剧和人物。这些手法是诗歌的要素，但不是诗歌存在的主要理由。

至此，赫西俄德的证词是象征性的、一般化的。他考虑的诗人是祭司、预言师和社群的导师，试图将口吟诗歌表现为历史和道德的总体的资源库。他把诗歌视为群体传统的总模式、源头和支撑。这样的典型化是《伊利亚特》第一卷所含材料的特征。柏拉图严厉批评指向的正是诗歌这种概括式的道德功能，他把传统宣示的诗歌掌握希腊教育的功能委派给诗歌，其原因就在这里。

然而，记录和回忆的女儿们很可能被召唤来表演另一种运行方式。作为教育载体而保存的诗歌语言需要有跨越许多世代的存活力。这就是历史和传统的声音。但还有其他类型的保存语言的形式，它们足以作为今天或明天有效的军令或法律裁决被短期保存，未必会成为传统的一部分——虽然有可能。传统的内容完全是典型的，需要以不变形式保存得越久的材料越会变得典型。举几个最简单的例子，群体不会轻易变更自己的神谱、政治惯习，也不会轻易改变婚丧娶嫁、儿童、财产等家族的习俗。不过，社会时常需要建构短期指令和法律公式。这些指令和公式旨在适合特定的场合，却需要有自己的生命，在一定时间里活在相关群体的记忆里。否则因为传播过程中缺乏稳定性，那样的指令就会失效，那样的法律公式就不执行了，因为有关的群体忘记了它们，或因流传的不同版本而富有争议。因此，只有用诗歌语言来表述，诗歌韵律的形态和公式化风格才能一定程度上得到保障，这些指令的有效性才能维持下来，那些语词才会流传下来被记住、不会被扭曲。在我们的文化里，口传的语言用于重要的人文交流之所以能有效地维持下来，那是有条件的：背后存在着未明确认可的、某种书面的参考框架、上诉法庭、备忘录、文件或书本。一种完全靠口语交流的文化的备忘录用韵律和公式的形式镌刻在鲜活的记忆里。

这就是诗歌流传过程的本源，用于最简单初级层次的诗性行为。歌咏的声音可能是帮助代理人的专业人士的声音，也可能是代理人本人用诗性语言说话的声音，他咏诗训练有素，韵律对他达成目的是有效的。

赫西俄德用讽喻表达他对诗歌和记忆伙伴关系的觉察。他是否同时意识到，记忆的材料不仅包括神学和法律、传统和习俗，还包括治理机构日常发布的具体指令呢？他罗列了九位缪斯神的名字；最后一位是卡利俄珀（Calliope），其"声音悦耳"。他接着说：

> 她是九位缪斯神里最杰出的
>
> 最受尊敬的人也不能与她匹配
>
> 无论伟大宙斯的女儿们尊敬的是谁
>
> 注意王子的降生，即使宙斯养育的王子，

把甘露淋在他的身上，甚至舌头上

他的身上、他的嘴里流淌着甜蜜的史诗套语。

聆听的人们

全都看着他，他口吐一套套的先例

权利是直接的。对，说出来可靠

手法率直而高超，纷争也能阻止。

王子们精明，而聆听的人们

却在那论辩的广场迷惘，王子们的口才

轻松转化，他们用史诗套语娱乐、安抚人。

王子挺身而出辩论时，人们礼敬他、奉若神明

用甜蜜仰慕的目光。他是众神里最杰出的神。

这就是他的品格，缪斯送给男人的神圣天赋。

  这里仅用几行诗浓缩了对所谓希腊黑暗时期生活的社会历史评论。这是一位王子、庄园主，并非不受约束的贵族，他是庄园民众之父。他的领袖才能寓于他的德性（arete），他的武器不是蛮力，而是说服力。那是贵族社会，意思是说，头脑和心灵的品质本能地令人钦佩。但希腊自由人在大声争论他的德性。无论争论的事情是法律或政治，在这个演化阶段都差别不大。先例和权利等字眼可能暗示，这是人的法律问题。《伊利亚特》有一段著名的描写，阿喀琉斯盾牌上的一景，两位诉讼当事人在评判人面前辩论，由评判人宣判。这一场景可与上引的那段文字结伴，也可以和阿喀琉斯摔在地上的权杖互相参照，因为那是阿盖亚人的儿子们手握的节杖。

连权利的裁决人

都在宙斯跟前护卫先例。

在这样的社会里，悖论的裁决是公共事务达成的唯一载体，政治裁决和法律裁决、政治指令和法律判决之间的界限比较模糊，对广场上迷惘的辩论听众，赫西俄德的描绘既适合战争与和平的问题，也适合血债之类的法律争端。

但我们当前的事情不是要厘清社会结构的实际运作——无论政治或法律的问题，而是要研究维持社会运行的传播技术。在这里，赫西俄德的证据具有决定性意义。王子是社群决断的源头，人们发现他与缪斯结伴。也许，他天生就拥有缪斯的才能，缪斯赠予的天赋是受尊敬的源头。这是否仅仅意味着，如果王子有歌咏和娱乐的才能，他就拥有特别的吸引力呢？不，赫西俄德的讲述，肯定王子的政治权力之源是他对有效言语的掌握，他说的话严格意义上是富有"音乐性"的。

这就是说，这个社会的交流不纯粹是口头的；不单纯，意味着治人者与治于人者的关系是言说者和聆听者的关系。赫西俄德还肯定，会话的语言必须是有韵律的、有套路的，否则人们说的话必然不是缪斯的声音。王子诗才形塑的语言不是歌唱、不是故事，而是法律或政治决定，不过其表述富有说服力，能战胜辩论者。因此，精巧使用的韵律还意味着诱人的艺术，现代意义上的"艺术"；艺术用愉悦哄骗耳朵，但耳朵又必须保存判断、记住判断。总之，一方面以现代观念论，王子甜蜜的语言能力只不过是他能行使的额外的才能，另一方面我们必须主张，对赫西俄德而言，语言的才能就是他创作的固有成分。他必须能用诗歌表现行政指令和判断；至少重要的才能会增强他语言的有效性。这样，他的权威和语文能进一步传扬，就能更好地被人牢记了。

在依赖口头交流保存信息的社会里，通过语言能力，个人能在政治领袖的阶梯上攀登。吟游诗人大卫在希伯来社会里的成就提供了一个类比。彼时希伯来社会交流的技术条件和希腊相似。实际上，就腓尼基字母表已在使用而言，希伯来社会更先进一些。无论如何，荷马证明，即使就阿喀琉斯而言，他的领导地位依托他的强大的体力和勇气，但王子般的教育也用来说明，他是"讲故事的人"，还是"实干的人"。

在成年生活中，有人发现他在营帐里

> 弹奏色调清晰的七弦琴，心情欢畅
> 精神高扬，歌唱英雄的荣光。

这一段描绘帕特洛克罗斯准备等候王子停顿时"接过来"吟唱，明显描绘的是吟游诗人讲故事的史诗技巧。如此，我们自然可以断言，阿喀琉斯及其扈从是彼时诗歌艺术的业余爱好者。但口传诗歌的功能和审美特性只不过是一种技法的正反两面。荷马没有说，阿喀琉斯用诗歌放弃他召集部众作战的决定。试问，为什么要说呢？他让阿喀琉斯说的每个词不就是合乎韵律的吗？现代读者的回答是：对。荷马是诗人，他吟唱的对象不是诗人，但他要用诗化的方式表达他们的言行：你不能混淆艺术和行为。我们可以这样来回答问题：由于技术原因，希腊文化时期正是艺术和行为、诗人和政界人士的角色相互交叉的时期。

赫西俄德《神谱》有关缪斯与王子关系的一段文字是：

> 缪斯与阿波罗在那里弹琴吟唱
> 王子们出自宙斯。无论是谁都可能富足兴旺，只要缪斯
> 可能爱上。口出的蜜语犹如弓弦的音乐。

这里有撩拨人的暧昧。诗人用双焦距视线瞄准他的主体。他描绘的王子仿佛也是诗人，但他认识到，许多王子不是诗人。无论如何，王子的社会表现和诗人的社会表现是可以区分的。王子行使政治权力，他是宙斯的孩子。诗人行使支配词语的权力，因此他是阿波罗和缪斯的孩子。但这两

种权力是同时共存的、连在一起的。具体一点说，王子可以颁布指令，如果这样做，他的影响就更大。更可能的是，诗人为他发布指令。因此，在这段文字靠前的地方，同样用双焦距，赫西俄德说缪斯与王子"交往"，其象征意义是：诗人站在王子身边，用诗化的语言转述他的话，同时他又说，缪斯"主持王子的降生仪式"。这句话用于有足够诗才、无需输入帮助的王子。王子或吟游诗人都因艺术的激励而"发达"，艺术是政治和社会威望的源头。

赫西俄德在给九缪斯分类时，留下一个没有细说，以便将其力量与王子们的力量连在一起。这个缪斯就是"声音悦耳"的卡利俄珀。也许，这一论断耐人寻味，且有余韵。其余八位缪斯可以说分别象征吟游诗人的心理影响："快乐""令人快乐""可爱"。也许，这三种影响暗示主题："庆贺"（英雄）、"歌颂"（诸神），来自"天庭"。两种影响更带技术性，分别象征伴随表演的歌和舞。唯有卡利俄珀的名字和诗歌号令的语言形状相通。她是掌握诗歌语言套式的杰出象征。但在这样的外衣下，她不就是九缪斯的原型吗！在这里，在陶醉于为政治交往的画像时，赫西俄德轻而易举地从单一"声音悦耳"的卡利俄珀回到复数的九缪斯。总体上说，诗人言语技艺的恩主是九缪斯。

第七章　希腊智能的口语源头

所谓的希腊黑暗时代（Dark Age of Greece）大约在公元前 1175 年或稍晚，在迈锡尼城邦陷落前后。这个语境里的"黑暗"颇有歧义。它指的是亚标准文化水平的希腊状况呢？抑或指的是我们有关这个希腊时期的心境呢？在第二个意义上，荷马和赫西俄德一出现，这个时代就终结了。更准确地说，《伊利亚特》《奥德赛》《神谱》和《工作与时日》这四部作品一出现，黑暗时代就结束了。无论其最初成形的年代——后面的两部作品是口语形式的——这四部作品都是首批达成拼音字母化的著作。他们成书的年代大约在公元前 700 年到公元前 650 年之间。拼音字母化确保了它们的经典化，无疑给予它们有效的垄断地位，使它们能代表前文字时代的状况。这通常被确认是荷马的地位，同样是赫西俄德的地位，不过是更精确意义的地位。

有人认为荷马在回顾离他远去的时代，这颇具诱惑力，但这是误导。与赫西俄德一样，更准确看他的方式是：他嵌入彼时社会系统、心境和道德，不妨说他是在检索他自己那一部百科全书。他用故事保存的记忆是业已消失的迈锡尼文化的记忆。乍一看，《伊利亚特》全文和《奥德赛》部分似乎是迈锡尼时代的记述。实际上真不是这样，但也在一定程度上给我们方法论的启示，那是保存和传播"教化"（paideia，柏拉图语）的方法。彼时文化的保存和传播依靠的是鲜活的记忆，依靠口语词的重复。

由于考古学和古铭文的遗存，我们对迈锡尼文明的了解多起来，能了解到它与随后信息朦胧时期的情况。在一定程度上，我们可以推断这个时期希腊文化大致的发展情况。至于迈锡尼，我们可以在脑子里勾勒出它与近东社会类似的社会情况，那是比它略早或同时代的几个文明：苏美尔、亚述、赫梯、巴勒斯坦。它的政府是集中化的，贵族生活在宫廷里，宫廷遗址令人赞叹，证明有农奴劳动力供其驱使。艺术遗存多半证明宫廷社会奢华装饰的欲望。我们的感觉是，休闲艺术并非广泛分布，权力可能仅限于朝廷。

至此，如果所谓的希腊式指的是法律和伦理的话，那迈锡尼的画面尚不是希腊式的。然而，希腊半岛本土的贵族似乎已是这样的希腊人。他们的文字也已被破解，其假设是：其文字表现的是希腊语。这一假设似乎讲得通，它可以确认一个事实：黑暗时代与迈锡尼的联系靠的是共同语的基本连续性。当然，希腊人在荷马和赫西俄德之后进入历史的黎明期时，他们的制度并未发生剧变，大概还保存了那样的仪态风俗模式。但阿伽门农那些人的口头记忆无需翻译而被传承下来了。在口语媒介范围内，翻译是不可能的；口语是活生生的，被保存在活生生的记忆里。一旦去翻译，口语媒介就被打破了。要而言之，线性文字 B 确认了一个事实：有关荷马两个事实也可以推导出来了：（1）荷马是柏拉图所谓的百科全书；（2）荷马大量叙说迈锡尼，熟悉迈锡尼的历史。事实上与亚述人和赫梯人一样，迈锡尼人有文字，他们用文字记录对话、物资等，也许还用这种文字进行更加繁复的交流。然而，这一事实反而倾向于使迈锡尼时代及随后时代里口语技术的重要性变得朦朦胧胧了。

一旦确定，设想迈锡尼人使用"文字"——没加修饰语的文字——就比较方便了：他们养成了类似于我们熟悉的字母表文字的习惯。有一点确认至关重要，近东各种形态和规模的文字有两个共同的局限：（1）它们使用大量的符号；（2）符号的解读留下大量的歧义。两个因素加在一起就很复杂，是笨拙的交流工具。埃及、亚述和赫梯帝国的记录就是充分的证明。只有经过特殊训练的抄写员才能用这些文字。总督或执政官口授，抄写员翻译成文字；收到记录的另一个抄写员把它翻译成听得懂的话，为收件人朗读。

我们在这里关心的是迈锡尼文明之后这些事务里的希腊经验。起初的语言和意识是口语的经验——荷马和赫西俄德的作品就是证明。因此，争论彼时经验有多大程度的"口语性"——如果容许我们用这个词的话，那就没有必要了。在近东的交流系统里，"口语性"一般占主导地位。大多数学者承认，在操希腊语的人群里，迈锡尼文字或曰线性文字B消亡了。既然如此，你可以相当有把握地假设，前荷马时代即黑暗时代生成了这样一种情况，史学家不妨称之为绝对非文字条件下的一种受控试验。上文业已论证，巴尔干等地方的历史情况应该被排除；在这里，我们可以研究的情况是：这是一种非常复杂的文化，它保存文化信息所依靠的只有口头传统。倘若还有人争辩说，线性文字B的使用贯穿了黑暗时代，因为希腊人很聪明，不可能忘记这种文字，那么我们就可以很放心地反问道：那又如何呢？迈锡尼时代文字的使用绝不可能替代保存交流信息的口语技法，因为那种文字实在是太专门化了，它不可能满足一般的社会需要：它不可能被用于传播和传授社会的法律和伦理。

大约从公元前1200年起，迈锡尼人遭遇希腊"同胞"的入侵，他们都要在希腊半岛落脚。掌握阿伽门农联盟的政治架构被证明太脆弱，难以招架战败的震撼和人口的迁移。城堡被背弃，强大的架构过时，宫廷艺术不再有人问津。希腊半岛人口过剩，大规模的置换必然发生。你能看到难民流亡的景象，他们不可能完全被迈锡尼人置换，而是流入阿提卡。迈锡尼王朝及其制度也在阿提卡被较长久地保存下来，安顿在雅典卫城的阴影之下，打造海船把难民送到海外。移民在安纳托利亚的岛屿和海滨定居，他们都操希腊语。有些人在迈锡尼时代之前已来这里，或贸易，或定居。稍后黑暗时代的移民则携带全部家当来到这里。他们不是因商务诱惑而来，而是被迫背井离乡来寻找新的家园。

人们常说，他们拥有迈锡尼记忆，吟游诗人发现这是有利可图的海外谋生之道。这是真的，但只说对了一半。荷马史诗里保存的迈锡尼记忆不是浪漫怀旧的征兆，而是提供了希腊语族各部维护群体身份的一个背景。这是一个母体，他们用口头传承的方式保存自己的法律和民俗。按照常人的解读，荷马记述的迈锡尼英雄故事旨在娱乐希腊贵族，荷马英雄传人的宣示能强化他们的政治权力。荷马的仪式风格有时又被这样来解读：反映宫廷和贵族的仪态和谈吐。但荷马史诗基本上不是宫廷诗，也不是贵族诗，其风格适合有限精英圈子的习惯、仪态和娱乐。如果真是这样，荷马史诗对古典希腊城邦文明普遍的吸引力就无法解释，也难以想象了。最好是走向另一极端，这样去评估荷马史诗的英雄传统，仿佛它就是一种技术性的便利设施。大批移民离开希腊本土，隔海远望故乡，他们面对的问题首先是抵制被邻居同化、保留希腊人的群体意识。解决离散和去中心化问题的答案是重建一个城邦，调整并放大迈锡尼宫廷，改建成新的样子。然而，传统以及法律、惯习和民俗必须要延续，否则分散的群体就会解体，共同语就会丢失。给延续传统提供基本载体的是口语风格新鲜和精致的发展；凭借这种风格，整个生活方式不仅仅是英雄业绩被凝结起来，而是代代传承。这一任务在边缘地区而不是中心更为紧迫，这就可以解释史诗的技法为何获得了爱奥尼亚风格。这个时期史诗风格的发展基本上是希腊百科全书式的和道德教谕式的，其宗旨是泛希腊化。因此，荷马代表的是希腊的国际化风格，正如其内容为所有希腊人提供部落百科全书一样。

因此，我们无需因有些学者的一个发现而感到奇怪。他们发现，史诗故事竟然偶尔把教育过程戏剧化了。《伊利亚特》第九卷在悲剧情节发展中极其重要，是阿喀琉斯教育的史诗性篇章：他的早期训练由菲尼克斯描绘；眼前指令（失败）被同侪接受的情况由荷马讲述。在他们曲解的词语和套语中，我们听到的被保存下来的是社群的声音，群体的仪态、风俗和急务得到确认。《奥德赛》里忒勒玛科斯（Telemachus）的生涯更像是青年人的，即将成年时，他接受的教育是担当责任的准备过程。一位神师提供保存教化的范式，而不是诗作的创作。从诗歌起首的几行诗开始，他的英雄父亲不就是观众看到的学习者的原型吗？直接而有效的是，这个学习者不就是吟游诗人将本人视为民众教育者的观念吗？

　　我们描绘了希腊黑暗时代，这是一场受控条件下的试验：在全然无文字的艰难条件下保存一种相当复杂的文化。当然，这一事实自动剥夺了我们任何文献证据的可能性，我们无法用文献证明，这样的保存是如何做到的，你不得不靠推理、直觉甚至想象来重建，你利用人的一些心理和行为原理来构拟。借助这些手段，你可以放手假设一种情景：口头保存交流信息在三个层次上或曰三个领域里运行。（1）有一个当下的法律和政治交易领域，指令的发布会积累成为先例，在这里，统治阶级承担着口头制定法规的必要责任；（2）继续重讲部落历史，重述先人故事，讲他们如何成为现在人的楷模；这个历史任务是吟游诗人的特殊领域；（3）最后是通过吟诵不断地给年轻人灌输故事和先例，对他们的要求是接受记忆的训练去聆听和重述。这三个领域相互交叠、彼此渗透。如此，王子或法官发布敕令、做出决定，用史诗朗诵的习语来表现他的谈吐，这是他青少年时接受的训练。同样的套语会反复出现，他表达的先例实际上是基于古旧程序的变异。他会援引史诗讴歌的先人。最后，如果他是显要的王子或法官，他的影响可能会倒过来，他著名的指令和宣告可能会被吟游诗人捡起来放进吟唱的故事里。荷马和赫西俄德描绘仲裁人在广场手握权杖、做出判断，王子解决争吵、控制群聚，这不是迈锡尼人生活的场景，而是当时人生活的场景。这是非王子社会里治理机构服务口头技艺的场景。这些交流习惯长时期在希腊流传下来。这些习惯实质上是希腊文化和生活方式的秘密所在，直到伯里克利（Burrickley）时代。梭伦（Solon）就是赫西俄德笔下"王子"活生生的经典例证。卡利俄珀给他注入灵感，使他能有效地掌握保存的语词。梭伦并非职业政客，又不小心成了诗人。他对韵律创作的卓越掌握使他成为效率卓著的决策人。他的政策镌刻在人们的脑子里，使他们知道这些政策是什么，且能贯彻这些政策。

抑制发明创新的倾向避免给记忆压力，继续鼓励当代的决策方式仿照先人的言行。如此，吟游诗人自然被吸引去编创和培育有关先人的故事。总之，历史框架本身构成记忆机制的要素。迈锡尼先人并没有严格历史构想，历史的构建不像书面文化的过程；他们是当前意识的一部分。爱奥尼亚人仍然是迈锡尼人，再现了迈锡尼人的过去。这不能保证，过往被精确记录和保存下来了。相反，过往和当前时间的混淆必然产生一个后果：民俗慢慢变化，过往随之缓慢却不停地与当前沾染在一起了。活着的记忆保存当前生活所必需的东西，逐渐抛弃变得不太重要的东西。不过，记忆偏向于重新塑造和而不是被抛弃。新信息和新经验继续嫁接在继承下来的模式上。

可以用《伊利亚特》第二卷著名的分类目录说明这一过程。我们说，这里隐藏并嵌入了迈锡尼国王战争动员的原始敕令。在这里，国王著名，战争著名；这一段重述本身却是程式化的诗歌，流传下来而没有变化，它是吟游诗人将故事搜集起来融入诗歌的。战争动员的敕令必定用上了一个动员清单，列出了每一个王公贡献的有生力量、参战首领的名字。他们是国王的代理人，负责组织并率领各自的队伍。这个清单大体上也是迈锡尼联盟的描绘。这个清单用线性文字 B 记录并被保存在迈锡尼的档案里了吗？这不太可能，但倘若我们能从现存的线形文字 B 里发现它，我们有望发现一个与《伊利亚特》版本大易其趣的版本。然而，这个版本将证明是用套语和韵文写下的——即使这样，我们也无需吃惊。这就是它原来运行的形式。

因此，荷马那个分类目录背后的假设性原材料是特殊的。但口头记忆捡起特殊的敕令并将特殊的素材转化为典型的形态，却是口头记忆天才之举。被记住的语言依然是典型的。所以，在史诗故事里，融入的素材被记住和重复，成为希腊民族大体的范式。这一范式适合教化，用于向年轻人传授历史和地理知识。经历了几个世纪用韵文保存后，希腊经验已然发生变化。迈锡尼传统变得遥远，但阿伽门农及其帝国仍然活在人们的记忆里。希腊人不再集中在半岛上，而是分散定居在爱琴海的岛屿和海滨，从事海上贸易，甚至向西深入西西里，最后又转东北方向进入黑海。他们变化的情况对这个分类目录产生影响。实际上目录经过重塑以适合当下的情况，加上了特洛伊联盟的清单，使之和这个趋势一致，它放大了地理视域。船舶和港口与河口，无论是否原来就有，还是插进清单，很显著。战争动员和迈锡尼动员的清单一定程度上成为海员前往爱琴海的指南，时间大约在公元前700年：这个指南以罗得岛为中心，是百科全书式信息的文件，是希腊人公元前700年在爱琴海语境里大体的自我画像。

经过这样的塑造，过往和当下互相渗透，记述的载体是公式化语词，寓于活生生的记忆里。严格地说，历史事件的意识是不可能的。一切当下的百科全书指南也是过往的指南：这就是我们祖先记录记忆的方式。实际上，祖先真实的记录方式可能与这样的方式迥然不同；不过，近似于真实方式的记述本能地用韵文的方式表现出来，经过了重复和重塑，曾经特殊的东西变成了典型的东西。

这种典型的公式语言技法被用作教育工具。在这里，它必定垄断了教学和灌输的资源，垄断了一切口语化典型形式的教育。当然，各种技能和程序是以经验方式传承的，靠实际的模仿和口传，伯里克利时代就是这样的。《伊利亚特》第一卷的航海指令仅仅是典型的和一般的，而不是详细到足以指导一切真实的航海。但它们提供了一个范式，任何想到海上弄潮为生的希腊人都必须遵循。在黑暗时代，史诗教育可能采用特别的制度形式，不需要一个有组织的学历系统。即使到了阿里斯托芬（Aristophanes）的时代，老师仍然被称为"七弦琴手"，仿佛他就不是职业教师，而是琴师的弟子，赫西俄德称之为"阿波罗的儿子"。赫西俄德是第一位把教育过程认定为教化的作家。年轻人日间活跃，在长者陪伴下完成实际任务；任务完成后，老少共进晚餐，也许会用相当多的时间。荷马本人参照了这种情景，它可能给史诗的灌输提供机会。若要有效地传播，纯诗歌的教化需要正规的表演场合，无论专业的或业余的。按照要求，年轻人要重复吟唱的内容，相互比照，用长者的吟唱核对。一切要吸收和记住的内容都被当作伟大祖先的事迹和思想。吟游诗人的创新，准备唱出的新意是次等需要，长篇和准确记忆更重要。他记忆里储存的材料不断被听众重复和记忆，虽然听众重复时流畅性欠佳，但诗人和听众还是发现自己是同一表演里的伙伴——既然如此，我们就难以认定，吟游诗人是不是一种独特的职业身份，也难以区分创新的诗人和纯粹重复的吟唱者。这也许可以解释为何罕有人说吟游诗人是一个团队，也可以解释吟游诗人和叙事诗朗诵者早期关系的模糊不清。这两种人的活动是同时代的，且互相交叠。

　　海外希腊社区组织的歌咏比赛为新歌的发布和旧歌的表演提供场合。有个观点是站得住脚的：在时程很长的节日里，荷马的诗歌被以接力的形式吟诵，由帕尼奥神庙主持，在固定的时间和地点举行。有相当距离的希腊联盟的城邦都派人出席。这也许代表着《伊利亚特》和《奥德赛》经典化的第一个阶段，它们取代了其他的史诗，将其从人们的记忆里清除。节日的版本可能是文字记录下来的第一个版本，在吟游诗人和叙事诗朗诵者之间流传。不过，我们现在的论点与这些诗歌及其先行者作为"文学"没有关系。它们是群体教化和希腊生活方式的唯一口语载体。它们在故事里承载教化的素材。希腊社会本能地确认了这一事实，促使这些经济资源贫乏的社区在经济上和组织上支持这些歌咏比赛和节日活动，否则他们的大力支持就是难以解释的。功能意义优先，这就是为什么他们愿意出钱出力，真的要出钱。只有继续不断地演出史诗，管理层阶级才能学会有效的领导技艺；只有这样，社会大众对祖先教化的忠诚才能被再强化，才能披上庄严的色彩。

总之，如果我们用柏拉图的诗歌观念来看前文字时代的情况，这个观点基本上还是正确的；彼时，古典时代的希腊制度刚以其特有的形式结晶成形。诗歌不是"文学"，而是政治和社会之必需。诗歌不是艺术形式，也不是个人想象力的创新，而是部分"希腊最佳政治组织"协同努力维持的百科全书。

同样的技术情景至少在一定程度上产生了一个有趣的结果：往往把政治权力交给社会里更有教养的人——这里的"教养"是口语文化的教养。影响更大、更久远、更有效的指令是用诗歌形式发布的。因此，在一定范围内，社会领袖就是那些耳朵功能绝佳、韵律卓越的人，其才能表现在六步格的诗歌里。这样的诗才还体现在精妙的表述里——这些效果好的表述还用其他一些手法比如半谐音和平行结构。宴会上表演出色的人不仅被当作娱乐人，而且被视为天然的领袖，像阿喀琉斯一样，他是"讲故事"的高手。因为新的指令和判决是用旧形式包装的——因为口传的先例非常强势——出色的甚至一般的法官往往都是口语记忆卓越的人。同理，这样的记忆力使人心理上贴近祖先的故事，而故事就承载着部落百科全书。在这个意义上，讲故事的高手就是更有修养的，即使他不是有创新才能的吟游诗人。总体的效应是极端重视希腊社会交往，赋予它极高的价值，把智能与权力划等号。这里所谓的智能专指卓越的记忆力和卓越的韵律感。有人说过，而且我们也要在这里重申，赫西俄德刻画的王子选用史诗有效地控制了乱哄哄的暴民，荷马刻画的法官在广场上口头宣判，将要当上王子的阿喀琉斯因训练有素而成为卓越的讲演人，这些画像出自所谓的黑暗时代，同样适用于紧随其后的时代。

这是力量与口语声觉智能（oral acoustic intelligence）的天合之作，这种情况可以用来与后来欧洲封建男爵的情况进行对比：男爵本人不通文墨，有时还很粗鄙和残忍；但只要有修士或书记员辅佐，他就能进行有效的治理，因为修士或书记员掌握了重要的书写技术，这使男爵的权力被有效地传播。类似的情况也存在于近东贵族的身上，迈锡尼人在这方面与其类似。迈锡尼国王懂得权力的基本机制。环绕他的砖石建筑是他脱离社会的象征，也似乎是他物质观念粗糙的象征。缺失的一环是书记员，他向书记员口授，也许又瞧不起书记员。总之，在迈锡尼国王治下，权力机制是分割的，肌肉发达或粗于计谋的人和才俊之士是分割的，训练有素的才俊之士使用笨拙而复杂的文字。

在希腊早期城邦里，由于交流完全是"口语文化"，权力机制的分割是不存在的。你不能挥舞一个文件来号令一群人：迟至阿里斯托芬时代，当他为此目的而挥舞文件时，人们认为他滑稽而无能，这很有象征意义。你可以发布划时代的演说，连重要的演说也只能暂时喜欢你，除非它很容易记住，或带有可重复使用的语词，会口口相传。这就是荷马所谓的"用忠告谋略来领导"。

总之，我们可以大胆猜测，那样一种特殊而独特的希腊智能、那种使一切历史学家困惑不解的源头或原因，起初是在社群里培育的；保存信息的口语交流技巧把权力和威望托付给口才出众的人。它使所有人群都存在的权力争夺与智能的竞争划等号。荷马时代的希腊全然是非书面文化，非但不是缺陷，反而是必需的媒介，希腊人的天才能在这样的媒介培育下成长。

可以说，这种交流的效果显露在视觉艺术里，而不是反过来产生影响。希腊绘画里的原几何风格（protogeometric style）起初是一种心理反射吗？是日常生活和聆听诗歌演唱声觉模型严格训练的结果吗？《伊利亚特》的韵律模型曾经被当作视觉安排，与其口头创作的前提抵触；后来又被人比喻为几何纹陶器的视觉安排。然而，将其视为建立在声觉原理之上的模型，难道不是更妥当吗？声觉原理利用回声技法，将其用作技艺手段。如果是这样，造型艺术家的视觉几何可能就是他声觉本能的反射，声觉迁移到了视觉，而不是反过来将视觉迁移到声觉。

这样的解释或可以争论，但它符合一个既定的事实：在古典时代，希腊人独特的天才是韵律美。我们所谓的希腊建筑、雕塑、绘画和陶器的美感，首先是弹性和流动比例感。我们认为，这样的天分大概所有的民族都不同程度地分享，但希腊人达到了完美的程度，在黑暗时代，他们的声觉、口语和音乐节率非同寻常。对如此形塑语言的普遍掌握，在文化记忆需求的强化下，希腊人又掌握了其他节奏。他们被视为文化劣势即无书面文化的状态，实际上是他们的第一优势。

第八章　荷马的心境

由于其韵律、意象和习语，诗歌在西欧历史上一直被珍视，被当作一种特别的经验。从日常工作的关系看，诗意的心境是神秘的，需要刻意培养。与之相反的是世俗的文化场景，包含普通交往中使用的思维形式和习惯用语，各种"事务"里使用的思维形式和习惯用语。诗歌和散文是自我表达的两种方式，它们是互相排斥的。一种是娱乐或灵感，一种是操作性的。训诫孩子、口授书信、讲笑话的时候，你不会蹦出一句诗，遑论发布命令或起草指令。

但在希腊情景中，在它的无文字时代里，你可能径直用上诗歌。至少，诗歌和散文的沟壑不可能像我们今天这样存在。整个希腊民族的记忆都被诗化了，他们日常随意说话的方式始终受控制，产生了深远的影响，不仅仅是（从我们的观点看）他们的口头习语奇异。影响深入希腊人意识的特性问题，也就是在特定历史时期思维方式、什么能想、什么不能想的问题。看起来，荷马的心境像是整体的心境（total state of mind）。

我们展开如下论述。在任何文化里，你都能看见两个交流领域：（1）日常交往稍纵即逝的会话；（2）保存交流信息的领域，这是重要的交流，我们的文化里称之为"文学"，不是用语词描绘深奥的文学，而是描绘书籍和各种文件里保存的经验，其中保存着民俗风情和文化的技术。现在我们倾向于认为，第一个领域即共同语的领域是基本的领域，第二个领域是第一个领域的派生。不过，两者的惯习可以倒过来说，第二个领域的习语和内容即保存的语词设定了界限，把稍纵即逝的会话框定在里面。因为在第二个领域里，我们发现给定时代所能达到的最大限度的精致语言。简言之，书面文化的文学和书斋式传统框定了那一文化的思想形式，或局限这些思想形式，或延展它们。中世纪经院哲学处在一端，现代科学思想处在另一端，它们为这一定律提供范例。

在口语文化里，永恒和保存的信息再现于传奇故事及其附属的文化成分里，只能寓于其中。传奇故事代表着传播技艺的极致。荷马绝不是"特例"，而是体现了时代主流的心境。我们失去了他那个时代日常的习语，那种习语不应当被认为是代表着更宽广、更丰富的表达和思想，荷马式的世界视像建立在特别"诗性"基础上。相反，世代保存下来的重要的言语自有其生命，唯有在重要的言语里，对文化心境最重要的意义才能得到发展。史诗略显深奥的语汇（实际上是由于这种语汇）代表着重要的言语，没有散文与其竞争。因此可以说，荷马的心境就是希腊人普遍的心境。

当然，这种心境在荷马时代的遗存里不可能有详细的记述，因为那是一个无文字的时代。但如果我们转向前荷马时代近东有文字的文化，荷马时代的心境也许能间接地表现出来。这些音节文字很笨拙，有大量歧义，不可能很流畅，不足以促进普遍的文化素养。因此，它们的习语无力改变人们口头交流的一般习语，而是被迫再现口语交流。在这些文字里，我们瞥见那种通俗会话；在希腊那种无文字的情境中，通俗的会话是无法保存的，因为俗话进不了传奇故事。

克诺索斯（Knossos）和皮洛斯（Pylos）发掘的线性文字表现迈锡尼 – 克里特文化和迈锡尼文化时期的交流。对这些线性文字的解读说明，操希腊语的国王不仅造宫廷储存清单，而且把日常运行的敕令记录下来。在这些敕令里，有些学者识别出一种有韵律的语言。如果他们的解读是正确的，我们就可以断定，那样的敕令是靠耳朵形成的声像，而不是靠眼睛形成的视像。那是用口语编订为语言记诵和传播的，只是凑巧用文字记录下来而已。这些线性文字记录的规律是声觉的而不是文字的，虽然造成了散文的可能性，但线性文字仍然是口语技艺的仆从。

有一个争论较少的例子。亚述（Assyria）和乌加里特（Ugarit）的楔形文字保存了王室的通信，其习用语可能是散文，因为泥板的存在使信息的保存和传播得到保障。毕竟，泥板可以从此地带到彼地。文字记录使传播技艺有效发挥，这是无需怀疑的。

但在这些王室书简里，我们不仅反复发现诗性文字的韵律，而且发现似曾相识的手法，它们都利用了回声原理。现代历史学家无意之间被现代人的心灵习惯误导，他们断言，这是仪式性的书信风格，其节律受诗歌影响，意思是说受史诗影响，因为史诗也存于这些泥板里，而泥板上的楔形文字也表现出对应的韵律效应。这就把因果关系搞颠倒了。亚述和乌加里特保存下来的一切楔形文字都提醒你，这是口语形塑的；倘若凑巧被记下来，那也是因为泥板近在手边，方便视觉保存，其内容早被口头保存下来了。

理解荷马之后的希腊书面文化的进步极其重要。相比音节文字而言，拼音字母文字有效得多、强大得多，有利于保存交流的信息。到公元前4世纪时，拼音文字接近完全的胜利，这就是说，诗化语言原有的功能几乎过时。你不必用它来确保诗文所说的生活。然而，字母表虽然有效，其功能性的胜利却来得慢。直到欧里庇德斯（重复上文所言），字母表所记述的多半还是（镌刻的铭文除外）先靠耳朵创作的而不是靠眼睛创作的东西，那是为了吟诵的记述，而不是为了阅读的记述。我们再次重申，希腊作家仍然处在听众的掌控之下。这就是为什么他们多半是诗人，而且是非常特殊的诗人。在没有眼镜帮助的情况下，年龄过了80岁的诗人还在很活跃地创作——这一点不值得补充说明吗？想必他们总是在向代笔人口授。

现代人努力去接受古风和经典时代的希腊人的思想时，不断在这个理解的障碍物前跌跌撞撞，常常把因果关系搞颠倒了。上文举过一个例子，《伊利亚特》第一卷的导航指令是韵文保存的教化指南。由于因果关系的颠倒，曾有人认为，它是用韵文翻译的文本，原文是言简意赅的散文。换句话说，我们曾经认为，正常发挥作用的原文必定是散文，后来为适应专用的诗化目的才被加工成诗歌。这就是用我们现代人的情况来解释荷马时代的文化，把它搞颠倒了。那个时代没有散文。你用诗歌发布指令，否则它们就不起作用。连盔甲的分类目录起初也是有节律的韵文。

总之，一切有意义的交流都必须服从谟涅摩绪涅女神的心理定律，一无例外。于是我们建议，荷马和赫西俄德首先不应该用字面意义很珍贵的"诗人"一词来接受，而是被当作整个希腊心灵的代表。他们用公式化语言风格以及视觉意象等特征，并不是什么特殊的人，不是什么神灵附体的"天才"。他们只是在用彼时文化里唯一能用的习语。这个观点可用一次事故来验证。据报，在 1914 年至 1915 年的加里波利战役中，土耳其士兵对盟军发起一连串的冲锋，造成大规模的屠杀。士气的耗尽和卫生之必需促成了停战，以掩埋阵亡士兵的尸体。在极其紧张的心理状态下，停战达成了。军官警惕，哨兵手扣扳机，敌友双方在无人区会面。和谈代表在炙热的太阳下，强忍尸体的恶臭，履行严峻的任务，普通士兵却略有放松。谈判在分毫不差的时机下达成停火，恢复敌对关系前，双方互致问候，告别：

> 四时许，靠近奎因哨所的土耳其人来到赫伯特跟前，执行最后的命令，因为他们周围没有军官。赫伯特把掘墓的土耳其人送回他们的战壕。大约四点过七分钟后，手举白旗的士兵们撤退。赫伯特走向土耳其人的战壕去道别。他对敌军士兵说，他们第二天可能会开枪打死他，士兵们惊恐地齐声说，阿拉禁止。看见赫伯特站在那里，一帮澳

大利亚士兵也走上前来握手告别："再见，老朋友，祝你好运。"土耳其士兵用谚语回应："你笑着走了，你可能笑着回来。"

在这里，在短暂的时间内，在危机的时刻，一个半书面文化和一个书面语文化遭遇了。在心情紧张的情况下，各自都用上了基本的交流习语。一方的语言是简洁、随意的散文，另一方的语言是形态固化和长期保存的公式化节奏与平行结构。

双方不是在较量习用语、英语和土耳其语。更准确地说，英国人面对的是一个外国人的心境，它的运行同样是有效的。可以猜想，如今土耳其语的书面文化产品在类似情况下和他们的前辈在1915年5月下午说的话是不一样的。书面文化的特征是，遭遇非书面文化的习惯模式时，书面文化往往低估非书面文化的效率。在这场战役中，战壕里的土耳其士兵有伊玛目相伴，伊玛目在战前为他们吟唱训导。在他们的对手英国人眼里，这像是没有效率的非军事障碍，是落后的迷信。土耳其士兵学到的东西却截然不同。实际上，这是口语技艺的军事应用，其功能是增强纪律、鼓舞士气，在不大识字的士兵里，这是有效的。

战争使一个文化复合体的重要机制浮出水面。在平民生活里，指挥链总是潜隐的水面下，它把社会纽结在一起；在战时，其基本形式暴露出来。劳伦斯（T. E. Lawrence）描绘一支阿拉伯勇士远征队动员的情况：长官整队时用即兴的打油诗，齐步走时用辅助的节律性口令。这些程序并不是阿拉伯人英雄主义上瘾的结果，它们不是我们那种狭隘、柔弱意义上的荷马式风格，不是浪漫的。更准确地说，在功能必需上它们就是名副其实的荷马式风格。这里我们面对的是严格意义的非书面文化，就像上文提到的巴尔干文化一样。因此，史诗风格是治理之必需，而不只是娱乐手段。劳伦斯还注意到围绕火塘的教育系统，史诗的努力就是这样的教育系统灌输的。大概，就像阿拉伯沙漠抵挡不住书面文化一样，阿拉伯人这些口语文化机制就要萎谢。只有少数民歌手会存活下来，与社会脱离功能关系的参与会留下来，等待鼓动收藏人来搜集；收藏人的印象是，这些残存的民歌就是货真价实的荷马式诗歌。

在这类非书面文化里，教育的任务可以这样来描绘：把全社会植入公式化语言的心境里。达成任务的工具是将部落史诗用作范式。这一风格当然要被强化。其习语展现出精湛性，在平常交往中可能被模仿，不过其艺术水平偏低。吟游诗人记忆力超凡，因此他可能就是王子和法官。这自然意味着卓越的韵律感，因为节律是言语的防腐剂。伴随卓越记忆力和韵律感的是公式化语言的进一步精湛。记忆力较差的人会满足于适应比较简单的、不那么复杂的语言。但整个社会从吟游诗人和王子直到农夫都习惯于回忆的心理。

一首史诗可能记住整个历史和风情。在村子里，头人也许能吟诵整首史诗，农夫可能记得住一部分。但他们在训练上都是一样的，都会响应公式化语言的指令——军令，或地方税的估算——指令里也模仿或回荡着史诗的风格。

这等于是说，诗人尤其史诗诗人一定程度上对社会实行文化控制；在现代书面文化条件下，这是难以想象的，因为现代诗歌不再是日常工作的一部分。史诗语言是一种文化语言、一个参考框架和表现标准，所有社会成员都被吸引。在我们作者和读者共存的文化里，现有的散文文学对语言群体的普通成员起同样的作用。他们的言语习惯在广度和修养上各有不同，却总体上显露出与书面文献的关系，一位权威学者对这一关系做了如下的描绘：

> 比文字更重要的是书写传统。在文化语言（culture language）里，书写传统在一切层次上产生影响：决定语词、词组的构成和转换，时常把书斋、教堂、技术界和学术界的回声引进口语……"文化语言"

的各个方面都受到这样的影响：音位学保留外来词的读音；词法学和句法学延伸或复活书面文化的手法。文体学的全部问题都受到书面传统和口语互动很大的影响……引语、成语、表达法以及总体上的建构都以书面语为范式，这一切都是"文化语言"的日常现象。实际上可以不夸张地说，文献资源就是一张空白支票，说话人想填多少钱都可以。

这段引语里的"文化语言"仅限于有书面文学的语言。这一理论或可以用一个假设来补充：在口语保存的社会里，提供"文化语言"的主要是史诗。在这个方面，其作用的广度取决于技艺的精湛程度，精湛的语言技艺给口语赋予生存的力量。所用的手法越精心和繁复，由此形成的言语的生命力就越持久。如果像上述引文所描绘的那样，一种现代文化的书面文学对通用习语实施间接的控制，那是因为它比普通言语的寿命长。在一定意义上，书面文学发现了使语词永生的秘密，因为书页上的符号可以保存、复制和重复，形态不变，理论上永远如此。在阅读过程中，我们总是持续不断被提醒，书面词比随意的口语更受人尊敬，无意之间我们将其视为习用语的范式，我们期待贴近它，别无其他期待。

荷马式史诗构成无形的书写，镌刻在社会大脑上。这些事实代表着史诗技法对"文化语言"的垄断。这样的控制必须和功能表演相结合才能有效。事实上，荷马史诗并不是控制力提高了的通俗语。希腊通俗语分离出来的准确时间和条件仍然是模糊不清的。在古风和古典时期的希腊，人们用荷马式的语言说话，往往用荷马式的方式思考问题。那时的风格不是诗性的风格，而是一种国际性风格，一种优秀的交流习俗。

无论对人们言语风格的控制是多么间接，都意味着对其思想的控制。人类所知的保存交流信息的两种技术，一是拥有声觉手段的诗化风格，一是拥有视觉和物质手段的视像的散文风格，在各自的领域里，它们还控制着可交流的内容。在一种条件下，人们用某种既定的方式安排经验；在另一种条件下，人们用不同的方式来安排同样的经验，用了不同的语词和句法；在这样做的过程中，也许经验本身已然变化。这等于是说，人的思想模式在历史上已走入两条不同的沟槽，即口语和书写的沟槽。这一假设顺位被澄清。但如果我们现在能回头说柏拉图的话，他似乎已然相信诗歌和诗人不仅能控制希腊的口语习语，而且控制着希腊人的心境和意识。他认为这样的控制位于核心地位，按照他的描绘，这样的控制仿佛是垄断性的。这个观点与我们对希腊黑暗时代诗人的处境是一致的。如果他是正确的，这种情况在古典希腊时期一直就不曾变化。

第九章 诗歌表演的心理

浪漫主义者试图复活一个观念：诗人是预言师、先知，看待现实的眼光独到，洞察事物的眼光独特。然而，他们构想诗人能力的感觉与荷马式诗人掌握的能力却是格格不入的，因为浪漫主义者向上发力，而不是横向发力。他们有渴望，却不提供信息。荷马式诗人控制他生活其中的文化，原因很简单，他的诗歌成为唯一权威的重要言语，而且始终是这种重要的语言版本。他不必为这一地位去争论。这就是生活的事实，社会接受，他也接受，不必反思或分析。

诗人吟诵的内容就说这么多。但重要的内容不能出版，也不能交流，表演时除外。表演时，他很清楚地意识到自己的精湛技艺。一方面，他可能并非总是认识到他保存的文化意义，另一方面，他却很清楚地觉察到自己所用的技艺，并使之存留。他的角色是百科全书，诗人们全都共享诗歌技艺。他们控制听众的方法是个性化的。

创作方法是诗人召之即来的个人经验，但这些方法并非他个人独有；这样的经验必然要成为听众个人的经验。为了控制社会的集体记忆，他必须要控制个人的记忆。其结果是，他的诗歌是一种权力机制，也是他个人力量的机制。他就是缪斯的媒介，是谟涅摩绪涅女神的孙子，他用诗歌表现祖母的魅力。那么，他握有什么心理资源使祖母的魅力产生效力呢？在现场的表演中，这些资源能被获取、能被利用。这是因为诗人与社会个体记忆的联系只能靠可以听见和看见的存在来确立。这一关系不需要在口头朗诵的过程中建立和维护。

无疑这是我们解读柏拉图考察诗人和诗歌的线索。柏拉图似乎专注于面对听众的诗歌表演；当他分析诗歌的内容时，他发现难以把诗歌的内容与朗诵和聆听诗歌的心理效应分离开来。在柏拉图眼里，诗人朗诵的内容重要、也许还危险；但他如何吟诵和操纵诗歌内容似乎是更重要、更危险的。

吟游诗人利用的记忆术对于我们来说似乎很陌生，因为我们长期依赖已经不习惯的记忆术。除了在基督教仪式里我们回应牧师并跟着他吟诵外，若要记忆任何东西，我们通常是先用眼睛看，不是听别人朗读，而是靠自己阅读。这里有一个复杂的过程，我们先用视觉，然后辨认一连串的印刷符号。这些符号对我们没有控制力；它们不出声，无生命。接着，我们做两件事，或其中一件。我们闭上眼睛，回想这些视觉符号，按照同样的顺序"看"它们，或者把它们译解为语音，实际上我们不得不低声念，"自言自语"。这样的翻译加上孤独的翻译行为意味着，为了记住阅读的东西，我们只能用自己的心理能量。

另一方面，靠吟诵来记忆可以节省聆听者大量的个人心理能量。吟游诗人吟诵的语音是活生生的，无需把眼睛看到的讯息翻译成耳朵要听的讯息。听众只须尽可能以直接而不复杂的样子去模仿。现代人要记忆时不得不进行自我催眠。荷马的听众非常感激被催眠。在我们的现代文化里，与希腊情景最有可比性的一景见于与流行曲调联姻并在机器上录放的通俗诗。爵士等舞曲的相似性尤其贴近希腊的情景，因为这些舞曲的节奏常常和语词联姻，而这些语词后来就被记住了。

让我们再深入一点探索这一机制。记住任何东西都像是举起重物，需要体力。最容易和偷懒的记忆形式就是单纯的重复。

　　赫克托尔死了；赫克托尔死了。

　　连这样的重复也需要最低限度的能量输出，如果我们维持语词和意义不变，却允许词序公式化的小小变异，那就是：

　　赫克托尔死了；赫克托尔真的死了。

　　如果脑子斗胆冒险给自己加压，保留原有的意象——赫克托尔死了——却从不同的角度或方式看，所用的语词和句法并不改变基本的情景，但重新表述它：

　　赫克托尔死了；倒下了赫克托尔
　　哦阿喀琉斯杀了他
　　赫克托尔战败了，赫克托尔死了。

　　诸如此类的手法层层推进，直到见于荷马史诗里的极端精湛的技艺。但基本原理已然揭示，可以在同样的语境里略有变化地抽象表现出来。脑子的注意力总是双焦距的：保留一个本体，容许同一性里的差异。

　　因此，我们的例子是含重复意义的重复的语词，或重现的心理意象。现在我们让说话人建立一个平行重复系统，只涉语音，不涉语义。

　　这就成了他的格律，重复的单位是双重的，音步或小节和诗行。每个单位都是抑扬格六步诗，理论上都可以是前例的准确重复、节奏相似性的重复：

　　赫克托尔死了；赫克托尔死了。

　　不过，相同中又追求并实行变化，即使是有限的变化。格律容许音步紧跟一个它本身（itself per se）的变体，但只容许一个略小的变体。格律还容许这种变异无规律地重现。这更大胆了——同样重复的格律被打破——却不是太大胆。音韵分摊在时长相同的两行诗里；这两行诗就像缓慢而有规律的波动，每一行都由两个不同波长的内在涟漪模型组成。音韵的效果再次显示同中有易；有节奏的记忆是时常重复的。

　　这个格律模型本身不包含意义的表述，它再次和语言公式联姻，由这些公式化语言表达意义。这样的联姻如何圆满？我们能抽象出这个过程、辨识两个配偶，但初始的运行却没有这样的抽象，配偶的身份也没有分离。所有语言都由一连串的身体反射生成。这些相同的反射在特殊的模式里运行，其他反射进入平行的模式里运行，有节奏的言语就生成了。"赫克托尔死了"这句话说出来，要依靠肺脏、喉头、舌头、牙齿一套复杂的运动，器官的运动要无意识地结合起来，在给定的模式里生成微妙的准确性。那句话简单地重复就生成了一种节律。但重复一组词的节奏不会产生新鲜的语句。所以，单纯重复的主要任务是记忆需要的支撑，转化成为无意义的节奏模式，这一模式经久不息地在记忆中留存，而新鲜语句的表达就从声觉效果上融入节奏模式了。如此，肺脏、喉头、舌头、牙齿的组合运动就受到严格的限制，就像嘴巴说出的词语组合受到严格的限制一样。记忆的需要就通过严格简洁的反射组合得到了基本的满足。不能用韵语说出的事情何止千千万，自然，你也不会去想这样的事情。

　　这样的反射是身体动作；它们是一种动作形式，是一种特殊形式；动作是重复的，却是以特别复杂的方式重复，我们称之为节奏。在整个过程中，节奏模式都在起控制作用，但说话人还是可能忘记模式，或不能完好地表达模式。首先，这是一个复杂的模式，你必须要同时记得几件事或同一件事情可能的变异。其次，说话人想说什么，而不仅是口出一些"和谐的"声音。这还可能诱使他忘记发音器官的波动起伏和涟漪。如果这个总体的模式被忘记了，嘴里说出来的话就不太容易重复、不太容易被记住。于是，第二套身体反射被调动起来，目的是只标记和保存音韵，不注意意义。这样的动作是手指头在乐器上的动作；如果表演是独奏，那就只能是弦乐器，而不是管乐器，因为肺脏已经被用于节奏的表达了。

对朗诵者而言，弹七弦琴时需要用手定节奏，那是调动身体的另一部分，手定的节奏和发音器官的动作平行。这有助于他维持音律。他的注意力专注于说什么时，他就需要这样的辅助。因此，他由韵律安排的弹奏确定一个节奏，节奏又影响他的耳膜。朗诵者安排语音和伴奏，同时听这样产生的声音效果，或听他自己，琴弦的旋律进一步追加到身体反射上，继续不断地确认他正在保持的模式记忆。

但比较明显的效果不是指向他自己，而是指向听众。耳膜同时被两组分离的声音轰击，而节奏是和谐的：有节律的吟唱和乐器的旋律。乐器的旋律必定是重复性的；它不能养成一种分离的、自有技巧的技艺，不能成为我们所谓的"音乐"。因为这会使注意力偏离主要任务，口头记诵任务。希腊语"音乐"（mousike）一词的存在旨在使语词更容易回忆，而不是使旋律的起伏和涟漪容易自动地被回忆起，以便把心理能量解放出来去回忆语词本身。

最后，另一部分身体和另一套身体反射还可以被调动起来，和发音器官的动作平行运动。这就是舞蹈时腿脚的动作。我们再次看到，像七弦琴一样，我们面对有组织的行为模式，其功能是辅助记忆。起节奏与嘴里说出的语词平行，起标点符号的作用；如此，齐声朗诵也成为身体表演，辅助朗诵的"表演"。然而，第三套身体反射也跻身服务以强化记忆的序列。观众或参与朗诵，或只看表演；只看不表演时，眼睛就成了辅助手段，眼睛看舞蹈的节奏。眼睛看时，时间系统同感回应，眼睛隐隐有运动，时间系统却不必去调动双腿。

在以上分析里，我们试图笨拙地解释希腊人所谓音乐的基本情况。我们假设，除了身体节律运动的下意识愉悦，音乐被视为"技艺"，是复杂的习惯，旨在调动运动和反射，辅助记录和回忆有意义的言语。于是，旋律和舞蹈就成为言语的仆人，在文化的口传阶段，旋律和舞蹈并不常用于自己的目的。舞蹈被视为记忆手段的一部分，可以伴随多种保存的言语，尤其那些名为咏歌、颂歌和赞美诗的言语。舞蹈被容纳进来不仅是为了使辅助手段的目录完备，而且是因为舞蹈在赫西俄德记述缪斯的表演里非常突出，我们将看到这一点。舞蹈不能被排除在外，史诗朗诵要用上舞蹈这样的记忆辅助手段。

这个繁复程序的心理原理简单，却是根本的。第一，一切口语显然是喉头和口腔动作生成的。第二，在口传文化里，一切保存的言语也必须用这样的方式来生成。第三，言语只能按照记忆和重复的样子来保存。第四，为了确保容易重复、容易记住，口腔和喉头的运动必须用特别的方式组织起来。第五，这样的组织包含确定高度简洁的运动模型（即节奏）。第六，这些模型成为自动反射。第七，身体一部分（发音器官）的自动行为被身体其他部分（耳朵和四肢）的平行行为强化。总之，整个神经系统被调动起来完成记忆的任务。

至此，我们从维持文化的角度对早期希腊诗歌的繁复机制进行了分析，它们全都构成传承传统和生活方式的无意识设计的一部分。同时，它们还服务于一个截然不同的平行功能，可以从一个截然不同的观点来审视。它们代表着无意识资源的调动，以辅助意识。各种运动反射的互动虽然复杂却是有组织的，它们自动运行，无需主体思考。这就意味着，像性反射或消化反射一样，运动反射也是高度感性的，与身体的愉悦紧紧相联。再者，它们赋予主体的人一种特别的愉悦。诗歌表演的规律性产生催眠效应，使人体不那么紧张，还使惧怕、焦虑、犹豫等紧张情绪缓减，这些紧张状态是我们凡人生存的常态命运。疲惫被暂时遗忘，情色冲动受到刺激，不再被焦虑阻隔了。

因此可以断定，由于其朗诵技艺，部落百科全书的诗朗诵同时也是部落的娱乐。用我们更熟悉的话说，缪斯的声音、教育人的声音同时也是娱乐的声音。但这种娱乐是一种特殊的娱乐。听众回应一连串的节律，语言、声音、乐器和身体的节律，这些节律同步运动、效应和谐，一定程度上人被催眠了；同时他们又得到享受、身心放松。这些运动机制以尽可能多的方式同时被激活。但它们并非以相同的时长在一个人身上全部被激活。当他静默聆听时，只有耳朵充分参与；喉头可能轻微动一动，交感神经系统可能会参与。当他重复地听到吟诵时，声带以及肢体可能会被充分调动起来，去完成他聆听时交感神经系统参与过的同等序列。

这使我们回到柏拉图如此执着要研究诗歌表演及其效应的情景。这是因为在分析活生生的记忆力保存有形语词的技艺时，我们揭开了吟游诗人对听众巨大控制力的秘密。他给听众的不仅是愉悦，而且是一种特殊的使听众依赖的愉悦，因为那意味着焦虑和悲伤情绪的舒缓。诗人自觉的正是他的控制力，而不是他的百科全书式角色，这很自然，因为人们固然请教作为知识和指导源头的教育者角色，但他持续不断受欢迎的角色首先是伟大的情感释放者。我们看到，多亏了赫西俄德的天才，他能感知到并一定程度上表达了诗人服务于社会的角色。亦如我们期待，在他的描绘里，他更强调缪斯迷人和舒缓焦虑的力量。但我们首先应注意的是，关于艺术的动作机制他说了什么。

在《颂诗》开篇，赫西俄德就祈求缪斯，我们首先听到的是她们强劲的舞蹈节拍，直到第十行，她们才开始说话。她们说的话"传到天空"，仿佛天空有自己的具身存在。诗人心中的暗喻可能是箭镞："插上羽毛的语词"，或液体的喷涌。这个公式在第四十三行和第六十七行重复了两次。缪斯的话有一个诗人有意认同的公式，他描绘的缪斯"言辞雄辩"。接着说她们"言辞和谐""才智和谐"。这些语句的象征意义不只是九缪斯齐声歌咏。更准确地说，如果九缪斯分别代表歌咏技艺的各个方面，她们的和谐可能象征着语词、韵律和音乐的密切关系，象征着诗歌效应依靠的舞蹈。他继续说，这一效应源自"轻松流淌出她们嘴巴的咏唱"。我们再次看到，诗人的话语仿佛被确认为具象的河流。这个暗喻急迫地强调表演的自动性，三次被用于描绘王子的宣示：缪斯"将甘露淋在他的舌头上……诗歌从他的嘴里流出来……吟唱从他的嘴里流出来"。她们的表演又被描绘为摩尔普（molpe），他这个比方大概指吟唱的语词，七弦琴为吟唱伴奏，还有舞蹈。然后，诗人转向缪斯的舞蹈节律。音乐伴奏的运用潜隐在吟唱者和竖琴手的双重身份中。这个双重身份指的是缪斯和阿波罗的儿子们。

诗人表达缪斯诸事的语词倾向于含蓄，而不是准确。他唤起诸事的各个方面，并不条分缕析。他遣词造句暗示几种同时发生的运行效应。他用的暗喻已经陈旧，翻译者通常取其字面意义，不看其具体意义。在赫西俄德的作品里，这些暗喻当然是公式化的，部分用的是史诗语言，但这未必意味着，它们仅仅是仪式性的和约定俗成的。在活生生史诗公式的时代，史诗的公式可能有所专指。诗人率先使诗歌创作过程和表演理性化，诗人的语汇不准确、非科学，却和我们对希腊"音乐"的分析是一致的。

诗人用以描绘诗歌心理影响的语言更是如此。他反复强调诗歌给予人愉悦。实际上缪斯之一就叫"令人快乐的"。"甘露""甜蜜的言语"之类的暗喻，"流淌""喷涌"或"传播"的暗示，诗人的这些手法能激起听众纯感性的回应。舞蹈和齐唱被称为"充满渴望"。渴望女神和惠美女神的居所都靠近缪斯女神。同样，舞步的节拍、说话声或歌咏都与爱欲女神的别称相联系，另一个缪斯名叫"激情"。稍早前我们暗示过，因为无意识心理的资源可以用来辅助记忆，结果可能是通常受限的性欲的释放。因此，如果赫西俄德把音乐和性欲联系起来，我们不应该感到诧异。

颂诗的语言富有激情、颇有暗示。它似乎使我们听见真实的表演，影响是无孔不入的，因为它们不仅深入心灵，仿佛表演者在"痛饮宙斯的美酒"，而且还营造出我们生活其间的氛围，仿佛"众神的殿堂在欢笑"，"周围的土地在高歌"。颂歌开篇，缪斯们在山巅排练"欲望之舞"，"身披雾霭，通宵达旦欢歌，释放可爱的歌喉"。她们为男人表演的歌声深入其意识，无论昼夜，无论睡或不睡。诗化的语词是氛围里的电流。最后并令人瞩目的是，在韵律最美的一行诗里，诗人形象化描绘诗歌的催眠和治疗功能：

不好的事忘掉，焦虑舒缓了。

诗歌结尾，诗人回到诗歌的心理治疗功能：听者可能会

精神悲伤又遭重创
精神痛苦忍受干枯

然而，一旦他聆听吟游诗人的吟唱：

他立即忘掉阴暗的思绪，他的担忧
也不再挂在心上。

长期以来，人们总是说杰出的诗人被灵感附体。近来，文学批评的标准更喜欢强调技艺是成功的诀窍。这样做时，我们回归一个更贴近赫西俄德及其后继者的观点。缪斯的早期角色常常被误解。她是诗人掌握专业秘密的象征，不是诗人依靠神启的象征。希腊诗人宣示自己的名声和不朽时，他们宁可不将其置于灵感之上，而是将其置于技能之上。只要希腊诗歌回应口语文化的状况，这样的处置必然是正确的。赫西俄德描绘的诱发效应、缪斯赋予的天才预示的效应不是精神变形，而是为了一个特别明确的目的而利用的一套身心机制。这套机制的有效利用需要一定程度的精湛技艺，需要极强的操纵语言、音乐和身体节奏的能力。技艺杰出的诗人能加强这

套机制的效应，使自己的能力超过同侪。但基本的技艺对一切诗歌表演都是相同的。与之相反的诗歌灵感的观念正是在那时的希腊生成的，那是在公元前5世纪末。彼时，口头记忆的要求不再占主导地位，诗歌作为百科全书教育的功能正被转移给散文。用散文思维并喜欢用散文思维的人是哲学家，他们一心要建设一类新的话语，我们大致可以将其描绘为观念的而不是诗性的。他们不禁要把诗歌经验降低为非观念的，因而非理性的、非反思性的。因此，一个观念被编造出来：诗歌只不过是狂热附体的产物，希腊语万物有灵论里对应的词是"enthusiasm"（狂热）。我们的等值词是"inspiration"（灵感），这个词更贴近基督教一神教的要求，但保存了希腊词 enthusiasm 的基本意思：诗歌是狂热附体，不是心理能力的自主操练。

与这个希腊诗歌新的非功能观念一致的是这样一个先入之见：诗歌是"艺术"而不是教育灌输的工具，因而其内容和品质的评估首先要用审美的标准来判断。这一种看诗歌的路径当然只有在我们这样的文化里才有可能；在此，诗歌表演与日常事务已经脱离。一旦采纳这个审美视角，理解柏拉图为何抨击诗歌就不再可能了。如果他质疑诗歌愉悦的经验，如果他厌恶艺术家利用的催眠效应，从我们的观点看问题，他就不是在抨击诗歌经验的恶习，而是在攻击诗歌经验的价值——那就是说，我们把诗歌经验贬低到纯粹的娱乐领域了。我们必须知道，柏拉图针对的不是娱乐而是灌输，他抨击的是希腊文化一直倚重的常态稳定。

学习过程（或曰重述）不是我们意义上的学习，而是一种持续不断的记忆、重复和回忆的行为。学习的有效性靠最简洁的语言表达，这是语言和音乐节律模式强化的简洁。表演时，全身的全套运动反射彼此合作，使记忆更有效，使未来的回忆和重复更有效。这样的反射行为使人格的无意识层次得到情绪上的释放，使紧张、焦虑、恐惧的情绪大大缓减。缓减情绪的效应构成表演的催眠式愉悦，把听者置于吟游诗人的控制之下，这样的功能本身甘为教育过程的奴仆。归根到底，愉悦被用作文化延续的工具了。

　　因此在口语文化里，在顺从记忆规律的条件下，教育功能和感官愉悦形成了亲密的关系。而且，文化群体里的所有人通常都体会到这样的关系。这一事实可能有助于我们看清希腊古风和古典时期希腊经验令人困惑的品质。关于这一品质，最恰当的描绘是：自动享受生活，自然而然接受生活和道德的各个方面。我们假定，在希腊人的生活经验中，他们既受控制，又无拘无束，那是我们不能分享到的无拘无束。他们似乎从美丽的形态和声音获得自然的愉悦；我们有时也觉得它们美丽，但那是要我们努力提高了文化水平后才能获得的经验。这个时期的希腊人有另一个令人注目的特点：他们能直率和坦诚地行动，而且能直率和坦诚地表达自己的动机和欲望。他们几乎完全没有那种小小的虚伪，而我们的文明似乎没有虚伪就不能运转。如果掌握生活礼仪的学习过程高度感性化的经验——若要有效，必须如此——结果就是，在希腊人的意识里，妥当言行举止令人愉快的记忆是不可分离地联系在一起的。你总是受到鼓励去仿效记忆中他人的言行举止。这样的回想立即和美好时光联系在一起，你记起他人的言行举止时，你享受无忧愁、无紧张情绪的日子。因此，在此刻语境下你也可能觉得，你的行为是令人愉快的。身体和精神是不可能互相攻伐的。一方面是享受愉快行为的倾向，另一方面是完成不愉快任务的倾向——对希腊人而言，这两种倾向之间的拉扯是相当稀罕的。到了公元前4世纪，这一切似乎开始变了。希腊文化的史学家和诠释家已经注意到这一变化。一定程度上，这一变化是由传播技术和教育技术的变化决定的——难道没有这样的可能性吗？长期以来受纯口语文化鼓励的心理状态逐渐变得不可能了。

　　以上论述是推测性的。但至少有一点是清楚的：荷马时代的人必然要快活办事才能有效。我们将其称为"学习过程"。正是在这个外衣下，柏拉图抨击这个学习过程，认为它是不妥当的学习方法。但真实情况就是这样的，它一直是希腊教育灌输的方法，公法和私法就是这样形成、保存和代代传播的。究竟这样的灌输如何对接受者的脑子起作用呢？这是什么样的学习过程呢？

无疑，这正是你在实践中学习的方法。不过，就重要语言的保存而论，那是一种特殊的学习。你"所做"的是成千上万的行为和思想、争斗、言语、出行，是一切的生生死死，你在吟诵、聆听或重复韵律诗里体验这一切。如果诗歌表演要调动记忆的一切心理资源，它就必须是部落民俗、法律和程序的持续不断地重新上演，聆听者不需要参与这样的重演，直到全情投入。总之，艺术家认同他的故事，听者认同艺术家。如果这个过程要生效的话，它对双方必须是强制性要求。

你学习伦理和政治、技能和指令，不是要让它们以"语料库"的面目出现在你面前，让你去静悄悄地学习、反思和吸收。你没有被要求通过理性分析的方式去掌握它们的原理。你甚至没有受邀去思考它们。相反，你屈从于那教育"法术"。你让自己成为"有音乐细胞"的人，那是希腊词"音乐"功能意义上的"音乐细胞"。

以上是文明对希腊诗歌表演心理的重新构拟。如果我们的构拟接近真相，它就可以证实我们在第三章里的建议：柏拉图对诗歌表演的病态情绪表示关切，那是正确的。我们构拟的情况就可以解释，为什么他挑选"摹仿"（mimesis）来描绘诗歌经验的几个方面，而今天的我们觉得，这几个方面是应该可以区分的。我们今天用的"imitation"翻译他的 mimesis 并不能充分传达他的意思。我们语言里的 imitation 受一个预设管束：有一个独立存在的"原本"，后来被复制。柏拉图观点的实质、他的抨击存在的理由是：在希腊人践行的诗歌表演里，根本就没有"原本"（original）。

吟游诗人吟唱传统；听众聆听、重复、回忆并吸收传统。但诗人吟诵的有效性必须要一个条件：他要把英雄的言行重演一遍，而且要将其化作自己的作品，这个过程可以反过来这样描绘：在绵延不断的表演中，他要"像"这些英雄。在表演时，他要把自己的个性（personality）"沉下去"。

听众要记住他的表演也要有一个条件：有效而同情地进入他吟唱的诗歌，听众成为他的奴仆，臣服于他的魅力。在这样的过程中，听众参与重演传统，动用嘴唇、喉头和四肢，还调动全套的无意识神经系统。因此，艺术家和听众的行为模式在一些重要方面是相同的。这个模式可以机械地描绘为有节律动作绵延不断的重复。从心理上看，这是个人投入、全身心参与、情感认同的行为。柏拉图挑选"摹仿"，将其视为最充分表达重演和认同的字眼，视为最适合描绘艺术家和听众共同心理的字眼。

第十章　诗化语言的内容和特征

当柏拉图用"摹仿"来描绘诗人的创作行为时，我们会面对这样一个问题：

什么是诗人的创作材料？什么是诗歌的真实内容？到了《理想国》第十卷，他才把矛头对准这个问题。他觉得有必要在第三卷就揭示诗歌表演的情景，到第十卷时他回到这个问题，揭示听众的心理状态。但在揭示听众的心理状态之前，他考虑的不是艺术家，而是其诗性陈述，他称之为现实的"幻象"。我们还不是很清楚，他为什么将诗歌贬损为人类经验的记述（report）。在稍后的一章里，我们不得不捍卫他抨击的逻辑。然而有一点已然清楚：至少他有权这样看待诗歌，将其视为记述，而不仅仅是审美的刺激。诗歌在古希腊的确被用作部落百科全书。我们已在上文证明这一事实，诗歌叙事里隐藏的传统、风情、风俗和技能全都被揭示出来了。那么，将诗歌叙事判定为百科全书，用以承载信息和指示，那是什么样的记述呢？我们在上文已经说明约束诗歌表演的心理规律。现在，让我们揭开约束诗歌表演的语言安排，即所谓的句法，揭示这类交流包含的句法。一旦把这两篇理解诗歌的文章做完，我们就可能掌握线索，解开柏拉图展开两线进攻的逻辑，看看他为何抨击诗歌表演及其内容。

　　实际上，诗歌的内容与诗歌表演的情况难分难解。这两个问题可以分离并抽象出来考虑，但柏拉图的直觉是肯定的，他坚持先分析表演者和聆听者的关系，然后才用认识论观点考虑表演者实际的陈述。保存的记录（让我们在这里重述）必须持续不断地承载于活生生的意识里：它本身就是"活的记录"。它不能躺在那里无人问津，等到眼睛顾盼它去恢复它在意识里的记忆。它只能利用一种感官的直接辅助，即耳朵的辅助，因此，材料呈现的形态要用摹仿手段来束缚，摹仿的手段要服从声学定律。其他感官则通过交感神经尽可能介入。这要求保存的材料要有选择性的简省，而且要求付出巨大的心理能量，要调动特别有天分的人服务；虽然按照我们的标准，普通人已经养成很好的记忆力。

　　至此我们已有了大致的了解。但我们必须补充说，保存内容的记忆规则必须要通俗。在任何一个社群里，大概任何时候都不可能突然产生少数记忆力超群的天才人物。在稍后欧洲历史里，有些法官牢记整部查士丁尼法典，这算是一例。在这个例子里，少数天才行使上诉法庭的功能，他们是社群权威的源头。荷马时代的情况与此不同。传统若要稳定，要人们习惯性地践行，它就必须不同程度地被所有人记住。因此，其形态必须符合记忆的心理需求，因为这些心理需求是普通人的需求，而不只是天才人物的需求。

　　上文也已说明，一般听众调动的时间系统机制对所有人都是一样的。这是一种我们大家分享的有节奏的戏剧。这里需要身体的反射，或喉头或四肢的反射，身体反射本身是一种活动形式，一种实践。如果语词激发行为，如果它们描绘行为，那么通过语词激发身体动作是最容易的。因此，诗歌的内容大概是含有一连串表示动作的语词。相反，如果没有很多动词，在静默和身体不动的情况下思考更加有效，那就是概念或理念的标志。在认知过程中，重新表演和情感认同没有地位。但对有节奏的记忆过程而言，重新表演和情感认同是不可或缺的，你能重新表演的只能是行为的描写。

只有语词表达活动情境中的情绪和激情时，你才会受语词刺激去认同它们所表现的情感和行为。

行为的前提是行为者或代理人的存在。因此，保存下来的诗歌只能是有关人事的诗歌，不能是非人事的现象。用柏拉图的话表述就是：*mimetike* 是"表演行为的摹仿，或是自立行为，或是外界逼迫的结果"，这样的摹仿包括"人们如何思考或感觉自己的行为，换言之，他们如何用甘苦祸福来解释自己行为的后果，以及相应的悲欢后果"。我们稍早前说过，柏拉图的语境排除了这样的可能性：在他的描写中，他仅仅在思考戏剧。史诗也是地地道道的行为和激情的戏剧，一切被人记住的诗歌也是戏剧。

什么样的人可能是这样的行为者呢？并非任何人和一切人。如果传奇故事是功能性的，如果其目的是保存群体的习俗，其中的行为者就必然是这样的人：他们的行为涉及群体的公共法和家事法（family law）。因此，他们必然是"政治"人，最一般政治意义上的人，他们的行为、激情和思想将影响社会的行为和命运，他们所做的事情将荡起阵阵涟漪，直达社会的边际，使整个社会动起来，完成典范的动作。《伊利亚特》第一卷是这种过程运行的突出例子：不是个人的争吵，而是权贵者的政治纷争，此前的一场灾难加剧了冲突，军中的瘟疫也是政治性的，那是对阿伽门农的政治宗教行为的惩罚。总之，为了履行对社群的功能，为了提出一个社会法律和习俗的有效范式，传奇故事必须表现那些突出的政治性的行为。那些为社会提供诸如此类范式的人被称为"英雄"。归根到底，提供英雄范式的理由不是浪漫的，而是功能性的和技术性的。

但从字面意义看，传奇故事里的人物不是唯一的行为者。暗喻是诗歌菜谱的主菜，这是司空见惯之说。我们可以将其视之为理所当然，然后去观察传统故事暗喻的基本原理。除了人物，现象也是可以描绘的，但只能是在它们被想象为像人的行为时才可以被描绘。那些现象成了一个宏大的社会，它们被描绘成社会成员，扮演指定的角色时彼此互动。《伊利亚特》

的诗人一开口就说出一个暗喻。阿喀琉斯的"愤怒"使她成为一个神魔，让她在法力范围内毁灭一切，"让阿盖亚人驮上痛苦的包袱"，像弓箭手射箭那样"把他们的鬼魂射杀"，"把他们变成野狗和飞鸟的猎物"。书斋型文化品味这几行诗的力道时，禁不住要把这样的拟人化说成是审美意义上的"诗意"，将其解释为刻意取代抽象的因果关系，因为这样的解释在情感上更有力。实际上，阿喀琉斯的愤怒并没有直接涉及这样的事情。愤怒的结果是造成不利于希腊军队的情景，造成希腊军队的战败。我们说：诗人的本能是很肯定的，它在漫长的历史推论中走了一条捷径，干脆把终极后果表现为阿喀琉斯愤怒的直接后果。但我们应该说的是：如果吟游诗人要奉献给我们的是维持因果关系的范式，那他就要把这一范式表现为行为者一连串的行为，我们聆听并重复诗行时能够认同的行为。简言之，在活生生的口语传统里，用原因与结果、因素和力量、目的和影响等术语分析历史的繁复的语言，是不成立的，因为它不利于记忆过程的心理动力因素。

从这个观点看口头诗歌时，我们看到，最常见的暗喻是神。诗人诘问道，哪一位神使阿喀琉斯和阿伽门农产生冲突？他自己回答道："是阿波罗，阿伽门农激怒他，他发动一场邪恶的瘟疫惩罚阿伽门农，阿伽门农麾下的人被毁了。"这种讲故事的方式用了一个代理者去取代历史原因。阿波罗生动的行为，很容易重演，取代复杂事件的因果关系；复杂事件使两位领袖陷入争端，产生了始料不及的结果。如此，军队里的瘟疫是自然现象，诗人知道那是自然现象，他描绘了如何用卫生措施终结瘟疫。但描绘瘟疫降临的唯一办法是将其归因于一个代理人或一连串的代理人行为。这类解释是这样提供的：预言师卡尔克斯说，阿伽门农亵渎了阿波罗，劫走了阿波罗祭司的女儿克律塞伊斯。瘟疫是阿波罗愤怒的表现。阿伽门农停止渎神，得到补偿，阿喀琉斯却受损，阿喀琉斯还得把克律塞伊斯还给他。阿喀琉斯和阿伽门农发生冲突，终极的原因是瘟疫，或亵渎行为引起的瘟疫。以这样的方式呈现之后，故事就有了它自己的历史逻辑，因果链可以被表现为一个系统。但没有一个活人的记忆能记住这个系统所必需的那么多关系和范畴。那些关系和范畴必须"活起来",要像活人那样"表演",贪婪、怨恨。如此,这些关系和范畴就拟人化为阿波罗;这个强大的代理人阿波罗就抓住阿喀琉斯和阿伽门农,让他们起冲突。这个代理人仇恨其中一人,还仇恨与他相关的每一个人,因为他在保护一个门徒。

这个例子提供了一条规律:神可以广泛用于解释口传的传奇故事。诸神常给人一套系统,能用口头的方式来表达因果关系,而听众是能认同的。于是,神就可以模仿、可以记住了。因果链的复杂性被简化了;抽象因素都具体化为强势人物的干预了。

一旦这样去看因果关系反复出现的暗喻,我们就可以认为,相较于一神教,多神教拥有巨大的描绘优势。艺术家可以生动描绘多姿多彩的现象经验,描绘四季和天气、战争和灾难、人的心理、历史情境,可以把某一给定的现象归因于某位神灵的行动或决定,其活动圈于给定的现象,而不至于推展到涵盖其他一切现象。于是,就可以避免使人把外部世界过分简单化的诱惑,也可以避免把冲动的内在机制过分简单化的诱惑。

然而,吟游诗人的心态不可能满足于滥用神祇,去适应给定的场合和危机。在精练保存记录的用语时,这里必须遵守基本的简洁律。于是,神祇就成为仿照人类家庭组织起来的一个系统,诸神各有脾气,基本特质不变。对应某种现象,某神是刚好合适的(不过,荷马挑选神时表现出一定的灵活性),为了以不变的常态被人记住,诸神就融入各自的传奇故事。他们恋爱与争吵、统治与顺从的故事都效仿人的政治戏剧。神的故事继而成为公共法和私法运行的范式,维护这些范式就成了故事的任务。

可能会有人反对这条推理的路子,认为它用口头记忆心理的术语解释诸神,没有注意诸神是被崇拜的对象。针对这样的反对意见,我们可以回答说,荷马史诗的故事很大程度上不关心作为崇拜对象的神;在稍后的一章里我们将看到,赫西俄德持同样的态度。崇拜没有缺席;实际上,《伊利亚特》开始的情节，就是一位掌管意识的官员受到了冒犯。不过，崇拜只存在于故事的边缘，而不是中心。如果我们一定要依靠荷马去获取希腊崇拜的知识，那我们的所获就不会很多。其中诸神的功能大体上就是此书试图描绘的样子。

让我们做简单的重述。口头记忆和记述的心理要求，所记的内容是一套动作，行为者和代理者的预设继之而起。再者，因为保存的内容必须强调公共法和私法，代理者就必须是令人瞩目的政治人物。于是他们就成了英雄。借助暗喻，一切非人为现象必须转化为成套的动作，达此目的的最常用办法是将其表现为特别令人瞩目代理者的行为和决策，这样的代理者就是神。

到此，我们转向英雄本身。请注意，令人瞩目的权势人物是在基本的人事序列语境中被人记住的。他降生，成为权势人物，而后死亡；他的言行穿插在生死之间，标记他生命的界限。他的降生紧跟上一轮生死；他的行为自动代入前人的行为。他的背后是他父母的婚姻。他降生后，他的前面是他自己的婚姻，后面是后代的降生。他死后，后代活下去。《伊利亚特》的英雄以极大愤怒登场，不久，他就被送到海滨去见母亲，而母亲则庆祝他的生死。故事结尾时，他用最令人感伤的话回忆父亲，回顾他可能的继位失败。

英雄的生命和行为是容器，部落习俗融入得到彰显。因此，他往往成为一种道德现象，忽兴忽逝。但逝去和死亡的意象威胁着传统的延续。传统要不惜一切代价以永恒的形式存在；传统不可能抽象存在，只能存在于一个行为范式中。因此英雄的生生死死在无止境的、正式的、仪式化的婚姻中联系起来，同样在仪式化的葬礼中联系起来；英雄的葬礼重申并强化了部落的指令，活下来的人必须遵从这些指令。在这个方面，值得注意的是，从几何风格时期到古典盛期，雕塑和绘画艺术很大程度都专注于再现婚礼、降生、死亡和葬礼。由于雕塑和绘画作品对群体永恒和群体存活的感觉构成威胁，这样刻意的表现就暗示它们不会中断的序列和因果关系。

表生死的动词很早就出现了暗喻的变化，它们与一个述词联系起来表示行为或行为的结果。一种新情况"生成"，或由前一种行为创造出来；一种新现象从前一种现象生出来。荷马的套语"他们聚合"、一道"降生"就显示了这一暗喻变化最粗糙的形式。荷马时代的希腊语还没有任何与连系动词"be"相联的迹象。这一暗喻以及"生育"的相关暗喻，（像植物那样）生发、死亡、枯萎、灭绝等，然后又推广到我们所谓的现象。纷争或战争、瘟疫或风暴刻意对他人肆虐。他人也"降生""兴起""凋谢""死亡"或"放弃"。死亡暗喻唯一不适用的现象是诸神。不过，神祇也可以降生、生成和生育，传奇故事充分利用了这一事实。另一方面，诸神在传奇故事里永生不死的现象，与人连续不断的死亡交替构成永恒的矛盾，人的戏剧必须描绘这无尽的死亡。

因此诗歌记录的内容一方面可以被视为无尽的行为，另一方面可以被视为无尽的生生死死；生死形而上地被用来比喻现象时，现象就成为"发生的事情"或"事件"。动词"发生"（happen）实际上是希腊语动词"降生"（to be born）另一个受宠的翻译；同样，"去世"（pass away）也是希腊语动词"被毁"（be destroyed）受宠的翻译。部落百科全书作为连串事件——连串生死——的品质并不完全明显，直到赫西俄德尝试将部落记录理性化，表现为世代或家族的系统。至此，我们尚未准备好研究他。传奇故事最纯粹的口语形式常常说的是人的行为，而不是现象的发生。但相当合理的概括是：从后来更复杂批评的立场来看，传奇故事基本上是连串事件、事情发生的记录，绝不是关系、原因、类别和主题的系统。唯有行为和事件的语言才适合节律－记忆过程，法律和习俗表现为已做的事情或已发生的事情时，才能被人记住。荷马史诗的警语里有例外，它们指向一种刻意设计来逃避事件的句法。不过，这些例外可以暂时被忽略不计。部落百科全书的基本单位是行为和发生的事情。在书面文化的后期，信息或规则都是按类型和主题来排列的，但在口语文化的传统里，却只有在转化成事件以后，信息或规则才能够被保存。

稍早一章里征引的传奇故事的百科全书内容都符合这些句法规则。让我们回顾被阿喀琉斯摔到地上的权杖的特征和功能，这些特征和功能转化成经济的积极的形式或具体的表演形式，才能被人回忆起：

> 真的，看这一权杖——它绝不能再生枝发叶
>
> 不能再生，一旦离开树桩深山里的树桩
>
> 绝不能再绽放花朵。包裹它的铜皮剥落
>
> 枝叶不再。阿盖亚人的儿子们
>
> 拽住这个木杖，先辈都守护仲裁人
>
> 在宙斯监视的目光之下。

阿喀琉斯的话唤起几个突发的意象情景：树林里一根树棍被砍伐剥皮；一组法官在集会广场上讲演，手握木杖。这不是一个静物平台；他们在做事；手势和言语隐身在描绘里。动词几乎全用过去时和将来时，只有一个用现在时，它局限于此时此地，生动出现在一个现在的事件里。这些动词的特征替代我们现在的句法：永恒现在时的复杂句法把一个主语和一个普遍的谓语联系起来："权杖是权威和法律的象征"。

我们在上文的故事里撷取了一段航海程序，实际上这并不是通用的航海程序的记录，而是具体指令或行为的陈述。"现在，我们把这条黑色的小船拖下水……"，接着是四条指令。以后的运行用的是过去时态："阿特瑞斯的儿子拖一艘快船下水，他已经选好水手"等。至于这些叙事的小景，听众心理上能予以认同，因为它们是动作，动作就容易被记住。

一个动作、一件事情显然只能在特定的语境里发生，我们将其称为一幕、一个小故事或一种情景。有节律的记忆显然不愿意在表演中因被打断

而重新启动。它想要从动作 A 滑到动作 B，只有在 B 从 A 流出时，它才能记住 B，只有在 C 从 B 流出时，它才能记住 C。这个叙事关联的链环很自然地围绕一个行为体的行为展开，行为体的形象在一个场景中展开，他的言行成为承载部落百科全书条目的载体。如此，叙事相关性定律就被确定下来，成为维护良好部落记录的必备条件；杰出的诗人游刃有余地掌握了这种相关性艺术，借以掩藏部落百科全书的内容，以及群体记忆必须牢记的内容。权杖功能的表述、权杖的意象被植入相关的场景——阿喀琉斯的愤怒，他誓言的庄严。航海程序就在叙事里出现，成为一个特定情景的逻辑回应：国王相信，阿喀琉斯必须改过：除了命令他送回女孩子还有什么呢？把她送回她的圣地！于是，启程、装货、航行、靠岸、卸货等行为并不是为描绘而描绘的动作，而是在一个活灵活现的情境里执行命令的过程。

最后一点，有节律的记忆理论上能容纳大量短小场景故事，但发达的口语文化还需要一种教化方式，它是黏合的并非不完全一致的（semi-consistent）习俗，代代相传。群体结构越紧密，共同语社群共享的伦理感越强烈，创造一个伟大故事的需求就越迫切；这个伟大故事聚集小故事，构成一个宏大的连贯的序列，围绕杰出人物展开，他们总体上一致地说话做事。这是因为在回忆里成千上万具体的场景中，公共行为和个人行为的范式是多种多样的，不可能简约为一个教义问答手册，却可以在需要时回忆和重复。什么是记忆能找到标记参照框架、文章标题、图书目录、清楚标明的格言警句和明智实例呢？唯有伟大故事的整体情节才能做到这一点，只有靠成千上万诗行记住的情节才有这一功能，唯有可以简约为具体场景并产生具体例证的整体情节才有这一功能。

"你问我人应该如何直面死亡？你记得吧，帕特洛克罗斯（Patroclus）死后阿喀琉斯的情况吧；他的母亲来看他——你知道她是女神——你还记得他对母亲说自己的职责时母亲如何回应、他又如何回答的吧。"唯有《伊利亚特》的框架提供了这个范式在故事里首次被唤起的地方。范式本身不失为一个场景，在具体的动态中被重新唤起；其讯息可能是一般的，却只能在精致的回眸中呈现。《伊利亚特》的语境就成为口传记忆的"参考页码"了。

部落百科全书这些规则、行为和事件的口语文本、叙事情境里场景定位的需要、叙事情景置于回答故事语境的需要——它们全都在《伊利亚特》含有的最令人瞩目的教谕条目里展示出来了；换言之，这就是《伊利亚特》第二卷后半部所谓的目录。但我们在这里关心的不是这个"文件"的历史源头。这个"文件"是迈锡尼的集合清单吗？它曾经存在于线性文字 B 里面吗？它是召唤赴奥立斯船队命令的重写吗？难道它不是一个英雄谱吗？不是在庆贺一些伟大的家族吗？难道它不是爱琴海岛屿和海岸的航海指南吗？不是反映了公元前 9 世纪和前 8 世纪的需求和环境吗？所有这些问题都已经有人问过了。然而，我们在这里关心的是一个简单的问题：我们在荷马史诗里所见的这一切不是一个文件，而是一篇口语传承的记述。我们关心的仅仅是其句法和语境。这是一个人名和数字的清单："现在告诉我，你们缪斯神住在奥林匹斯山的宅邸……谁是达南人的船长和首领呢？"吟游诗人如此宣告即将出现的场景的大意。但清单是脱离行为和现实的计划或系统。它如何能保存在吟游诗人或听众的记忆力呢？诗人仿佛意识到这个问题，他特别紧迫地转换他请用的缪斯；她们的伟力必须合谋助他一臂之力，以完成困难的任务。相比而言，故事开篇就一头扎入行为的词汇，只须随意召唤一位女神就可以了。我们当代的语境显示，缪斯象征吟游诗人对记忆的需求和保存记忆的需求，而不是精神灵感的象征，灵感肯定不适合用于集合知识的列表。但它根本就不可能是一目了然的清单；单纯目录的句法不可能由无文字的诗人创作。这个清单不是一套数据，而是一连串行为。一个领头的、雄心勃勃的大清单很典型：

> 彭内列奥人和列托斯人统治波奥提亚人（还列举了三个人的名字）……他们在西莉亚和怪石嶙峋的奥利斯和斯靠亦瑙斯游荡（还列举了二十六个地名，"游荡"和"占领"也多次重复）……他们派出五十条船，每条船载二十六个丁壮，起航。

一个地名波奥提亚被确认了，不是用地名，而是用此地人的名称。他们和一些权势人物联系在一起，但这些权势人物的表述并不抽象，而是用强有力的行动来表现。接着，波奥提亚地区又分解为小地方，小地方又被描绘为游荡者或占领者行为的对象。随后，仿佛整个人名和地名的清单耗尽了诗人的记忆力，他结束整个清单，召唤两个简单而活跃的形象，启航船的形象和登船丁壮的形象。因此我们可以说，"进入"波奥提亚的作战就转化为活跃的一幕了。

紧随这个句法模型变异的是整个清单的所有条目，所有的条目都由强人率领、统治或支配。有些英雄出场时，诗人被吸引进小小的一幕，以放大英雄的名字——单纯数据——的叙事语境，使之栩栩如生，容易被同情地予以认同。

有时，围绕一位英雄的双亲的事实被记录下来，但即使记录下来了，那也不是就事论事，说他是某某人的儿子，而是有一幅画面：推定的父亲在某某情况下勾引母亲。简言之，这些场景不是脚注，而是事件或行为句法的倒退，没有这一点倒退，保存的记录就衰减和失效了。这类插叙追记在十二位英雄的名字、三个地名之后。这些补充不能被认为是借重名门望族。因为在显赫的英雄阿伽门农、梅涅劳斯、阿喀琉斯、普洛忒西拉俄斯和菲罗克忒忒斯登场时，诗人的补叙把英雄置于伟大故事的语境中，仿佛在提供清单时，他觉得有压倒一切的必要回到故事的叙述。诗人两次提到阿喀琉斯，还两次以略为不同的形式提到他，使我们想起阿喀琉斯躺在船边，气愤难平，如此等等。

　　叙事清单的文字结构就说到这里。接下来要说的是，这个清单总体上被保存下来，按照它发生时的原貌被重新唤起，由一个具体的场景促发了。它必然有叙事的相关意义。特洛伊战争之前，古希腊人恐慌，准备放弃战争，直到奥德修斯一场强有力的讲演把他们团结起来，内斯特支持奥德修斯，主张继续围攻特洛伊。他敦促阿伽门农召集一支军队，鼓舞士气誓死一战。集结的一幕描绘首领向部众训话，希腊军队潮水般地涌向斯卡曼德平原："告诉我，缪斯神，谁是达南人的领队和首领。"如此，吟游诗人用叙事相关性，解锁保存的传统数据。只有编目信息成为大场景的一部分时，而且大场面含有它并引领我们进入那个场面时，编目信息才可以记录并储存活生生的记忆力。

　　最后，这段插叙随后成为宏大故事里令人难忘的危机，即特洛伊之战，在人们的记忆中，这个战役与阿喀琉斯争吵的主题连在一起，留在人们的记忆里。这个总体的情节、史诗的结构融会在一起，在公元前 1000 年到公元前 700 年间组成一个大图书馆，它包含并承载馆藏材料，这里的材料特别有教谕性。馆藏目录既是希腊民俗史，又像是世界地图，是希腊人总体教育的一部分；到公元前 8 世纪，他们已经在言谈中说起爱琴海沿岸各地了。如果荷马被人重写，以顺应说明文风格的逻辑，我今天写《柏拉图导论》时就会用彼时的信息目录落笔，描述那场战争了，那样的信息就应该是我需要的背景，借以讲我提议的那个故事。然而，彼时的口传记忆颠倒了这一点程序。动感的叙事必须优先，以确立它对有节律记忆的支配，然后才去接过记忆的包袱。信息不可能独立存在：只有在宏大故事需要时，信息的地位才会在搜寻中升高，因为信息仅仅是故事的一部分。史诗的目录有时被称为"赫西俄德"元素，在有些议论中，这一元素仿佛构成希腊诗歌传统最古老的第一层。这会使我们误入歧途，因为在口传传统中，纯粹的目录是不可能存在的。它们总是要在叙事语境中被唤起，并且被转化为事件、发生的事情或活人的行为。这个目录最纯粹且最简略的形式在迈锡尼时代的"线性文字 B"的文件里可能已经存在，不过这种可能性仍然令人生疑。这种形式不可能是口传传统的一部分。以史上首位编目人而论，赫西俄德的活动预示了后来文章风格的发轫，但那种可能性是书面文化造成的。只有在日益主张的书面词的辅助下，编目材料才能从叙事语境中分离出来，才能披上更严谨、信息更丰富、无需熟记的衣装。

如果保存的"知识"（引号乃刻意加上的）被迫对熟记的传奇故事的心理要求俯首帖耳，它就不可能在三个分离的方面界定知识的一般特征和内容，这三个方面都不可能与书面文化中"知识"特性相符。首先，数据或条目必须用时间里发生的事件来表述。它们都是由事件调节的。它们不可能建构在这样一种句法里：在一切情况下都是真实的、不受时间影响的；它们都必须用具体行为和具体事件的语言来表述。其次，它们都被人记住、冻结在记录里，成为分离的场景，各自完全而自洽，连成一串，并列而无需连接。一个接一个的行为，形成无尽头的链条。基本的语法表达象征事件与事件的联系，表达的方式仅仅是这样的短语："然后……"。再次，这些独立的条目所用的语词保留了大量的视觉暗示；它们注入了人的活力，被拟人化，在想象中栩栩如生地动起来。在分离的场景中各自独立，形象鲜明、逐一展开、无穷无尽、气象万千。总之，这种知识靠诗歌的吟诵在部落记忆里积累，有三个局限，柏拉图将其称为"意见"（*doxa*），这是"事件"（*gignomena*）的知识，在鲜明的经验里是分离的单位，用复数形式（*polla*），而不是整合为因果系统。这些经验单位视觉上具体；它们是"有形的"（*horata*）。

我们略进一步，考虑这三个特征里的第一个或许是最基本的特征。一个故事是有时间条件的，我们可以视之为理所当然。不过，我们在这里看到的却是这样一个事实：这个时间条件同样延伸至故事里的百科全书材料，就是说，它延伸至部落记忆里的"知识"。故事本身遵守过去、现在和未来的句法排列，古典希腊已有这样的句法观念，故事遵守事件各个方面的特征也见于其他的语言。故事的材料含有信息、规范、习俗等内容，同样在过去或未来发生，或为事件，或为指令；给定的事例必然在叙事联系里发生，要用"行为"来表现。航海程序就是一例。不过，它可能用现在时态，警语常用这一时态；阿喀琉斯描绘长老们"如今不握"权杖时用的是现在时态，但这种现在时是"无时间约束的"现在（倘若容许这种悖论的话）。这种"现在"被用来描绘诗人和听众眼里短暂发生、历历在目的行为："它们就在这里，握住它。"因此，技艺信息和道德评判都不能反身式地在传奇故事里呈现，不能用普适性语言去表现为真正的一般情况。

《奥德赛》开篇不久有一段可能是例外吧，但这例外仅仅是表象。与诸神会商时，宙斯宣告：

瞧，凡人控告神，那是徒劳。

他们说，他们的恶行都来自我们。但正是他们的任性和野蛮

造成太多的痛苦。

这不是普适定义的句法。呈现给我们的仍然是用行为唤起的记忆，凡人在积累灾难，这段全由叙事决定，宙斯用他记起的埃癸斯托斯（Aegisthus）为例子，推卸自己对恶行的责任。在这里，口头记述已接近哲理反思。口头记述还不能将动词用做无时间条件的连系动词，比如"人要为自己行为的后果负责"（human beings are responsible for the consequences of their own acts）就有一个 are。口头记述更不能说"三角形内角之和等于两个直角"（The angles of a triangle are equivalent to two right angles）。任何康德的定言命令式（Kantian imperatives）、数学关系和分析表述在口头记述里都是无法表达的，也是不可想象的。同样，逻辑真实和逻辑错误二选一的认识论也是不可能的。这种实际上的条件是口头记述具体性的一个方面，是一切保存至今的荷马式话语不可分割的特征。

我们讨论了这种话语，因为在口语文化里，它是唯一享有自己生命的话语，它代表了口语文化的人能表达思想的局限，显示了人们的思想所能达到的复杂程度。因此，口语文化里的一切"知识"都受时间的局限，换句话说：在这样的文化里，我们当代意义的"知识"是不存在的。

针对荷马思想的这一基本特征，柏拉图和他以前的哲学家进行研究，要求"形成中"（becoming）的话语让位于"存在"（being）的话语，用现代学术语言来说，这就是"分析的"话语，不受时间约束。希腊哲学里"成长"和"存在"观念的对立一开始就不是由复杂推测的逻辑问题推动的，更不是由形而上学或神秘主义推动的。这个对立只不过是一个需求的具体化而已。这个需求是：希腊语言和希腊思想与诗歌传统决裂，与有节奏记忆里的意象流决裂，并用科学话语的句法取而代之，无论那科学是道德的或物理的。

如果传奇故事由行为和事件组成，同样真实的是，它们只能以连串的形式发生，分离的行为是自足的；每一个动作都冲击听众，听众认同这些行为，不尝试将其分组，让从属性行为附加在主要行为上。语词顺序一般是时间顺序；无论隐性或显性，行为之间的连接用"然后"。如此，记住的记述包含大量行为和事件的复数形式，不会整合为因果链小组，而是以无穷连串的形式连接。简言之，有节奏记述的性质本身就构成"许多"：不会让步给抽象组织，不把"许多"组成"一"。从风格来看，这种真实情况可以表述为两种组词造句和文章的类型：一是并列式，如史诗；一是周期性或周期性风格的发轫，如修昔底德的讲演。不过，这个问题切入很深，不纯粹是风格。为说明这个问题的真实性，让我们分析《伊利亚特》开篇的诗行，用对立的观点来看：

歌唱吧，女神！阿喀琉斯的愤怒

他的愤怒给阿盖亚人无尽的痛苦

将许多英雄的鬼魂打入冥府，把他们的躯体化作狗的猎物，让秃
鸟啄食。

宙斯的庭审宣告结束。

自始至终，双方厮杀得尸横遍野、血流满地

阿特瑞斯之子阿伽门农和神奇的阿喀琉斯厮杀不息。

以上的版本按照希腊语顺序翻译动词和分词。但同样的材料分类组织
后，译文可能是这样的：

我歌唱的是军事灾难，死伤惨重

降临到阿盖亚人身上，起因是阿喀琉斯的愤怒

惹他发怒的是他和阿伽门农的纷争

宙斯的评判使这场纷争了结。

在荷马史诗的版本里，阿喀琉斯的愤怒立即导向动态的形象，出于习
惯，人们总是把愤怒与杀人的行为相联系。反过来，杀戮又充斥着鬼魂和
尸体，鬼魂被发配到地府，尸体横陈在战地上。然后无需抱歉说明，地点
就突然转向宙斯策划惩罚的心态。这里有一点联系。阿喀琉斯是最勇武的
人，宙斯是最强大的神；两人在共同行动中配对。接着，吟游诗人尝试短
暂回顾（可能有一点因果关系）阿喀琉斯和阿伽门农的纷争。争吵用愤怒
暗示；第一位首领的显身为第二位首领的登台做准备；动词和名词唤起的
意象前后相继，均为并置；每个意义单位自存一体；两人的联系基本上是
靠追加新词达成的，而新词利用或变换先行语词中的联想。实际上，这种
言语的建构依靠同中有异的原理，我们在上一章里曾说，这是有节律记忆
言语的典型特征。

相比而言，第二个版本开头用的是搜寻和陈述史诗总体的情势（直到

第十七卷），即军事败绩；阿喀琉斯的愤怒置于战败之下的原因，反过来，他和阿伽门农的争吵又是置于愤怒之下的原因；最后是宙斯的审判被置于因果链的最后，次于愤怒，宙斯的审判是因果链最后一个有效的重要条件。这个过程构成一个整合行为链，由许多并列的行为组成，一个行为被选为主要行为，其他行为从属于核心行为，依次排列；于是在思想上，一个复合的念头就取代许多接续的印象。

荷马并非完全没有周期性风格，实际上，如果进一步追踪《伊利亚特》的序诗，我们也能发现许多尝试从属关系的例子。任何作品的绪论篇通常都是复杂的。"愤怒之下，阿波罗让瘟疫降临，因为阿特瑞斯的儿子羞辱了祭司克莱西斯"。时间并列的顺序应该是：阿特瑞斯的儿子羞辱祭司，阿波罗愤怒。这个简单的例子说明，为什么我们所谓的因果整合链是口语媒介难以做到的事情。因果类型的思维有一个预设：结果比原因更重要，思考问题时要首先挑选结果，然后才去寻求解释。这就把所谓的时间－动态顺序或曰自然顺序搞颠倒了。在自然顺序里，行为在系列里联结，在感性经验里发生，一个行为被品味后，下一个行为跟着发生。

但是，虽然荷马也能重新安排经验，从多种选择中建构小单位，但这样的安排却不是典型的。有节律记述的基本优长是，其意义单位就像行为或事件栩栩如生的经验时刻。这些时刻互相关联，构成一个场景，但场景的组成部分大于总体，多数支配单一。

这一规则同样适用于部落百科全书容纳的全部知识。这里的知识也必须以分离的单元存在，每个单元都清楚呈现为行为，听众都立即认同。如果你检视我们在第四章里厘清《伊利亚特》第一卷那些纠缠的材料，你就能清楚地看到，这一规则是多么适用。简言之，法律和民俗被呈现出来并记录在案，不是作为公法和私法的系统，而是多元的典型例证，具有一致性，适合有机但本能的生活模式。如果将其组织成一个系统，按种属纲目分类，那就是从荷马的多元构建一元。那是留待公元前5世纪和前4世纪希腊思想要完成的任务。至于技术信息，航海程序那个例子就很典型。那些航海步骤不是集合、组织和条目化为程序的。相反，它们在四个分离的段落里发生，每一段都是具体的叙事语境促进的。唯有老道读者经过反复研读、重温和反思，才能把这些步骤集纳起来、结成一体、置于一个标题之下。

　　道德传统需要以这种分离的记忆单元保存。这就可以解释为什么仔细看来，传统不仅是重复的，而且会有变异的版本，甚至有某种程度的矛盾——如果用逻辑上一致性的标准来判断的话。因为给定的劝诫或规定是以片段式场景呈现的，劝诫或规定就带上了叙事语境的色彩，以及故事情景的色彩，因而就以适合语境的形式来表现。结果，史诗就能为多种类型的场景提供适当言行的例证；这些例证被集纳放进单一的信条时，可能会互相抵消，但在特定的语境下却使英雄经验的多样性可以理解。

　　《伊利亚特》第九卷那些伟大的演说可引以为证。奥德修斯率领一帮有代表性的人物去劝说阿喀琉斯重新加入远征军，劝说方式就是格言警句和楷模。为支持自己的婉拒，阿喀琉斯也引用格言警句和楷模。他们的讲演词，以及菲尼克斯和阿杰克斯的讲演词都充满引语，这些引语都适用于给定的道德情景。在自己的生活经验里出现这样的情景时，记住这些讲演词的听众可能会本能地回忆起它们，并引用其中的只言片语。举例说吧，有时退场是恰当的（阿喀琉斯）；有时直面情景是恰当的（奥德修斯）；有时宣示自己的尊严似乎是必须的（阿喀琉斯）。传奇故事往往把这样的思考典型化为妥当行为的无意识典范，这个倾向就可以解释荷马史诗雄伟风格的秘密。但在公元前4世纪理性主义者的眼里，史诗诗人这一美德反倒成了邪恶，他们谋求道德一致性原则。他们的追求在柏拉图的著作里终有结局。柏拉图说到诗歌内容时，谋求界定这种富于弹性的诗的道德（poetic moralities）："诗歌的内容包括人的行为，或自主的行为，或外部强制的结果，诗歌内容还包括如何思考或感觉自己的行为，换言之，他们如何用祸福解释自己解释行为的后果，以及相应的悲欢后果"。

记忆之必须还要求史诗内容的第三个特征。首先，它必须包含行为和事件，而且这些行为和事件还必须以多元和独立的方式来展开，但必须用视觉或尽可能视觉的方式来展示。心理上的努力首先要用节律、声觉回响来辅助，用唤起变异体的语词来辅助，也就是用语音的相似性来辅助。其次，辅助回忆的还有这样一个事实：前后相继的行为往往互相暗示，因为它们一定程度上对应我们日常习惯的行为序列。摧毁暗示死亡；愤怒暗示纷争。最后，暗示性的记忆引导可以由记录条目的相似性来提供；所谓相似性就是一个行为人像另一个行为人，一种表演像另一种表演。一个愤怒人的形象引向他拔剑一搏的形象，而他拔剑的形象又可能引向他背后另一人拔剑的形象。宙斯雷神的形象可能会引我们去思考阿波罗的箭镞。愤怒使许多阿盖亚人历尽苦难，把许多鬼魂扔进地府。这里的苦难一词用的是复数而不是单数，这似乎使可能的报复目力可及，祸不单行的苦难在视觉上因拥挤的鬼魂而得到一定的平衡。可见荷马式的修饰语有双重功能。它借用自动反射填充了一部分节奏，节省了诗人的精力。同时它又使客体视觉上更加分明。如果是一个船队，我们就看见船的航行。祭司不允诺付赎金，一手拿着赎金，一手握着金杖，上面还镌刻着他职务的徽记。对主要的故事而言，这些细节并非必需，却可以唤起情景和行为人的视觉形象。

稍早前解释吟游诗人创作和重复部落百科全书时，我们用了一个明喻，他在塞满家具的房子里穿行，摸摸这件那件家具。如果你在看一张桌子，起初的诱惑是把目光移向另一张桌子或椅子，而不是移向天花板或楼梯。为了有效地保持记忆，史诗不得不尽可能利用这样的心理辅助。如此，其意义单元就高度视像化，以便让一幅视像引向另一幅视像。

我们在这里判定常用词"意象"（image）的意义。起初是用来鼓励人幻想，我们看到的是真实的行为或真人表演的行为。

行为和行为人事实上总是容易被视像化的。不能被视像化的是原因、原理、类别、关系和类似的抽象概念。

抽象的东西可以用许多方式来界定，用不同程度精致化的语言来表达。缪斯女神是抽象的吗？阿喀琉斯的愤怒是抽象的吗？用我们界定的保有交流信息的特征来看，缪斯女神和阿喀琉斯的愤怒都不是抽象的。为了有效地成为记述的一部分，他们都必须再现行为人或那个语境的事件，而且是鲜明的视像化。只要口语传承的话语维持视像化的需要，就不能说那是耽溺于抽象。只要其内容保留了一连串的行为或事件，这些行为或事件就不能被视为普适意义的抽象。只有经过专题之下全景式的重新排列组合，经过关系链和因果链的重新诠释，抽象概念才会出现。抽象和观念的时代尚未到来。

有些荷马的语词可能有误导作用，致使有人认为他掌握抽象概念。然而，只有在忽视句法语境、专注语词本身的情况下，我们才会得出这个错误的结论。那不是评估诗歌表演对听众意识影响的妥当方法。抽象的来临已近在赫西俄德手边，因为主题分组分类已经强加在意象流（image-flux）之上，现象之间的因果关系已在搜求之中。但在这些标题和类别还没有用无人称、中性、单数的符号认定和命名之前，抽象的功夫就没有真正实现。当然，荷马本人用格言警句也在利用抽象概念。但那是例外，那是指向未来选词和句法的路标，抽象概念可能会把诗歌摧毁殆尽。

因此，吟游诗人所用的视像化是间接的。语词用这样的方式组织起来以加强事物的视觉特征，以鼓励听众想象看见它们。直接的记忆手法全都是声觉的，向听觉发出有节律接收的诉求。书面词到来后，视觉被加上，作为保存和重复交流信息的手段。语词靠眼睛就可以召唤，这就节省了大量的心理能量。记录不必由活人的脑子留存，在不用时就在你身边，需要时等待你去辨认它。这就大大减轻了构建话语框架使之视像化的需求，话语视像化的程度因此降低。实际上可以说，日益加强的拼音字母化为抽象的试验开辟了道路。一旦摆脱讲话保存经验的需求，诗人就可以放开手脚反省式地重组经验了。

容我重申，我们区分口语保存交流信息的三个方面，以对应柏拉图给作为心态的"意见"所下的定义：处理"形成中"（becoming）而不是"存在"（being），处理"多"而不是"一"，处理有形的而不是无形的和难以想象的。除此之外，你还可以加上与柏拉图所说的心态对应的另一个方面。匆匆掠过的全景图被建构并吟诵出来，我们被吸引去认同诗人吟诵的行为、悲伤和欢乐、高尚和残忍、勇武和懦弱。我们经历一幕又一幕，在整个过程中，我们的记忆顺从他吟唱的魅力，整个经验如梦如幻，一个接一个的意象自动交替，不受我们有意识地控制。我们没时间停下来反思、重新安排或归纳，没有机会提问题，也没有机会去怀疑，因为那会立即打断并危害联想的链条。我们在上文里曾经归纳赫西俄德记述的那令人愉悦的魅力，那是甜言蜜语的缪斯对听众产生的魅力；他试图描写的效果就是我们所谓的催眠状态。倘若保存交流信息的特点是我们描述的那样，那么相比反射性和认知性言语而言，缪斯蜜语真的是一种催眠形式，此间情绪的自动化起了很大的作用，因为行为导向行为，意象加速意象。无疑，这就是为什么柏拉图常常把非哲学性的心理状态描绘成梦游，而他不是做出这种评判的唯一人。

这样的效果在远古更显著。毕竟，我们不期待记住全本的《伊利亚特》，也不与其认同，亦不靠它生活。总之，这些特征赋予希腊史诗召唤的力量、恢宏的场景和心理的满足，这是史诗特有的魅力。这些特征不能给予人描述和分析的训练，却能提供完全的情感生活。那是没有自省的生活，却是对无意识资源的操弄，但这样的操弄与其超越的意识和谐相处。

第二卷

柏拉图主义之必需

第十一章　心灵：知者与认知对象的分离

　　大约在公元前 5 世纪末，少数希腊人可能已经在谈论"灵魂"（soul）了，仿佛"灵魂"有自我或个性，而自我或个性是自主的，不是大气的碎片，也不是宇宙生命力的碎片，我们不妨称之为实体或真实的本体（entities or real substances）。起初，只有少数比较精明的人才懂这个观念。有证据显示，迟至公元前 5 世纪的最后二十五年里，大多数希腊人还是不懂这个观念，听起来，表达这个观念的语词还是很奇怪。然而，到公元前 4 世纪末，这个观念已成为希腊语言的一部分，成为希腊文化普通的设想。

　　学术界倾向于把这一发现与苏格拉底的生平和教诲相联系，认定这一发现与一个重大的变化相结合：他给希腊词"心灵"（psyche）引进新的意思。简言之，它不指人的鬼魂（ghost）或幽灵（wraith），也不指人的气息或生命线；"心灵"不会没有意义和自我意识，它获得了这样的意义："思考的鬼魂"（the ghost that thinks）。"心灵"能进行道德抉择和科学认知，是道德责任感的住所，是无比珍贵的东西，是整个自然界独特的本质。

　　实际上，更准确的说法可能是，虽然这一发现是苏格拉底肯定的，且被他利用，但它却是由他的许多先行者和同时代人尤其是赫拉克利特和德谟克利特创造的。此外，这一发现不仅涉及"心灵"一词的语义。希腊的代词，包括人称代词和反身代词也开始用于新句法的语句中，比如用作认知动词的宾语，或被置于"身体"或"尸体"的对立面；"身体"或"尸体"被认为是"自我"（ego）的住所。在此，我们要面对希腊语、习语句法的变化，还要面对某些语词弦外之音的变化，这些变化是大范围思想变革的一部分，影响了整个希腊文化经验的保护。这里没必要尝试全面描绘这一变革。我们目前的任务是把这一发现与希腊文化的一场危机联系起来考察：口头记诵的传统让位于截然不同的教育体系，荷马时代的心理状态让位于柏拉图时代的心理状态。这场文化危机里两种心态联系，基本的记述就存于柏拉图本人的著作，尤其就存于他的《理想国》。

让我们重述荷马时代和后荷马时代希腊人的教育经验。按照要求，他要成为文明开化的人，要熟悉历史；他要了解社会组织、记述能力和群体的道德要求。在后荷马时代，这个群体是希腊人的城邦，但城邦不过是整个希腊世界的一个碎片。城邦人共享一个意识，希腊人很清楚地意识到，他参与这共享的意识。这样的总体"经验"（我们避免用"知识"一词）融入了一个或一套有节律的叙事；他牢记这样的叙事，而叙事是可以回想的。这就是诗歌传统，希腊人基本上不加批判地接受诗歌传统，否则整个传统就不可能活在他的记忆里。传统的接受和维持在心理上之所以可能，那是因为有一种机制：对诗歌表演的自我屈从，与表演中的情景和故事认同。只有在这种魔力充分有效的情况下，他的记忆力才能被充分调动起来。如此，从内心的观点看，荷马时代希腊人对传统的接受有一定程度的自动性；但根据他吸收的范式，他直接和不受约束的行为又使其自动性在一定程度上被抵消了。"他不推究这是为什么（His not to reason why）。"

以上这段文字对荷马时代希腊人吸收传统的描绘有一点过分简单。有迹象清楚表明，就在荷马本人身上，希腊思想总要向外延伸，去寻找不一样的经验。对荷马时代人心态的任何评估都取决于评估所用的观点。从发达、自觉的批判性智能看，希腊人成为他耳闻目睹和记忆里一切资源的一部分。他的任务不是构建个人和独特的信念，而是顽强保存大量珍贵的典范。这些典范常常以声觉反射的方式在他身上呈现，又以心中想象的视像在他身上呈现。总之，希腊人和传统一道成长。他的性格并不消极退让，他的心态却是消极退让的；在大量调动情绪和运动反射的过程中，这种退让的心态达成了。

对于阿喀琉斯，我们可以说此人倔强，他性格鲜明、力大无比、非常决断。但我们同样可以说，他的性格没有偏离他的行为模式，偏离的情况不曾发生，也不可能发生。他的行为是对情景的回应，受记忆中前辈英雄行为范例的约束。因此，只要希腊人停留在"音乐性的"意义上，且顺从传统的魅力，他们的语言就仍然是口语，这样的语言不能建造语词去表达以下信念："我"是一回事，心态是另一回事；"我"与传统拉开距离去审视传统；"我"不能打破催眠的魔力；"我"至少应该把部分心力从记忆里挪走，将其指向批判性探询和分析。为了达成柏拉图之后成为可能和常态的文化经验，希腊人的自我必须停止认同那无休止的、成套的、多形态的、生动的叙事情景；他不能再去重演史诗人物全套的情感、挑战、爱恋、仇恨、恐惧、绝望和欢乐。他的自我不能再分裂成为数不尽的连串情态。这个自我必须把自己分离出来，以强大的意志力振作起来，以至于它能够说："我就是我，一个小小的自主宇宙，能说话、思想和行动，不依赖我凑巧记得住的东西。"这等于是接受一个前提：有一个"我""自我""灵魂"，一种自我约束的意识。这一意识发现了行为本身的理由，而不是模仿诗歌经验的理由。自主心灵（autonomous psyche）的主张是拒绝口语文化的对应物。

这样发现的自我只能是思维的自我。希腊人率先发现"个性"（personality），然后将其呈现出来供后世沉思。个性不可能是身体运动的回应、无意识反射、激情和情绪的关系纽带，这一纽带曾经在无尽的时间长河里被调动起来，为记忆过程服务。相反，正是这些元素阻碍了自我意识的实现，使之不能从口语文化状态里解放出来。心灵逐渐现身，独立于诗歌表演和诗化传统，它必然是反思的、沉思的、批判的；否则它什么也不是。在发现灵魂的同时，柏拉图时代及此前的希腊人必须要发现一点其他什么东西——纯思维活动。学术界已注意这个重要时期的变化，表现心理活动的词语的意义已在变化。这里不必展开完整的论述，指出许多征兆之一足矣：证明表达"灵魂"和"自我"精湛用法的文献同时也证明，"思考"（thinking）和"思维"（thought）的用法也很精湛。不晚于公元前5世纪的最后二十五年，空气里已能嗅到新鲜的气息。这个新鲜的东西可以被描绘为"智力活动"（intellection）的发现。

表达这种新气象的方式可以这样说：通过联想利用记忆的心灵机制（psychic mechanism）正在被取代，至少在少数精英里，理性推断（reasoned calculation）正在形成。但这样表达也不一定对：想象力让位于批判力。那种情况要等到了亚历山大大帝时代，且似乎是希腊化时代的实际结果。我们今天所用的"想象"一词试图把荷马式心态和柏拉图式心态结合成一个综合的概念。如果用现代语汇的话，表达公元前5世纪末那场革命后果的另一种更正确方式应该是这样：确认与"客体"相对的"主体"，而"客体"是"主体"的认知对象。"客体"、数据和已知知识的问题将在下一章里介绍。在这里，我们集中讲一种新知觉的可能性；一切情况下都有一个"主体"、一个"我"，其独立身份是我们必须要在这里接受的首要前提，此后我们才能过渡到任何进一步的陈述或结论，去讨论彼时希腊的情况究竟是什么样的。

如今我们身处有利地位，能更清楚地看到理解柏拉图反对诗歌经验的原因了。这是他强加给自己的任务，当然那是建立在前人工作的基础上。他提出两个假设：一是思考和认知的个性的假设，一是作为思考和认知对象的知识。为此目的，他不需要摧毁远古以来人们对口语传统的自我认同的习惯。因为这样的认同把个性和传统融合在一起，使人与传统的自觉分离成为不可能。这就是说，柏拉图反对诗人的主张不是一个无关大局的次要问题，也不是古怪的清教主张。这两个假设是他确立自己体系的核心问题。在这一章里，让我们研读《理想国》里的相关论述，因为它解释并说明在柏拉图的脑子里两者的直接联系：一是对诗人的拒斥，一是对自主个体（autonomous individual）心理的肯定。

第三卷开篇不久，柏拉图对诗人讲述的故事进行审查的计划告一段落。我们重温这一卷时看见，至此他讨论的是内容（logoi），接着他准备讨论词汇，也就是内容赖以传播的"媒介"。在此，他引入摹仿的概念；乍一看，他似乎满足于只把这一词用于纯风格的意义，以区分戏剧性拟人化和直陈的描绘——我们先前已指出这一点。但是他强调，艺术家用拟人化实际上是在"比拟他自己"（likens himself），不仅仅是在比拟另一个人；在这个意义上，艺术家是个模仿人（mimer）。我们意识到，柏拉图假设艺术家身上有这样一种状态：他心理上与作品内容（subject matter）认同。这不再是纯风格的问题。事实上我们已经看到，在论述的过程中，他发挥认同主题（theme）时似乎已不大区分艺术家、表演人和学习诗歌的学生。因为学生肯定是将来的护卫人。在论述的过程中，他越来越聚焦教育过程中对未来护卫人的心理保护。他强调"少年期开始模仿"对"品格"的深刻影响，警告不要养成"模仿低劣人"（模特）的习惯。对学生人格上的具体影响，他并没有仔细分析，但总体上他把那样的影响说成是涣散和分心，是精力集中和道德指向的失落。支持这个观点时，他首先诉求于第二卷里提出的自然特化（natural specialisation）主张。诗人模仿时无法挑选一个适当的专门化特色；他不断卷入一连串的认同中，这些认同并非是始终如一的。人们所用的媒介是说明性的而不是模仿性的时候，变易和变化是比较小的。然而，柏拉图针对的是媒介内容，而内容的性质和情景是多种多样的；同时，他的话又针对学生的回应。稍后他用几句话概括这样的针对性："我们不想让我们的守护人成为'两方面'人（two-aspect man）或'多方面'人

（many-aspect man），也不想让艺术家成为'任何一种类型的人'。"然后他搁下这些问题，转向样态（mode）和旋律（melody）的问题。

后来柏拉图重拾守护人的问题并归纳说，年轻守护人教育的总目标应该是：守护人必须要"有效地守护自己，守护他学习的音乐，有节律地展现自己，组织好，且和谐"。这句话已接近于个性内在稳定、有组织和自主的观念，在彼时践行诗歌教育的情况下，柏拉图所说的稳定是不可能的。但值得注意的是，在第二卷和第三卷首先提出的教育改革计划中，自主人格（autonomous personality）还没有用这样的方式提出来。的确，即使在前几卷里，《理想国》也在用苏格拉底意义上的心灵（psyche）一词。柏拉图的思想是在苏格拉底的轨道里发轫的，我们不应该期待他把psyche用于其他的意义。他对这个词及其背后的主张做了系统的解释，但那要留待第四卷了。此前，他已经在社会语境中把基本的美德界定为政治社群的特征；在此，这些美德将要被界定为个体人的个性特征。在这里，在脱离模仿问题的语境下，柏拉图首先从形式上利用这样一个假设：个人有心灵，心灵含三种"形式"，这三种形式见之于国家的三个阶层。但他告诫我们不要认定这样一个观念：心灵分割为三个真实的部分。心灵的三分法是为了方便，显然仅仅是描绘性的。但心灵没有以下的能力或功能：心灵没有对应"学习""精神"（意志）的能力，没有对应"渴望"或"欲望"的功能。三种"形式"基本的分界线是在计算/理性和"欲望"之间，而精神或意志居于中间，是两者潜在的盟友。用这一描绘机制，他接着讲支持他道德信条（his moral doctrine）的心理信条（psychological doctrine）。精神或意志是推理的盟友。借此帮助，推理的任务是控制欲望的本能，使整个心灵进入和谐与整合的状态。在这种状态下，每种官能的优长在适当的范围内的适当角色里得到证明，都和同伴官能结为一体，进入总体"正义"的状态。这是灵魂真实的内在道德。柏拉图针对这一点进行归纳，回想并解释他以前对守护人的描述，守护人赢得了自制（self-mastery）：

> 正义关乎内在行为而不是外在行为，关乎本人与自我的元素，限
> 定自我具体元素的具体角色，禁止心灵里不同类型事务的混淆；要求
> 人妥善运用自己的几种秉性去驾驭自己、组织自己并成为自己的朋
> 友……成为各方面单一的人（a single person），而不是多个的人……

我们有理由将这番话称为自主人格理论，它自觉地使其多种功能结盟，强加一种内组织，强加自我生成、自我发现的灵感。

阅读柏拉图时，有时我们相信社会之外无救赎，而另一些时候我们又觉得，人内心的王国是自足的。《理想国》的重点则是双焦距的。在眼前这一段文字里，柏拉图的腔调似乎是，正义建立在个人自己的灵魂里，它占据了那唯一的实体，这一实体的存在超越了时间空间和环境。他写这段文字时，对希腊而言，正义还是非常新鲜的观念。我们将其放在这里，作为他的诗歌"摹仿"说提出的问题的间接参考，换句话说，我们将其解释为心理认同。"摹仿"和心理认同是有联系的，因为柏拉图笔下的主体已经从上文所谓的"一人"（one person）变成许多人；这使人想起他以前对年轻守护人境况的描绘，他们得到妥善的教育，避开了摹仿的危险。

柏拉图笔下的"心理"展开的下一个阶段要等到《理想国》第七卷才到来。此间他面对一个问题：社会不仅需要守护人的管理，而且需要知识分子即哲王（philosopher-king）的管理。有何不同呢？关键的区别是：一般人的一般经验和"形式"（Forms）的知识不同；无批判地接受和吸收眼前表演的头脑与训练有素、掌握了经验背后公式和范畴的智能是不同的。他提出日喻、线喻和洞喻（parables of the Sun, the Line and the Cave）的范式，显示了理想知识和经验知识的关系，他对我们暗示，人将要通过教育从感官生活走向理性智能（reasoned intelligence）的生活。

柏拉图接着问，什么是正确理解教育的过程呢？他的答案是：不是新知识管束心灵；更准确地说，心灵里有一个官能或器官，每个人在信息过

程中都用上它，这个内在的官能像肉体的眼睛，它必须指向新的对象。高等教育就是这个官能的转换技艺。"思维"是心灵的至上"功能"，坚不可摧，但它必须经过转化和重新聚焦，以便发挥作用。

在第四卷里，柏拉图试图勾勒心灵里相争的冲动、驱力或"官能"，但心灵不会违背基本的统一和绝对的自主。在这里，自主概念升华到灵魂完全自我实现的层面，能思考、能认知了。这是至上的官能；最终成为灵魂唯一的官能。人就是"会思考的芦苇"（a thinking reed）。

什么是生成这一转化效应的数学（mathema）或研究对象呢？他谋求回答这个问题，提出"数和计算"（number and calculation），并将其作为课程表的第一课。柏拉图养成一种语言习惯，他反复重申心灵的观念：心灵是自由自主反思和深思的住所。和算数相联的学习过程"引向思维过程"。感官经验本身"不挑战思维过程去探询"，"大多数人的心灵不会被迫去拷问思维过程"。在这里，他不是想说，心灵和思维过程不同，因为过一会儿他就会说"心灵陷入两难"（the psyche, caught in a dilemma），他又拷问感官说，"心灵挑战计算和思维过程去进行检查"。他又说，有些情况下的印象是矛盾的。这些情况"挑战智能，刺激思维过程"，以便"陷入两难的心灵推动思维过程本身"。

就这样，第四卷里界定的自主、自治的个性被象征化为思考、计算、深思和认知的能力，完全有别于视觉、听觉和感觉的官能。在第十卷里，柏拉图又回到诗歌摹仿的问题；我们发现，在他的脑子里，这个问题与自主心灵的信条非常密切地联系在一起，自主心灵是能够思考的。

在第三卷里，摹仿过程被完全拒绝；也许在小学教育里，一定程度的认同对学生有好处——如果这样的认同有助于他效仿健全而有用的楷模。即使这样，柏拉图也禁不住暗示，摹仿过程在心理上是不太健全的。

但到第十卷之前，他已经充分表达了自主人格的理论，用反思和沉思来指认个性的实质。因此，此时他已能完全拒绝整个摹仿机制。他不得不提议，希腊思想应寻找一个全新的教育根基。于是就有了第十卷里有关艺术的极端立场，这绝不是他古怪的奇思妙想，也不是他对短命的教育时尚的答复。这一立场是他的《理想国》系统学说合乎逻辑的、必然的高潮。

柏拉图大约三分之二的攻击指向诗化语言内容的性质。这里的问题是认识论问题，下一章将要讲这个问题。我们将迎战认识论问题，用关于知识和真理的预设来破解他的攻击，他的预设包含在所谓的"形式理论"（Theory of Forms）里。《理想国》第六卷和第七卷提出了这样的预设。

如此武装起来之后，柏拉图的论述就搁下诗歌内容问题，转向诗歌表演作为教育机制的性质，借以更新他在第三卷里发起的攻击。至此，他取得了完全的胜利。既然他有了自主人格理论的武装，而且用它来武装读者，并将其确定为理性思维的住所，他就能根据这一理论来重新检查摹仿这个观念。他发现自主人格理论和摹仿完全是不可兼容的。这是因为第三卷描绘的摹仿过程是"使自己像另一人"，如今他揭示，摹仿强制人"放弃"个人的自我，"尾随他人"，同时还认同他人的情感；这是摹仿对我们伦理的"操纵"。他甚至把这样一个事实纳入摹仿：诗歌摹仿的经验是"回忆"。就是说，诗歌教育的任务即是记忆和回忆。针对这种认同的病态性，他提出"自身的城邦"（polity in oneself），即自己灵魂的城邦；他肯定"自身的城邦"，就像他在第三卷里肯定构建内心自我一致（self-consistency）是绝对必需的一样。只有我们拒绝诗歌认同的这个过程，构建内心自我一致才是有可能的。诗歌认同令人愉悦；它诉诸人的无意识本能，意味着人向诗歌魅力的投降。柏拉图的描绘不禁使人想起赫西俄德对反射心理的描绘，赫西俄德描绘反射心理对记忆的辅助作用。柏拉图本人很清楚，他正在进入文化传统反对者的名单。这就是为什么在长篇大论的末尾他要发出挑战，要求人们不仅能抵制权力、财富和娱乐的诱惑，而且要抵制诗歌本身。发出这一挑战的柏拉图并没有沾染荒谬的恶习。

自主理性人格（autonomous rational personality）的观念派生于此前他对口语技艺魅力的拒斥呢？抑或是这一观念加速了柏拉图的拒斥呢？这个问题无法作答。在希腊思想史里，这两种现象是看待同一场革命结果的两种不同的方式；它们是互补的两个公式。但你有权问，既然保存群体传统的口语方法亘古以来就施行钳制，何以能创造自觉性呢？用柏拉图的话说，传承希腊民俗的教育制度依靠对年轻人进行没完没了的催眠刺激，希腊人何以能醒悟过来呢？

根本的答案必然是传播技术的变革。书面符号对记忆的刷新使人摆脱大多数的情感认同，情感认同确保人能回忆起声觉记述。书面符号能释放心理能量去重温和重新安排文字记录的东西，让人看到可见的客体，而不只是听见和感觉到客体。你可以再次看看它，如此，你就和被记住的语词分离开来。这样的分离隐藏在公元前 5 世纪日益增长的手法的背后，常有人认为这是苏格拉底独到的手法，其实许多人已经常用它来挑战诗歌认同的习惯，要人们与其决裂。这种手法就是辩证的方法，它未必是柏拉图《理想国》里那种发达的逻辑链推理，而是最简单的原初形式的辩证法：要说话人重复并解释自己的意思。在希腊语里，解释、说话和意义这三个词可能有相同的意思，换句话说，辩证问题的初始功能可能是迫使说话人重复并解释他刚才说过的话。其中隐含的设想是，那句话不太令人满意，最好是重新表述一下。如果那句话涉及文化传统和道德的重要问题，它常常是诗化的语言，用了诗歌的意象和节律。它邀请你认同情绪性有效的楷模，并请你重复效仿。但"什么意思？请再说一遍"这句话打断诗歌公式或意象里愉快的自满情绪；意味着要用不同的语词去重新表达，虽然意思对等，却没有诗意，这句话可能就是散文了。这个问题提了出来，用上了另一种散文公式，说话人和老师的想象力却受到了冒犯，可以说他们的美梦被搅扰了；取而代之的是不愉快的计算性反思。总之，辩证法是一件武器，公元前 5 世纪后半叶一大群知识分子用上它了；这是从梦幻语言中唤醒觉悟、促使人抽象思维的武器。如此，"我在思考阿喀琉斯"而不是"我认同阿喀琉斯"的观念诞生了。

因此，辩证的方法是把艺术家的个性从诗歌的内容里分离出来的手段。这就是《柏拉图对话录·申辩篇》（*Apology*）所用的方法。无论其史实性如何，《申辩篇》意在总结柏拉图所理解的苏格拉底的生平和历史意义。柏拉图要表现老师的著名使命，将其作为拷问诗人表述诗歌内容的第二个例证。诗人遭到柏拉图抨击，因为在他们的诗歌里静卧着希腊文化传统，保存着希腊人道德、社会和历史的基本"思想"（thinking，我们只能用这个词的非柏拉图语义）。这就是希腊的部落百科全书，拷问它就是要求诗歌用非诗歌性的、非音律性的、非意象性的方式表述。

这个方面饶有趣味：柏拉图本人发展了苏格拉底主义，在他的雅典学园里构建课程表的轮廓。他也面对同样的问题：把长期陷入幻象的洞穴囚徒唤醒。为此目的而开设的第一门课是算术，用以取代苏格拉底那种打断人说话的拷问。为什么选中算术呢？难道不是因为它不是回忆和重复的思想活动而是解决问题的思想活动的首要例证吗？确定数字关系就是实现思想活动的一次小飞越。柏拉图所说的数字和计算不仅仅是说"计数"而且是说"计算总数"（counting up）。他不是在要求学员按固定的顺序重复相同的连串符号，而是要确立简单比率和方程式。这不可能是摹仿过程，不是认同一个序列或一系列现象，而是相反的，人要从自己与事物的系列里分离出来，以便客观审视并计量这个系列。

柏拉图认为，这种训练等同于苏格拉底初级辩证法，证明他把算术思维与"思想两难"（aporia）联系起来。反过来，这一点两难困境又是由感知数据的矛盾引起的。在第十卷里，他发现诗化描绘里存在着同样的两难。灵魂困惑、不安、有恙。一切计算的原型"算术"受到挑战去解决这个两难。这意味着对自主心灵的挑战，它要去接管感官经验及其语言，以便重塑感官经验及其语言。

就这样，人漫长的沉睡被打断，他的自觉意识从无休止的故事 – 事件的慵懒游戏中分离出来。自觉意识开始思考和被思考，自觉意识思考"它自身"（itself of itself）。在这种内在分离状态中，人直面他的自主人格并接受它。

第十二章　认知对象的认识

　　自主人格的概念是不能在抽象意义上求得的概念，不能被视为解决外部问题的科学答案。当然，一旦被发现，它就可以被泛化为与全人类有关。但为求得这一发现时，思考的人只能靠内省。对那个时期的任何希腊人而言，从赫拉克利特到柏拉图，这都是个人的和私密的发现。"认识你自己"不仅能成为特尔菲神谕认可的箴言，而且能成为苏格拉底辩证法的座右铭。

　　你可以设想，一旦用这个假设和表达武装它的语言，希腊思想家就会借此发展出一种全然主体主义（subjectivism）的哲学，理论上看是可能的。按照这种哲学，自觉和内心自由充分实现的"我"成为宇宙———一种现实的存在主义中心，成为一切道德准则和一切真伪标准的源头活水。阻挡这一结果发生的有两个障碍，或者说两种外衣下的一个障碍。这是希腊人秉性固有的一个障碍：他们认真看待自然和外部环境。他们的造型艺术令人信服地证明了这一点。这是因为虽然其几何艺术的滥觞是内视的产物，其着重点是思想设计，有损外部现象，然而在继后的古风、古典和希腊化三个时期里，希腊艺术发展都同样有力地显示，艺术家很尊重自己面对的身外的"事实"；虽然维持了内心对外部事实的控制，他们还是谋求摹仿这些外部事实。相应地在哲学里，由于自我的存在的逐渐澄清，与之平行和同步的努力也在进行，自我与非自我的关系也建立起来了。简言之，对希腊人而言，主体的存在假定客体的存在。

《理想国》始终坚守这个双焦距目标。第四卷肯定和描绘自主心灵的组织以后，第七卷确认心灵即官能的"思想"活动。这是因为如果你要思考，你就不得不思考什么事情。如果你反思和计算，那就必然有外在的数据要你去掌握和组织。相应地，如果说柏拉图在第二卷里大胆地暗示，灵魂里的正义、内在信念的正义已经足够，那么后来他却放弃了对这一立场的满足感。唯有正义的社会才可能使人成为完全正义的人；对正义社会而言，外在于人的范式存在于宇宙的结构中。

然而，既然承认灵魂的美德是思想和认知，而且那样的思想必须要有一个对象，那为什么这个客体不能是自我呢？我们说过，对社会和自然环境的敬畏防止这一诡辩论的解答。但心灵和文化革命（mental and cultural revolution）的性质同样禁止这样的解答，而这一场革命使灵魂降生。希腊或者更准确地说希腊的思想领袖究竟在反叛什么呢？柏拉图给出了答案：他们要反叛的是亘古以来希腊人与诗歌自我认同的习惯。这种心理认同曾经是记忆的必要工具。然而，如果不是为了保存群体的公法和私法、历史和传统、社会和家庭准则，记忆为什么又是必须的呢？因此，如果要放弃与诗歌自我认同的习惯，如果认识的自我（knowing self）要从主体分离出来，那自然而然的结果就是主体认识的客体成为部落百科全书的内容。

因此，"我"就要与诗歌分离开来。如果是这样，诗歌不就成为我认知的对象了吗？

不会的。因为诗歌的结构、节奏、句法和情节、内容全都是为没有"我"存在的情景设计的。诗歌提供了自我认同、迷人魅力和催眠药的机制。一旦终止了我在诗歌里的沉迷，我同时就使诗歌终结了。诗歌的结构必须改变，必须完成语言的重新安排，不再适合于表达表演或重演，而是成为冷静、平静和自反性的认知的对象。

诗歌必须如何变以符合"我"已发生的变化呢？什么使诗歌成为我的认知对象呢？诗歌的功能曾经是记录和保存活生生的记忆，是记住群体的公法和私法等。在诗歌身上，哪里能找到这样的功能呢？诗歌那里并不存在这样的功能。部落百科全书的内容可以通过回顾分析来确认，第四章已经说明；在史诗故事里，这样的内容是隐形的，不是显形的。内容的现身只能是重要人物表演的行为和事件，或发生在他们身上的行为和事件。这是必然的，因为法律要活在他们的记忆里。这是因为记忆只能与行为和事件有效地认同。变化以后的情况是，既然认知法律已经可能，行为和事件就不再相关。它们就应该被放弃；它们就是偶发的事件，事件、地点和环境的偶发事件。我们需要思考和认识的是"法律本身"。

所以法律必须要从宏大故事背景中分离出来确定"它本身"（itself by itself），并且被认定为法律"本身"（per se）。用字面直解的话说，它必须被"抽象"出来。如此分离出来的表达这个客体的希腊词是"事物本身"（the thing in itself），和拉丁语的 per se 完全对应。如此，柏拉图的书里就充满了这样的要求：我们不专注城邦的事务而是专注城邦本身，不专注正义与否的行为而是专注正义本身（justice itself），不专注高尚的具体行为而是专注高尚本身（nobility itself），不专注英雄的卧室桌椅而是专注卧床概念本身。

总之，这个简单的习语旨在把那种初始的分离行为具体化，这一行为把法律、主体、原理或概念从具体的事例中分离出来，或从具体的语境中分离出来。这是如何办到的呢？你可以例举语词、正义、城邦、勇气、卧床、船舶，将其当作一个常用的名字，做一个一般的定义，使之涵盖一切可能的诗化例子。但这个过程相当复杂。它强加在诗歌过程上，却是另类的，完全是格格不入的。但仍然在传统里运作时，你如何从叙事流中推断出这样的主体和原理呢？答案是：你撷取类似的例子和情景，它们分离出来、分散在不同的叙事语境里，用许多相同的语词，然后又着手把它们搭配起来、进行分组，寻找它们全都分享的共同因素。航海及其规则在《伊利亚特》的第一卷里没有构成一个主题。但起航和登陆四种不同的语境实际上提供了一个规则范式。如果复数的例子合为一体，如果"许多"变成"一"，你就可以看到这样的范式。所以，表达心灵分离和抽象的另一种方式就是：这是整合的行为。传奇故事含有数以千计的格言和实例，它们描绘正派的有道德的人的行为。但这些脱离语境的行为经过搭配、系统化、整合与协调后就成为"正义"的公式。那许多行为和事件都必须让位，融入一个单一的身份。总之，"事情本身"也是"一"（'the thing *per se*' is also a 'one'）。

但具体的行为和事件整合为一后，诗歌原来的句法就被摧毁了。因为诗歌的本质是故事，是一连串的事件，否则诗歌是记不住的。一个事件的序列是由动词的过去时、现在时和将来时表现的，否则，在行为和事件发生的时间短语里，这些动词的时态就是不清楚的。换句话说，唯有经验数据能活在记忆里，我们借经验数据与行为和情景认同，与行为和事件认同；行为和事件或者在"形成中"（becoming），或者"已发生"（are done）。相反，抽象的整合、法律或原理一旦生成，什么东西也不能改变它。它就那样了。它可以用语言表达，其句法是分析性的；就是说，术语和命题在不变的关系中组织起来：三角形的角等于两个直角，它们的确等于两个直角，它们不曾是三个直角，现在等于两个直角；它们不曾做任何事；它们就是那样的。这样的表述完全脱离传奇故事的习语和句法。总之，绝对分离的身份不仅是一个"一"，而且是一个"存在"，意思是其语言表达不含有时态和时间。它不是行为或事件，而是一个公式；反之，诗歌的句法源于诗歌，这样的句法被视为"形成中"的句法。

最后，这一抽象的客体，脱离语境，无需再被视像化；实际上，它不能被视像化。因为视觉经验有色彩、有形状，只能在多样化、具体化时发生，因而是具象的、有形的，与临近的经验有明显的不同。我们看见船舶、兵士与货物，甚至听见风呼呼吹、浪哗哗响。这些效果全都在传奇故事的语言里——它们必须存在，方能直接间接调动视觉形象，并强化耳朵的声觉资源。然而，当这一情境里具体的感知细腻差异消解到航海论文里，当有形变无形时，人的感觉就化入抽象思想了。所以，抽象的认知对象必然要失去行为的事件多样性，而且要失去色彩和能见度，它成为"看不见的"（unseen）东西了。

理论上，这个世界可以被视为系统性的、可穷尽的。一切抽象的本质都互相联系，其关系不再是叙事或逻辑的关系。它们都陷入宇宙的底层图里。因为为了被认知，认识的对象必须是确定的；它不能像故事那样没完没了。它必然是一个系统，这样的系统必然是封闭的。因此，从总体方面看，知识世界本身就是完全整合的最高级的例子，无数的小整合在各个层级上上下下流动。抽象的对象本身是一个"一"，同时在已知世界里被当作一个整体了。

我们勾画了希腊人对认知对象的发现或者更准确地说柏拉图的发现，勾勒了认知对象可知的四种特性。为确认这一图画，我们可以再次回到《理想国》。

柏拉图称第一卷是全书的"绪论"。如果我们接受这一说法，第二卷就向主人公苏格拉底发起挑战，同时又向读者发起挑战。他捍卫正义事业，驳斥了色拉叙马霍斯（Thrasymachus），但格劳孔（Glaucon）和阿得曼托斯（Adimantus）尚未被说服。格劳孔说，请你证明，正义本身之所以可以接受，那是因为"它本身及其结果"是可以接受的。格劳孔用了更抽象的公式说："邪恶和美德本身贮存在心灵里，它们拥有什么力量呢？请忽略奖赏和效果。"柏拉图又说："我想听正义本身受表彰。"然后，为了强调这一挑战，他描绘了一种复杂的学说，将正义的兴起追溯到勉强达成的社会契约，那是在排斥本能选择非正义的古城镇形成的契约（假如我们是进攻者而不是受害者的话）。

接过格劳孔的话，阿得曼托斯磨砺他挑战的锋芒说，撇开理论不谈，年轻人接受的传统道德教育从来就没有满足格劳孔提出的标准。父母赞许的不是正义本身，仅仅是接受教育给人的威望，以及进天堂的奖赏。否则，美德勉强被接受，成就则令人生疑而痛苦；相反，恶习令人愉悦、给人奖赏，恶人飞黄腾达，好人受害。至于天堂，如果你用上了恰当的祈祷和安抚，天堂也会视而不见的。年轻人只能断定，"美德本身"无关紧要；似是而非的举止礼仪倒成了生活目标。在表象之下，我们追求自私的目的，以求人生发迹。至于这些传统观点，荷马和赫西俄德既引用他人，也被引用；穆赛欧斯（Musaeus）和俄耳甫斯（Orpheus）等诗人和诗歌也是这样的。

随后阿得曼托斯回到格劳孔说的话，重申并放大他们基本的挑战。此前在这个主题上的一切言论、对正义的一切赞美都集中在名誉、社会威望和奖赏等因素上。但美与恶"靠自己的力量都是心灵固有的属性，我们的辩论并没有充分说明，此是邪恶之最，彼是美德之最"。在宏论的末尾，阿得曼托斯说了这样一段话，并重复了三次："请证明邪恶和美德各自对人的影响；撇开社会影响……只赞扬正义，它本身对人有什么好处……请解释邪恶和美德分别对人有何影响，让别人来描绘他们的社会效应。"对这个概念分离的要求，柏拉图是极其强调的。这等于要求，给定条件下所做的正确的事情要被转化为"正义"的概念。这个要求是思想上的要求，还相当新颖。这就是为什么他要反复强调，这是要为其余各卷的宏论搭建舞台。这个绝对公式本身被格劳孔塞进辩论。谈及传统时，阿得曼托斯区分两种正义，一是可以被界定为本身固有的正义，一是设计外部情况的正义。用柏拉图的语言来看，阿得曼托斯的表述不如格劳孔严密。但两种要求合在一起的影响是清楚的：要求我们把正义视为客体，与效应分离，中性，是公式、原理，不是适合具体情景和行为的一个例证。

这一场挑战是否还揭示，客体只有在损害诗歌习语和句法的情况下才能被整合呢？不，不是在这里整合。至于所需智性直观（intellectual insight）的解释，那要等到流行的美德被界定和说明以后。不过，那已隐隐点到了。诗人背负责任，要描绘正义的奖赏和效果。

现在看来，如果诗歌记忆的传统只能保存情景和行为，情景和行为显示公法和私法，这个传统实际上局限于描绘法律的效果。在这里，美德的榜样必然是高尚者成功的榜样。这就意味着，史诗故事囿于描绘美德的光荣和威望，因为这样的品德才是具体的。诗歌记忆传统纪念的是英雄壮举的遭遇、他人对英雄的回应，以及他本人对光荣与骄傲的肯定。《伊利亚特》的情节就是显著的例证。格劳孔说把美德的效应让予他人，他指的是：故事里的事件给具体的情境披上原则的外衣，用奖赏和惩罚显示美德的效应。在《伊利亚特》开头，我们就看到虔诚或亵渎的重要性，就从阿伽门农和军队的遭遇看到虔诚或亵渎的意义。我们看到的不是"虔诚本身"的概念，更不是定义。这需要新的语言、新异的脑力劳动。正如阿得曼托斯所言，"在对话的过程中，没有人对这一点进行充分阐述"。

这就是"客体"的概念，严重脱离时间、地点和环境，用语言转换为抽象概念，作为长期思想考察的目标。我们必须要用脑子沉思，因为它是无形的。但第二卷尚未说"客体"，很久都没有说。一直推迟到第五卷，这一挑战的终极主旨、"它本身"的意涵才被挑明。此间，根据等级和官能的三分模型，柏拉图分别对社会状态和灵魂进行阐释和界定，同时尝试给正义下定义。它不可能是自古以来指引社会发展的专门化、劳动分工的一个范例吧？用于分析社会的总体情况时，其意思是，每个等级各司其职，或坚守本职。柏拉图问，这不是流行传统认可的规则吗？这不是指引法律诉讼、做出裁定的原则吗？用于分析个体时，这必定是指严格遵守几重角色的心理三功能，不让它们侵犯彼此的领地。不过，柏拉图提出的这条建议比较潦草，似乎他自己也不太满意，然后他就转向正义人的论述，用完全传统的和常用的语词进行呈现。正义人是可靠的受托人，不抢劫寺庙，不私通，不偷盗，不怠慢父母，不渎神。

彼时，希腊听众并不需要他把《理想国》写下来，就能学到这些基本而悠久的真理。他们根本不必与诗人和习俗决裂就可以对流行的道德进行简单的小结。实际上人们常常指出，柏拉图端出适合大众消费的美德和指引，以培养温顺、规矩的公民，然后才提出培养哲王的课程表，肩负起那更富争议的任务。因此，第四卷的主张迟迟不回答第二卷的重要挑战。作为认知对象的"正义本身"还没有摆在我们面前，而是被悬置起来了。我们插入这一场挑战，只是要强调，正义概念必须要被对象化、要当作抽象概念来处理；这个前提在第二卷已被提出来，以便与此前诗歌传统的习语和思想世界形成强烈的反差。直到第五卷，这个前提才被提出并展开来论述，知性本身（intellect itself）的程序才被端出来进行考察。

只有在政治挑战的余波中，知性的考察才有可能："知识分子必须被赋予政治权力。"但这个知性、这个思考和认知的主体是什么？或者问智力活动的对象是什么，只有在这些概念被界定以后，主体的真实特性才会浮现出来。于是，柏拉图回到那个语言公式"事物本身"（the thing per se）。

"美与丑对立，因而不同，所以美和丑各自为一。同样的公式可用于义与不义、好与坏；每一个概念均为一"…… 在同一个语境里，他又反复强调"美丽的本身"（beautiful per se）或"美丽本身"（beauty per se）的存在。这是我们思考时应该拥抱的对象，搜寻一个词来表达这个思想官能，他选中了一句格言——"认知官能"（knowing faculty）认识抽象的对象，对象处在自足的分离状态中。

于是柏拉图放大这一关系（他意识到，这一关系很陌生），谋求克服假想中反对者的异议，他问道："知者是否知道什么东西呢？"就是说，知识必须要有对象吗？他自问自答，界定对象的特征，我们一会儿再讲。但界定这些特征后，他挑战读者去识别"美丽的本身""美丽本身"和"正义本身"的存在。他甚至在对象实例的清单上加入"两倍""一半""大""小""轻""重本身"（the heavy per se），它们都必须从其应用中被抽象出来和分离出来。这是认识的具体对象。

自此开始,《理想国》必要时都假设"本身"的分离是必须的。毕竟,它代表《柏拉图对话录》此前各卷中我们熟悉的一种方法。不过,只有在《理想国》里,这一方法的原创天才和以前的具体经验决裂,才最清楚表现出来。但即使首先在第五卷的语境里介绍这些对象,它们基本上还是被当作整合体描绘的,它们整合为"一",隐藏在多元的表象后。"每个对象各自为'一',无论你转向哪里都能看到,每个对象看上去都呈现出许多意象,因为对象与行为和人体纠缠,每个对象都与像它的其他对象纠缠。"最后这句话的意思可忽略不计。它提炼但不改变基本理论,各种各样的行为和多样的物质客体(我们称之为叙事经验的对象)把抽象整合体分门别类,分散到意象集合和意象情境里。柏拉图没有提议如何把这个过程颠倒过来。我们引用了一个可能的例子,它整合四种航海方法以揭示航海的主体或形式。无论如何,抽象客体的整合面垄断了他强调的重点,他建议我们考虑这整合的一面。它就是"一"。稍后他暗示,这"一"就像所有可能例证的同一名目下的集合。单一的名字、纯粹的名词成为我们脑子里整合的因素。在这里,他只是反复强调两个方面的反差:"美丽的声音、颜色和形状以及它们产生的一切"是一个方面,"美丽的本身"是另一个方面;他强调"美丽的行为 – 事件"和"美丽本身"的反差。显然,"多"相当于多元实例、多种分散的情景,而不仅仅相当于许多物体,而美丽的意象有可能从中发生。

在这里,既然他印证了这类客体不止一个实例——把抽象方法用于几个语词而且还将用于更多的语词——显然这种认知对象本身就构成了"多",而且是一种新的"多"。那么,这样的一组对象与一组事件或情景有何不同呢?他的回答是:这些对象只是"多",或者(在动词"to be"的分词中)每个对象仅仅是"存在"。究竟什么是"存在"呢?以这种方式提问就是在准备给出错误的回答。我们可以说,"存在"不是名词而是一种句法情况（不过稍后柏拉图用了一个词——ousia［存在性］——来描绘这种情况）。

　　抽象的认知对象被认识和表述之后，总是被用于与自身一致、不变的表述之后，或被用于表述之后，这些表述必然是无时间性的（timeless）。其句法排斥动词"to be"的时态。原理、属性、类别和主题的复数形式就是"are"。并置在一起时，它们提供了分析表述或方程式的分析表述，这类表述不能在过程和时间的句法里分享，因为它们是具体情景和实例的表述，不是行为的表述。

　　我们没必要在这里问，柏拉图是否有时把无时间性（timelessness）和不朽（immortality）混淆了。他首先关注的是语言句法，表现于一个事实：他用问题来提出问题："认知对象有何特征？认知者能认识什么呢？"他的回答是："他只能认识那是什么。"这个被认知的对象不能是形而上的实体。他已经告诉我们，认知者认识抽象的本体。这些本体就是"在"（is），复数时继续是"在"（are），比如三角形的角总"是"（are）等于两个直角。如果你研究航海规则，直至穷尽所有的规则，以"规则本身"与用规则的故事相比，这些规则就是"是"（are）。所以柏拉图说"科学对象就是那个'是'"。因为他在这里坚持的是"何为是"与"何为不是"的差异，我们就可能会分心并想象，他要我们去看的是实体而不是句法关系。我们将在下一章考察我们分心的原因。柏拉图专注看的是无时间性，表现为一个事实，他三次描绘的对象本身分别是："在相同中自我认同的本身"（always itself self-identical within the same），"总是在相同中自我认同"（always being self-identical within the same），"总是本身在相同中认同"（always itself identical within the same）。总之，他努力专注于抽象之永久性，或为公式，或为概念，与之相对的是具体情景起伏不定的、今天存在明天不存在的性质。

　　这样的波动描绘情景变化和多样的方式，唯有情景能为故事提供信息，而故事是有时间条件的。柏拉图在这个语境里对波动性的表达是"滚动的"或"蜿蜒的"。他用这样的语词来描绘"在"与"不在"之间无休止的变换。就是说，阿伽门农在一个语境下高贵，在另一个语境下低贱；因此，他既高贵又不高贵，既低贱又不低贱。阿喀琉斯时而愤怒，时而懊悔；就是说，他既愤怒又不愤怒，既懊悔又不懊悔。同样，阿喀琉斯活着，后来死了；他在是与不是之间游荡。证据是用戏剧手法表现一个事实：具体的叙事处理具体的对象和情景，对象和情景全都不同，否则就不会有叙事，只会有不变的类别、原理或公式。

在《理想国》的下一卷里，柏拉图集中讲主体的性质，即知识分子（philosophos）及其认知心（knowing mind）的性质。但主体的心如何描绘呢？柏拉图已表明答案。主体的心可以用它思考的对象来描绘，而这些对象已经被界定。他告诉我们说，哲学家"总是在相同中把握自我认同本身"（lays hold on the always itself self-identical within the same），他又说"知识有关每一存在物"（knowledge is of each being）。这些表达指明业已描绘过的所有被分离出来的抽象概念。接下来的问题是：有没有很重要的训练（数学）能培养主体去思考这种无时间性的对象呢？最后的答案要等到第七卷。不过，柏拉图用普通的语词回答说，这样的训练是"时间性的数学，时间性总是在成为和消亡的徘徊中处在是与不是之间"。这样的措辞再次引诱读者去想，他正在被要求去看一个形而上的超现实，而不是在看一个句法情景。但柏拉图的意图是后者即句法情景。"时间性"（ousia）是用来暗示，抽象的对象、原理、公式、类别之类的概念构成位于我们身外的终极知识领域。与之相对的叙事句法、妥当的译文是成为（更严格地说是"降生"）的领域；无止境的事件序列的领域。那是各种情况发生的领域。

在这里柏拉图开始讨论主体需要知道的领域里的"一切"或"全体"。这是"全部真相"。然后他又接着说，主体要"沉思所有的时间"和所有的存在状态（beingness），这是他最接近"无时间性语言"的表述，我们阐释他的意思时采用了这一表述。

柏拉图隐约肯定，至少在理论上，认知对象构成一个知识的领域、一个"世界"、一种秩序、一种系统，其间栖居的是各种抽象，抽象是集成以前的经验达成的，这些抽象在总体关系中彼此联系，构成一个"超级整合"（super-integration）。柏拉图用他的线喻（parable of the Line）来认定这个领域，将其视为可理解的领域（noetos topo）或可理解的种属（noetos genos）这是主体已知对象的总集成，是百科全书，不过其内容是无形的、抽象的，而诗歌百科全书的内容却不是无形的和抽象的。他的线喻以下是无形的领域，这不是物理的处所——我们容易被柏拉图语言的生动性引诱去那样想，而是一个层次的经验——感知意识在这里吸收万物表象的具象全景，表演无穷尽的生与死、行为与激情的叙事。我们必须要从线下上升到线上；就是说线上线下这两部分都代表心理活动，只是不同而已。在这里，柏拉图不太关注知性的对象是如何从感知经验基础上进行整合和抽象的，而是强调完全不同的可理解的经验类型。他把这两个对立面戏剧化为有形世界和可理解世界（intelligible world）的矛盾。可见正是在这里，他提出已知是全部知识（the known as a sum-total of knowledge）的概念，同时又引向对非视觉和非意象状态的强调；非视觉和非意象状态把故事的生动性消解为全然抽象的语言。集成性（integrity）和无时间性（timelessness）加上非视觉性（non-visualness），整个三部曲得以完成，纯理念（sheer idea）的非史诗特征就包含其中了。

柏拉图追求一套简单而决定性的术语，借以界定各种认知主体已知的抽象客体，以及那个超级客体（super-object），即客体构成的终极知识领域。他的追求达成了。在第七卷里，他研究我们为了唤醒个性、让个性思考所必须顺从的训练，所以他能提出这样的假设：认知的心灵经历这样的转化："从成长中状态向已然存在的转化"（from that which becomes towards that which is），或"从成长中状态被引向已然的存在"（dragged from that which becomes toward that which is）。这样的语言描写这样的割裂：长久以来回忆的心理习惯和讲述具体"成长中"事件的话语是割裂的。这样的语言宣告要学习一种新的心理习惯，观念思维走向抽象思维的习惯，抽象思维是脱离时间的。因此，算术"牵引我们走向已然存在的状态（beingness）"。知识分子从成长中状态（becomingness）走出来后必须把握已然存在的状态。他们必须学会一种新的句法状态，即数学方程式的状态，这种新句法必须要优先于故事的句法。柏拉图说，这种存在性的内容不是一套形而上的实体，而是"或大或小"的、相似的类别和关系，或者是被纯粹智力所观察到的数的性质（the nature of number viewed by sheer intellect）。总之，存在状态的内容包含那些相同而分离的抽象，它们本身是存在的，因为它们脱离了一切直接的语境和一切具体的情景。第五卷提出这些抽象概念时，它们身披"正义本身"和"美丽的本身"的外衣。

第十三章　作为意见的诗歌

让我们稍事驻足，回顾刚刚走过的一段路。起点是荷马时代，彼时的希腊文化一直是口语传播的文化。这为希腊伦理的保存和传播创造了条件；到了柏拉图那一代人时，希腊伦理开始急剧变化。具体地说，伦理的意思是群体公法和私法（含历史和技术）共同的语言表述，表达该文化的凝聚力。伦理的表述靠口语记忆和重复，代代相传。诗人的职能首先是重复这一传统并部分放大这一传统。希腊教育制度——若能这样表述的话——完全是为口语传承服务的。只有在学生训练中养成心灵习惯，与他聆听的口传诗歌产生心理认同的情况下，教育制度才能有效地被保存和用以传播民俗风情。诗歌表述的内容必须让这样的认同发生。这就意味着，诗歌只能表现有人参与的行为和事件。

柏拉图在《理想国》里充分记述了诗歌的功能特性，以及诗歌赖以被人记住的心理认同机制。我们接着证明，《理想国》被系统地组织起来，隐于两个学说目标之后，这两个目标是早期柏拉图主义的核心。一是确认"主体"即自主思维的个性，一是确认"客体"即完全抽象的知识领域。我们还证明，柏拉图主义这两个目标直接由他第一个感觉所决定，他觉得需要与诗歌经验决裂。此前，诗歌经验一直处在核心地位，构成总体的心理状态，让我们称之为荷马式心理状态。柏拉图提议用另一种心理状态取代它，这就是柏拉图式的心理状态。荷马式心理状态用给定语言表达，有给定的句法。柏拉图提议的是另一种语言、另一种句法。

自主心灵理论可以直接与其对立面联系起来，这个对立面就是此前诗歌教育里自我意识被淹没的状态——也许接受这个结论不会有什么困难吧。然而，如果假设抽象客体领域的整个理论，如果假设"多""存在性""有形物"的领域，也是被刻意设计用来矫正诗歌经验记述的——那不就是太过分了吗？如果这些客体都被视为直接取代史诗叙事的行为和事件，那不就是走得太远了吗？

柏拉图本人给非抽象和非哲学的经验贴了什么标签呢？他说这样的经验只承认"多"和有形物。这是形成状态、注意力分散和歧义时刻的领域。我们征引了他这样的表述。总体上，他是否早在第五卷就给这种经验命名了呢？是的，他毫不犹豫地将其命名为意见（doxa），即英语的 opinion。

有什么证据显示，他所谓的 doxa 指的是认同荷马式心理状态吗？一般人认为，opinion 指的是普通常识人、不动脑筋的物质主义者或"现实主义者"的意见，他们不从事哲理思考，他们的用语肤浅、不合逻辑，他们的目光锁定在外界物体上。难道这不是常见的情况吗？这一切都是在说自己。因此，现代的柏拉图主义者倾向于把这种人与现代的普通人划等号，这样的人不思考、不反思、不穿透表面现象。

相反，在以上章节的论述里，我们常常主张，柏拉图界定这心态时，他抨击的是自己时代文化里一个特定的问题，那是此前希腊诗化经验（poetised experience）引起的问题。无疑，这种心理状态与今天的常识有共同之处，但不多。我们认为，它有某些独有的特征，用独特的习语说话，是特定记忆程序的直接结果；我们描绘了这些程序，它们一定要消亡。如果我们的判断是正确的，柏拉图祈求的就是发明一种描述性科学的抽象语言，借以取代口语记忆的具体语言。

无论如何现在该问：柏拉图本人的文本是否支持这样一个论点呢？许多生生死死、来来往往的有形物的经验、在《理想国》里被称为"意见"的经验，真的是他有意用来指称诗化传统的内容和习语吗？

如果是这样的，那么，许多相应的行为和事件的上下浮动的有形物——正如我们所说的那样，就只能在口头传承的记忆里被保存。这些有形物实际上是叙事句法的诠释；在叙事句法里，具象的事情总是在被人做，或是在发生，但主题、类别、公式和原理绝不会露面。柏拉图是否准备把诗歌指认为基本上是一个叙事句法的系统呢？应当承认，这不是很清楚，虽然他的假设里有这样的暗示，而且这样的暗示还维持得相当一致。他设想，诗歌的内容是神话米索斯（mythos），与之相对的是理性逻各斯（logos）。他也把诗歌的内容称为逻各斯，不过那是把逻各斯当作一般的单词用，指"内容"了。

柏拉图说，神话学家或诗人所说的一切都要"经历一个曾经发生、正在发生或将要发生的过程"。他这样的表述说明——正如我们论证的那样，他意识到时间条件与记忆材料的句法是不可分割的。第三卷首次提及诗人所用媒介（词汇）的问题时，他这样说。到第七卷时，他准备确立完全有别于整个诗歌课程表的哲学选择。取代诗歌的这一选择可以是音乐吗？他自问自答说不："音乐用习惯模式教育人，传播的是和谐而有节律的状态，借用的是和声和节奏。音乐不传播科学。至于音乐的内容，它具有第二套特征，对应的内容是神秘的或比较可靠的。音乐不含有我们想要的任何有用的训练……"至于对应节律与和谐的那些内容的特征是什么，他却未予评说。

到第十卷时，既然已经把摹仿用于个人认同和艺术表征的标签，柏拉图就问，诗人表征什么呢？他自己回答说："诗人表征行为的人，包括自主的行为或外部强制的行为，还包括人如何思考或感觉自己的行为，即他们如何用祸福解释自己的行为，以及相应的悲伤和欢乐欢。"在这里，诗歌表征的内容无疑是局限于行为和情景、行动与事件的，是局限于其身体反射的思想感情的，行为和情景、行动与事件、思想与感情都不能成为分离和客体化的反映。

在这个意义上，柏拉图的诗歌，其内容公式的确倾向于把重点放在纯叙事系列故事上。这并不意味着损害戏剧性的叙事。相反，戏剧化的表征仅仅是把人物的行为迁移为诗人的行为，并不改变叙事的句法。实际上，戏剧性拟人化不太可能用另一种句法，就像无人称陈述不能用另类的句法一样，这就是为什么柏拉图在第三卷里宁可用无人称论述。

在第十卷里，我们接触到行为和事件的诗化的全景图。柏拉图给诗化的图景贴上科学敌人的标签，认为它与存在完全是格格不入的。用上这些表述以后，它们就带上了此前在第五卷和第七卷里的语境，其意义已在上述语境里做了解释。与第五卷和第七卷所论比较而言，第十卷的论述可以详细分列如下：

（1）诗歌首先被说成是知性的堕落。这可能使人想起他的"线喻"，数学的知性执掌那线条的第三段。

（2）这个"线喻"的回忆被强化，摹仿对象被比作物理表象，它们任意反映在旋转的镜子上，各种形状、各种大小，没有区分。这就是说，摹仿对应那线条的最末段，连感官对象都只能反映在"水面"上了。

（3）就画师而言，摹仿内容的品质被揭示出来，它包含虚幻的表象。这是因为，他的摹仿只能描绘物体的一个侧面，或正面，或侧面，就是不可能一笔描绘物体的全貌。这样的描摹和物体的全貌形成强烈的反差。

（4）因此，摹仿就被置于科学（知识）的对立面。

（5）经过与荷马等诗人的长期论战后，柏拉图认定诗人的教育者职能，将其归纳为"美德幻象的摹仿"……"荷马用语词把我们所谓的有色表面放在一切手法上……这样的手法拥有内在的魔力。"

（6）在分析摹仿表征的下一个阶段，柏拉图试图用摹仿界定我们对心灵习惯的诉求。

（7）柏拉图问，这样的习惯是什么呢？或者问，什么是心灵习惯的经验领域呢？他的回答是：视错觉传达相同的客体的报告是矛盾的，因为相同的客体在有色的表面"游走"，距离有所不同。

（8）相比而言，心灵里的计算元素用计量和数来纠正这样的扭曲，从而避免了相同客体的矛盾。

（9）心怀矛盾意见以对抗计量科学应该是不可能的。

（10）因此，摹仿的吸引力与"思考"（phronesis）是格格不入的。

（11）如果转向诗歌我们就会发现，其内容包含连续不断的行为和激情，而行为和激情又是浮动的、不一致的。

（12）因此，诗歌直接诉求的官能是计算的敌人——我们身上的病态部分，这是计算力和法律试图控制的病态。由于情绪的原因，摹仿的诗人不可能与计算官能建立联系。

（13）此外，诗人不能区分大与小，同样的大小东西时而被他认为是此，时而被他认为是彼。

柏拉图可能是在狂热状态下写出以上论述的。《理想国》的读者应该对充斥其间的大量术语比较熟悉，但柏拉图不解释这些术语，而是走捷径、透彻讲解他的终极主题——第二卷开卷时初露的主题，他挑战诗人描述里披着当下道德外衣的敌人。他暗示，这样诗化描述就像一面镜子，反映的内容是无组织有形物的驳杂镜像，你就不能说它们是何物。诗歌经验是一种与科学对立的官能；是一种意见状况，它接受物理报告里的游移和矛盾；诗歌经验与数和计算是格格不入的。我们的结论是，不能把"是"用于这种报告，那是因为报告本身是游移的、自我矛盾的。同样的物体时而是这么样的大小和维度，时而又像那样的大小和维度；它既"是"又"不是"。

这套术语的范型及其背后的理论在《理想国》的各卷里已有阐述。第五卷有一段文字介绍了分离的抽象客体，我们已考察了。接着，我们考察了该书第七卷灵魂转化的理论（还注意到另一段文字），柏拉图思考何为"是"，最后介绍算术，将其作为转化开始的初级训练。在这里，让我们首先回到第五卷，考虑对象理论（theory of the object per se）被提出来的语境，对象理论被当作哲学知识的理论了。

柏拉图主张，哲学家是国家政治权威唯一正当的资源，这样的人是什么样的人呢？显然，他是"喜欢何为智慧（sophia）"的人，因而他"喜欢研究"（philomarhes）任何东西和一切东西。有人立即反驳说，这样的描绘正适合"景色和声音"的人即观光者，他们肯定不是哲学家。为了澄清两者的区别，柏拉图提出一个哲学家思考什么、知道什么的定义：哲学家思考的是抽象对象本身，抽象对象是"一"不是"多"。相反，喜欢景色和声音的人拥抱美妙的声音、多彩的表面和形状。他们"熟悉美好的行为－事件"，却不知"美本身"。他们生活在梦境中，这种心态是意见的状态，居于科学知识和空白无意识的中间状态。这样的意见是一种官能，有独特的对象，这个对象也是居中的。

再者，这种状态是持久精神混乱的状态。喜欢景色和声音的人持续不断地对同一物做出矛盾的判断，其判断的道德内容似乎是游移的（以至正义变成非正义），连比例和属性都会游移（以至轻变成重）。柏拉图不断说同一物"它是，又不是"。我们的判断是，进行道德判断和其他判断时，"很多人熟悉的许多常规（nomima）"总是在游移。这就是只有意见而不是知识的状况，在这里被拥抱的对象是高雅的声音和有色的表面。就这样，我们区分了两种人：喜欢意见的人（philodoxoi）和喜欢知性的知识分子（philosophoi）。

第五卷对意见的分析到此为止。将其与第十卷对诗歌做横向比较就可以揭示两者的连续性。两种分析都区分具体的心理状态（混乱）和抽象与精确状态。具体的心理状态在第五卷里被称为"许多人的意见"，在第十卷里有一次被称为"意见"，其他时候被指认为诗人的精神状态及其对现实的报告。在两种情况下，这种具体精神状态所报告的现实的版本都是多元的、视觉的和多样的。在两种情况下，这一多元性都转换为矛盾的语汇。关于色彩、形状和尺寸的判断都是矛盾的。有关行为和事件及其道德属性的表述也是矛盾的。同一物时好时坏，时大时小。与之类似，一致的道德判断和一致的物理计量也是不可能的。如果一致的判断和计量能够达成，那就暗示，那一定是同一个官能达成的。相反，意见的状态像梦境（第五卷）、像中魔（第十卷）。

　　横向的比较澄清了一个问题。在第十卷里，柏拉图用画家及其画作比拟诗人及其行为和激情的故事。然而，他是不是在说，像画家用错误语言报告物理现实一样，诗人也在用错误语言报告人的行为道德呢？在这一点上，第十卷所用的语言可以被认为是模棱两可的。诗人所用的有色的表面也许只不过是他节奏和技能的暗喻。但是我们意识到，对分离的颜色、表面和形状的视觉迷恋也是第五卷的"许多人"的基本瑕疵，他们是"意见"的囚徒。正是这种普通的意见引起人对物理现实扭曲和矛盾的报告，因为这样的意见迷恋那些分离的色彩。看来，我们难以避免这样的结论：柏拉图有意把诗歌批判为对环境和人的道德的报告，而且他觉得这两种报告都不令人满意，理由则基本上是一样的。诗歌再现物理对象或人的举止时，不会用计量、计算和推理的能力。在第二种情况下，听众只有对诗歌产生身份认同后才能记住诗歌，诗歌的表征才是有效的；听众的推理力同样受到抑制，他们不能控制或计量个人的反应。

　　那么，第十卷里诗歌的与第五卷的意见的关系如何呢？显然，它们是用类似的心态描绘的。但因为和意见相比，诗歌表征的经验深奥得多，所以我们一开始就断定，诗人及其作品凑巧是意见里有错误的一个特殊的例子，是柏拉图出于自己某一特殊原因而抨击的例子。

但另一种回答也是可能的。也许，第十卷的诗歌与第五卷的意见是共存的吧？看来柏拉图的确是这样描绘的。也许到了第十卷，柏拉图才充分解释他想要在第五卷里抨击的意见是什么意思吧？

无疑，这和我们一直在捍卫的柏拉图的主题是一致的：荷马的心境是大众的心境（general state of mind）。因为在那样的情况下，诗人代表着那种公共媒介，而且是大众心境借以表达自己的唯一的媒介。诗人而且唯有诗人才提供我们所谓的"文化语言"（culture-language），也就是文化规范，"许多人的意见"就是在这样的规范里形成的。如此，柏拉图对诗歌的认识论猛烈抨击、指责诗歌是对物理事实和道德价值的错误报告，就可以解释了，因为他抨击的是社会上普遍存在的错误。

如果真是这样，我们就可以期待，第五卷对"多"的抨击应该泄露了一些证据：终极的攻击目标就在诗歌里；但那个靶子要等到第十卷才充分展开。它确实充分展开了。总体上看，那段文字是用来把知识和意见的关系形式化，给两者的差异下定义。但起初对两者的对立进行铺垫时，他给我们介绍两种人："哲学家"对"观光者"，他们分别代表两个层次的人的经验。在那段话的结尾，他肯定两者是根本对立的两种人。分析结尾前，他给观光者下的定义是：拒不接受抽象对象本身，其理解力类型陷入了重重矛盾，所以观光者不能始终如一地报告物理世界和道德世界。观光者被划上了一个特别的等号，他就是"意见热衷者"（opinion-lover）。

那么，谁是观光者呢？按照他的介绍，观光者是不断光顾剧场的人，他们没完没了地观摩狄奥多罗斯（Dionysiac）的歌咏队，都市和乡间的剧场都要去。但我们应该问，柏拉图为他的学园界拟定新的思想标准时真的想说，阻碍观光者成就的仅仅是看戏的习惯吗？这似乎比他达成目的所需的深思肤浅多了。在我们的文化里，去剧场的人是教育程度高的少数精英。柏拉图的整段文字却说得很明白，他抨击的靶子是有普通脑子的普通人。

在那个意义上，普通希腊人的脑子是戏剧脑子吗？若要找到答案，我们只能假设，他真正的攻击对象是诗歌表演；借此表演，整个希腊传统得以贮存、维持活力、被人记住；看诗歌表演的听众必须认同这种活生生的记忆。总之，虽然和第十卷一样，柏拉图集中攻击戏剧性表演，因为诗歌表演是彼时最典型的传统形式，但他抨击的对象（如同第三卷一样）是"诗人与荷马"，史诗表演同样是他瞄准的靶子。他攻击的不是书本阅读的诗歌，而是通过诗歌表演的认同而产生的记忆行为；他认为，这样的诗歌记忆和诗歌本身是不可分割的，诗歌记忆构成摹仿的整个行为与状况。

　　第五卷的遣词造句不止一次暗示，这的确是柏拉图的攻击目标。"忠诚的观光者"等于"忠诚的听声者"，这一等号强调声觉关系，声觉关系是表演的根本。他们喜欢的对象是"由此打造的美妙的声音、多彩的表面和形状"。柏拉图强调声、色、形是意见经验的领域；在论述的末尾，他再次强调诗歌经验领域与哲学家视野的反差。他的用词颇为暧昧而且是故意的暧昧。一方面，它描绘诗化传统的声觉－视觉内容，以及情景和事物具体的视像化，描绘为此目的而借用的节奏、音律和音乐。另一方面，它又描绘实物和人工制品，借以描绘各种各样事物混杂栖居的外部世界。柏拉图这种双重指称的现象既涵盖了诗歌记录的内容，又涵盖了物理世界的外貌。第十卷也用了这种双重指称的辞藻。

　　而且，在柏拉图的笔下，诗歌经验领域与哲学家视野的反差还源自"熟悉的行为－事件范式"，这一反差被描绘成许多人有关正义等概念熟悉的多样性。这样的语言的所指只能是我们说的部落百科全书的道德和社会内容，是希腊一切社会习俗的源头。

　　在第五卷里，柏拉图有一次用上了"观光者、技艺忠诚者和实践者"的三分法。在紧邻的上下文里，他没有提供任何口实说明为何要提出这一令人吃惊的组合，将其作为普通人及其意见的定义；不过，这使人想起他在《柏拉图对话录·申辩篇》里提出的著名的三分法，他把苏格拉底描绘为政治家、诗人和匠人。

最后，如上所示，这些剧场常客的整体经验被喻为梦幻。这相当于诗歌表演节律和情绪的魔力、听众身份认同的魔力，第十卷将其描绘为诗歌的伴奏。

如果我们说对了，《理想国》的总体布局看起来在呼唤柏拉图新教育的渐进式定义，从中级到高等教育的每一个阶段，它都与普通民众的心态产生冲突。反过来，这一心态的定义总是用希腊悠久口传诗歌养成的心灵习惯和习俗，口传诗歌被视为道德指引和人体描绘的载体。每当柏拉图自己系统的认识论受到质疑时，他总是觉得不得不进行界定，以彰显他的认识论与诗歌表演的心理和语言的反差。而我们则补充说，他没有明快揭示，这一习惯和语言是在群体经验的口传记忆和保存中养成的。

因此，柏拉图在第二、三、五、十卷渐进式地揭示柏拉图主义的敌人诗化的心灵；随着柏拉图主义理论不断地被拓宽加深，他对诗歌的抨击越来越激烈了。我们看到在第七卷里，柏拉图确认思想者和认知者的自主心灵，他唤醒心灵，让其偏离抽象的客体，而抽象的客体构成永久的、可理解的知识。他这是在呼唤什么呢？他在第七卷里重申不接受诗歌承担这一任务吗？是的，他拒绝了。他毫不犹豫地排除一切音乐，认为音乐和他的目的毫无关系；他提议让算术训练完成这一唤醒心灵的任务。他说诗歌在这里也没有一席之地。不过，在第十卷里说诗人时，他分析算术能矫正的那种心理状态。在那样的分析里，他认为矛盾是那种具象心理状态的根本错误。这是一件辩证的武器。让我们看看，柏拉图如何总体上使用这一武器。

他在第十卷里说，诗歌不是切实可行的话语方法，因为它报告现实的语词本身是自我勾销的。事实上，诗歌拥抱矛盾，几乎将其用作原则。像画师一样，诗人报告的同一件事却时而大时而小。因此，诗人本质上是非理性的，同样的矛盾渗透到他有关行为和激情的一切表述。这就是说，英

雄的表现时而好，时而坏，不能提供任何抽象意义的良善模式。诗歌内容
这种认识论矛盾引起聆听者的心理矛盾，聆听者认同诗歌里的故事，所以
他时而好、时而坏、时而愤怒、时而平静。

我们在这里看到，鉴于诗化表述的多样化、具体化和混乱化，柏拉图
将他反对的这一切简约为一：它们都违背一致性原则。其必然后果是，对
立的语言和对立的陈述用到了同一主体身上。同一人或同一事就时而好、
时而坏、时而大、时而小，取决于人的观点了。

在第五卷里，他首次使用这一辩证的武器。他提议用意见这一标签来
表示那种只觉察到"多"的经验。但他接着说，我们的反对者要求我们证
明，意见（多变表象全景的体验和生动印象）不是知识。我们的回答是：
"知识"必定是有关实然的某物（something that is），其对立面"无知"是
非实然的某物（what is not）。那么，既然意见的对象既不可能是"知识"，
也不可能是"无知"，既然意见是有别于知识和物质的官能，剩余的唯一可
能性就是：意见的对象、意见的话语寓居于两者之间。意见是"'是'加
'不是'"（is plus the is-not）的领域。

柏拉图论这一主题的热情有增无减。他接着说："为了说明我的意思，
你们热心的观光者眼里满是美丽的和丑陋的、正义和非正义的、双倍的和
一半的东西。"但这些"多"的每一种表象在另一个时候就可能变成丑陋的
而不是美丽的、一半的而不是双倍的。因此，这种表象不再美丽，本来就
不美丽；许多人熟悉的习俗都是这样的。所以，我们所谓的"意见"就是
继续理解"是"加"不是"的情况。

如果比较第五卷和第十卷的语境，柏拉图想要说明的就是两种句法情
景的反差。如果用事件发生的语汇来描写，在任何的经验记述里，为了呈
现分离的事件，这两种句法必须要有所不同。只有容许故事"人物"或现
象的情景有所变化，这两种句法情景才可能有所不同。因此，阿伽门农时
而高尚、时而卑贱；希腊人时而力量强大，数倍于特洛伊人，时而不敌特

洛伊人。所以这些句子的主语"是也不是"。柏拉图不是说，这些人不再生存，他是想说，在这种话语里造出的句子里，主谓关系为"是"的句子是不可能的，永久和不变的句子是不可能的。

柏拉图想要什么样的表述呢？它们将获得什么样的句法呢？我们可以转向第七卷去查找。在那里，他引进数和计算，将其作为感觉的训练，借以培养人从有形物抽象出可理解物的能力；他提议知识和意见的二分法而不是"智能"和"感知力"的二分法。"感知力"（sensibility）报告这样的事实：三根手指头就是三根手指头；但"感知力"继续报告说：其中一根既大又小、既硬又软，意思是说：这跟手指头大于一根手指头，小于另一根手指头；比一根手指头硬，比另一根手指头软。因此，在第五卷的语言里，这根手指头是"是和不是"。报告中的感觉是矛盾的；于是"智能和计算"就应召去解决心理的两难困境，它们就问道："我说'硬的'和'硬性'、'大的'（big）和'大'（bigness）等，那是什么意思呢？""智能和计算"着手去区分和识别心理客体（mental objects）：硬对软、大对小。于是，被计算的是心理客体而不是手指头，于是它们就以智能分离出来的抽象客体的面目出现了，虽然我们的感知经验继续混淆这些抽象的客体。智能接受培训去理解这些抽象的客体，而感知经验坚守"存在状态"而不是"成长状态"。

柏拉图在第十卷里主张说，艺术家是个"意见"人，混淆维度，不能推理，不能计算，他描绘物理表象，而这些表象既是亦不是。柏拉图这样说的时候，他是在继续说第五卷和第七卷的主张，他把诗歌的病根简约为这样的矛盾。然而，只有我们假设近身的事件和情景不真实，而大小、正误等分离的抽象概念是真实的时候，矛盾的措辞才是病。只有说这些抽象概念时，语言的表述才不会矛盾。阿伽门农行为的不同方面既高贵又不高贵，但高贵始终"是"美德。总之，禁止矛盾是另一种形式的呼吁，那是在呼吁给抽象实体、原理、阶层、类别等命名，是在呼吁使用它们、思考它们，而不是在呼吁我们去命名、使用、思考具体的事件和富于激情的活生生的人的行为。

"意见"或"信念"（doxa）是《理想国》喜欢用于非抽象心境的标签。这一选择有历史原因，我们稍后将予以探索。第十卷给 doxa 和 mimesis（摹仿）划等号，摹仿既表征诗歌内容又表征诗歌经验的心理状态。但在第七卷有关手指头的那段文字里，多数、具体、有形的问题被简约为一个物理矛盾，于是 doxa 被 aisthesis（感知）一词取代，单数复数同形。aisthesis 常常被译成"感知"或"感觉"，而我们宁愿将其译为"感知力"，以表示其初始用法与情绪反射和接收器官的联系。这一用法显然对柏拉图认识论的发展具有重要意义。它开始把认知问题从叙事时间的诗化经验移除，将其置入物理客体感知经验的语境中。关于第五卷里的观光者，柏拉图并没有说，他们用上了"感知力"，只是说他们"熟悉"有形的景观，或"拥抱"这些景观，或"观看"这些景观。但他在第七卷里说，主体敏于"感知"手指头。Aisthesis 一词的用法凸显论辩更大的精准度，凸显了不同认知理论和不同真理标准的优点。

然而，《理想国》论述的结构显示，"意见""感知力"和"摹仿经验"全都绑定在一起，至少在柏拉图思想发展的这个阶段是绑定在一起的。在第五卷里，"意见"在大小、轻重等问题上做出矛盾的评判。在第七卷里，在大小、硬软、轻重等问题上做出矛盾评判的是"感知力"和"摹仿经验"。在第十卷里，"大小"应该在"摹仿"里出现却没有在出现，曲与直、多或少也没有出现。就像第七卷里的"感知力"，以及第十卷里的"摹仿"一样，计算能力所需的武器是记数和计量。无论是说意见、感知力或诗歌，柏拉图的评判都缺乏同样的标准；意见、感知力和诗歌都不可能觉察到尺寸、大小之类的字眼所表征的纯抽象实体。关于第五卷的"意见"和第十卷的"摹仿"，他都说，它们都不能理解道德抽象。

因此可以说，身体感知及其混乱和矛盾的问题——后期柏拉图主义发展和考察的一个主题，起初是在较大的诗化经验及其混乱的语境里形成的。根据柏拉图主义，两者情况类似，都不能从具体的物象里分离抽象的客体，这些抽象的客体有类别、关系、道德原理等。但把经验问题缩小为身体感知时，经验对象也被收窄了，从总体的事件序列缩小为序列里的物体了。哲学逐渐忘记了它原初的目的，那就是摆脱叙事的记忆魔力。记忆的魔力取代了摆脱物象魔力的努力。两种情况下，争夺我们哲学忠诚的对手都是抽象推理的能力，抽象推理的能力认识本体，而本体是不变的。但这些与物象相对的本体特征成为类别和属性，而不是道德原理。从部落百科全书里分离出道德法则的最初目的大体上达成了。解决物质世界地位的哲学问题被留下了（维持不变）。

回头说"意见"问题：正是因为它极其暧昧，所以柏拉图及其先行者才选中它来表达诗化经验的属性，那是知识分子试图逃离的诗化经验。名词的 doxa 及其动词形式 doko 都令现代逻辑十分困惑，这两个词都涵盖主体关系和客体关系。动词既指我个人身上的"似乎"、指"主体"，即我的"个人印象"；又指另一种"似乎"，把作为客体的我与看着我的人联系起来的"似乎"——我给他们留下的印象。因此，与此相应，名词的 doxa 既是我脑子里的"印象"，也是别人对我的"印象"。因此，它看起来就是一个理性的选择，用来描绘诗歌表演里主体和客体的交融和混淆，又描绘诗歌表演所造成的心境里的交融和混淆。这就是"似乎是在表演的事情"，无论这全景式的表演被认为是在我身上或是在外在于我的世界里。

因此，doxa 这个标签选得好，既指诗人脑子里的现实意象，又指柏拉图之前希腊人脑子里一般的现实内容的意象。其通用意义最终胜过了诗人意象的意义。如果说它起初把这两种意义合二为一，那是因为在口语文化和口语交流的漫长岁月里，诗人及其叙事承担了创造并保存通用视像的任务，进而把这个视像固化在希腊人的脑子里代代相传了。

第十四章　形式理论的源头

　　柏拉图坚持，他的同时代人必须远离感性经验的外部景观，聚焦于抽象客体本身，因为那是唯一可能的思维对象。有时，他把这一对象指认为形式，同时还用复数的形式，将其视为方法论或思想训练。他的读者熟悉这一形式论。但一般希腊人并不熟悉这一理念，他们的心态还处在"意见"的状态。他的语言预设了一个圈子，圈子里的人习惯把形式这个词用来指这种客体。因为这一形式方法是早有的预设，在《柏拉图对话录》的对话中就已出现，比《理想国》更早；因为《理想国》之后的对话常常考察"形式"一词的意义及其应该和可能的用法，学者圈子里常常习惯说柏拉图的形式理论（Theory of Forms）。

　　形式理论含有一种学说立场，柏拉图希望在此赋予他的哲学威望。不过，他著作里实际的调子并不支持这一哲学威望；他的调子有太强的非专业性。他在《理想国》里首次介绍客体"存在"（are）时，他称客体为形式；但就在这本书里，他常常用"对象本身"（object per se）的概念，并不称之为形式；甚至在他重申柏拉图式知识的绝对性时，他未必一定要使用"形式"这个词。

　　更重要的是，他反复使用的"形式"未必大写，使之用于类型、种类、等级或类别的意义；甚至在形式一词可能并不指客体本身的语境中，他也在使用这个词。总之，他既使用这个词的专业意义，又很随意地、非专业性地使用它。如果你假设，柏拉图的理论是现代意义上的"系统的"理论，而且是系统地表达清楚的理论，你就在清楚区分他随意使用的小写"form"和大写"Form"，你就在归因于一个事实：同一个词"形式"有双重职责，因为希腊词汇不够充分。然而你这个假设可能有误，如果是这样，这个词的两种用法的区分并不明显。如果真是这样的，其非专业用法可能会说明专业用法。不是这样的，其专业用法可能仅仅是尝试，并不是始终如一的追求，并不是要把非专业用法的意思形式化。我们在这里要研究的就是这个形式问题的概念。

至此，在追寻柏拉图主义意义的过程中，我们一直避免使用"形式"一词，虽然我们的研究领域集中在《理想国》，而作者又明确承认并使用了形式的"方法"。虽然我们接受这一用法及其原因，我们也不会到《理想国》之后的对话里去搜寻"形式"问题的线索，不去搜寻"形式"与柏拉图具体探索的关系。彼时，柏拉图主义已经解决或觉得它已经解决了自己降生的主要问题，换言之，与诗化传统和诗化心境决裂的紧迫冲动问题已然解决。形式化抽象话语已然被当作正当的科学工具被人接受。一旦被接受，起初比较简单的追求形式理论的动机——无论道德的或物理的动机——都可以被取代了。一种新认识论和描述性新逻辑的复杂现象及其表述都堂而皇之地在前台亮相了。我们在这里的工作是研究形式生成的那个比较简单的阶段，看它首先是如何成为话语对象的。如果用精练的语言和分析去研究新认识论和新逻辑的复杂现象，我们就可能丢失研究柏拉图早期阶段思想的线索，因为那样的语言和分析是后来才出现的，而且是用来解决复杂的两难困境的。

直到此刻，我们一直避免使用"形式"一词，为什么呢？我们搜寻的是促成柏拉图改变希腊语习惯用法的历史的和语言的必要条件。哲学必然性的直接证据并不是由那些"形式"提供的，而是见于他反复使用的它本身（itself per se），它本身又是"一"（one）、又是"在"（is）、又是"看不见的"（unseen）。这是柏拉图的基本用语；其句法同时又显露它正在与之决裂的句法、柏拉图试图将自己从中解放出来的句法、他必然要使我们从中解放出来的句法。正如上文所解释的那样，"它本身"这些特征的反面是一连串复数形式的事件和行为；它们是发生的而不是存在的，是以意象的形式生动描绘的，而不是被思考的。在这些连串的事件和行为里，"它本身"的健全性（integrity）被构想为类别、原理等类似的抽象概念，在众多的实例中被分解和分散；于是我们说，它可能成为"暗示的"原理，但实际上，这样的原理并不存在于荷马的话语中，因为那样的话语缺乏命名它的语言方式。

这种新柏拉图式语言揭示希腊文化革命的性质，在这一点上它胜过其他语言，柏拉图主义的任务就是要宣告这一场革命。正如他本人所言："对大多数人而言，心想'美'本身，而不去想许多美丽的东西，心想具体的'它本身'而不去想许多具体的事情，那是不可能的……所以大多数人绝不可能成为知识分子。"

"它本身"这样的辞藻强调"客体"的简单纯粹性，相聚而分离，不受其他任何东西的污染；这样的表明直接对应拉丁语"抽象"的心理活动；换言之，这场革命中新生的自觉的"主体"不得不思考"客体"，这一"客体"是从史诗语境里硬性"拽出来"的，是在思想分离与整合中创造出来的。比如，许多（隐藏的）得体的举止被归为"全然独立的礼仪本身"。这个礼仪概念必须要从事件和情景的意象流被分离和抽象出来，行为者或代理人所做的事情未必都是妥当的。

柏拉图坚持要求，我们用分离的心理实体或抽象概念思考问题，用抽象语言描绘或解释经验——我们这样说是公平的。他撰写《理想国》时，心里想着什么样的抽象概念呢？他没有在任何地方开列一个系统的清单，但我们可以勾稽编纂他对这个问题的回答；在一连串的语境中，他都谈到了这个心理过程的某些方面。

第五卷首先论及"它本身"（itself by itself），他描绘了哲学家思考的一些概念，如美丽的、正义的、良善的，及其对立面丑陋的、非正义的、邪恶的。实际上这种对立面的基本性质被用于这些抽象概念的论证。这就意味着，不仅正面的道德原则或价值应该被分离出来，负面的原则或价值也应该被分离出来，并被用于柏拉图的话语。稍后他进一步证明，这些抽象的客体是自洽的，他重申这些道德概念的语词，给这个清单追加了双倍、一半、大、小、轻、重等概念。

下一个清单的出现是在柏拉图描绘"客体"的线喻（parable of the Divided Line）里。在第三段线里，客体用几何图形来表征，例子有奇数、偶数、图形、三种角，以及"正方形本身"（the square itself）、"直径本身"（the diameter itself）。在第四段线即最后一段线里，他似乎暗示，这段线代表"智力活动"（intellection）领域，第三段线里的抽象概念和其他抽象概念在话语里相互联系，这一话语完全是分析性的，但他没有举例。

接着，在第七卷的"三根手指头"那一段文字里，他考察了一个重要问题，那就是"感知力"引起的矛盾，知性力（intellect）必须回答这个问题，把那些与手指头混淆的"客体"分离出来并予以计算。这个清单里的例子有数量、小、硬、软、重、轻。

最后，在第十卷里，他变换一种形式重申"手指头"那段话的理论，再次引人注意感知力引起的矛盾。他强调，计算能力不得不拯救和计算大量、较少、相等功能；"摹仿"的错误是不区分大小。

交叉比较之下，这些清单显示相当大的共同性。第五卷的第一第二两个清单揭示我们在其他章节里已经熟悉的概念："良善"和"正义"（或良善"原理"和正义"原理"），它们是道德范畴或要求，描绘并知会人的行为；对柏拉图而言，它们类似形状和维度（大与小）、比例（双倍和一半）

等；就是说，它们类似我们介绍物理世界时所用的简单的基础算术类别。它们可以等量齐观，那是因为它们都代表同样的精神努力：挣脱"多"，进而整合为"一"。然后，简单的数学范畴又加上了算术范畴（奇数和偶数），再加上几何假设（正方形和对角线）；接着再加上一些基本的物质客体的"属性"，比如渗透性（硬和软）和重量（轻和重）。

带上这些线索的指引，回头看第七卷提出的科学课程表，将其视为辩证法的序论，那倒是很恰当的。柏拉图反复强调的这些学科不能被当作封闭的课程学习，它们不是供脑子吸收的信息团块或系列规则。其目的是加速思想的觉悟，使心灵从"多"（many）转变为"一"（one），从"成长中状态"（becomingness）转变为"存在状态"（beingness）。如果我们这样判定的主题是正确的，他这段话就相当于情况的翻转：从史诗的意象世界转变为科学描绘的抽象世界，从时间框架内的叙事的词汇和句法转变为时间框架外的方程式、法律、公式和话题的词汇和句法。

这个方面值得注意的是，第七卷提出的学科——从算术到和声学——都根据学科运行领域的抽象定义排列成一个上升的序列。每一门学科都是一个思想的世界，排列在一套坐标里。在几何学里，我们学到"两维的平面"。接着是"含容积"的"三维空间"，必须要按照"它自己"的面目来把握。再往后是"三维运动"（three dimensional in motion）或"体积的运动"（motion applied to volume），占领其精神视域的是"已然的快速"（the speed that is）和"已然的缓慢"（the slowness that is）或"相等或两倍或任何其他比例的真相"。最后是"声音的运动"，因为"声音有几种形式"（motion has several forms）。

应当指出，柏拉图这些词语是用来界定已知领域或认知对象的。他说话的口吻仿佛是，这些详细勾勒的学科的意图仅仅是开拓它们约束的精神视域的坐标系统。在《理想国》这一大段文字里，柏拉图呼吁希腊人思考身体和空间、运动和速度之类的概念——我们可不可以下这样的结论呢？

或者我们可不可以说，他要希腊人用这样的语汇去思考物理经验呢？这肯定是解读这段话的线索；他的话使经验科学家大吃一惊，他谴责和拒斥"有形天堂的"（visible heaven）的研究。他要希腊人远离天堂故事，他在呼吁什么呢？赫西俄德的历法是史诗的原型，天才的天体运行仪和构造由此而生，却局限于为天象和天体运行建构模型。一张星图可以为例，说明他拒斥什么。他要求的是另一种话语：在物理世界的常规标题或类别之下创新安排这样的天象，使之能用自然律的语言来表达。有形的天只能有范式的功能，说明天体的普遍运行方式，用方程式表达"存在"，不表达"形成中"或"变化"。在没有实验室的情况下，他不得不用有形的天来做受控条件下的力学试验。他对学生的诉求双管齐下，在希腊语词汇的既成情况下，他不得不这样做。首先他说，靠近物体运动时，不要思考它有多快、多大，要思考它速度和体积的坐标；其次他说，不要告诉我"瞧，A 的上升快于 B"，而是反过来说：暂时体现于 A 的速度是暂时体现于 B 的速度的两倍；然后他又说：这两个天体的运行速度与理论上的普通速度成一定的比例，这就会使你去考虑规律或公式，明显可见的速度依据这些规律或公式而变化。于是，有形的天文学成为思考问题的手段：（1）用纯抽象的概念、规律或公式来表述；（2）用无时间性的句法来表述，总是说"是"，不说"不是"。

这里看到的是一个新的话语框架和一种新的词汇，献给欧洲人的头脑。今天，我们将其视之为理所当然，认为它是受过教育者的话语。我们没有想到，它曾经是人必须要去发现、界定和坚持的话语，所以才有今天这样的结果：我们很容易且骄傲地继承它。这一发现基本上是柏拉图完成的，虽然这是建立在前人在同一方向上努力的基础上。我们在这里能把两个希腊词翻译成"运动"（motion）或"天体"（body），它们在柏拉图之前已存在——这不是重点。重要的是，它们的句法关系已经发生变化。因为句法变了，所以它们原有的特性被剥夺、被延伸为观念的维度了。在柏拉图

（如果苏格拉底之前的某些一些人例外的话）之前的习惯用法中，它们从来不会用作无时间性谓语的主语。它们在叙事序列里断断续续出现时，或象征箭镞的飞行，或象征一个人的遗体（corpse）；如今这两个词的意思分别是"任何运动和每一种运动"，"宇宙里的任何一个和每一具遗体"，不必加修饰语。它们已经从箭镞飞行和阵亡将士的遗体的图像中抽象出来并被整合为相应的概念了。它们被转化为"无形的意象"了。

良善和正义（连同邪恶和非正义）、比例和大小、维度重量和形状、奇数和偶数、正方形和对角线、硬度、运动、速度和容积——这种术语表征什么呢？它们是精致的词汇，表征许多东西：是道德价值，是物理属性，又是关系。我们用它们相互组合的术语来表示道德原则和物理公式，方程式和法律。它们说的是类别和共同现象的语言。适用于它们的唯一现代语词是"概念"。这是因为，它们拥有共同的特征，作为类别、等级、关系、原理或公理，它们是人脑打造出来的概念，用来解释和分类感知经验；或者是已经从感知经验里抽象出来和演绎出来的概念。正如柏拉图所言，你能概括地说它们唯一的共同点是，你看不见它们，不能品尝它们的味道，不能听见它们说什么。人脑的另一种功能负责这种语言。我们称它们为"概念"，与"意象"相对。我们说它们"抽象"，与具象、可视化的事件或事物相对。可以说，柏拉图主义归根结底是用观念话语取代意象话语的诉求。话语概念化以后，句法随之改变，把抽象无时间性的关系联系起来，不再计算时间序列里的事件；这样的话语生成"智力活动"的抽象对象。

柏拉图从来没有把他对这些对象的讨论与理解它们的"思维"活动分离开来。它们要么是"对象"（noeta），要么什么都不是。它们常被置于我们眼前，不是为自己，而是要显示并强调知识和意见的差别、知性行为和感知机制行为的差异。学会思考这种新对象更重要，断定对象的精准名字和数量的重要性次之。这是你从柏拉图本人的说明中反复得到的印象。

那么，为什么柏拉图不给它们贴上观念的标签呢？他可能为此目的而去设计希腊语，他的一些先行者也意识到希腊人想的是什么，比如他们也说"思想"（phrontides）或"观念"（noemata），仿佛这样的思想代表着希腊经验里的新现象。然而，在描绘这些语言现象或精神努力的现象时，柏拉图只用了这个希腊词的两种变体 phrontides 和 noemata，避免了任何心理构造的暗示，这个词只能翻译成有形的"形状"（shape）或"形式"（form）。

这个词的荷马式含义指的是人的"外貌"，但在柏拉图之前，它已经在一定程度上被知识分子特化，数学家将其用来描写几何图形或结构，天文学家或医生可能用它来描绘一组现象的"共相"（common look），因此，这个词就是"一般形状"（general shape），或拉丁语的物种（species）。以前的这两种用法大概鼓励柏拉图在专业意义上用它，他撰写《理想国》时显然有这样的意图；他几乎将其用于以下任何一种概念：现象分类方法、界定行为原理、归纳事物属性、决定事物关系。

如果柏拉图在诉求希腊人脑子里这样的活动，他为什么喜欢用这样的关系来描绘观念活动的结果呢？我们最好先问：他为什么要避免任何近似我们"概念"的词呢？答案大概很简单吧。至少在希腊思辨发展阶段，概念的意思可能是被心灵唤起、被设计并被投入语词的任何思想。抽象的可能性无止境，有意义的抽象似乎也无止境。然而对他而言，道德领域始终是观念思维首先需要说明的领域，他全心全意投入的主题是：道德原则是固定的、有限的，不构成无穷的序列，道德原则不是用暂时环境条件的经验调整来建构的。他强烈反对相对主义，这肯定使他警醒，如果提倡正义和良善这样的抽象概念，而抽象概念又需要用自己的智能来提炼，你就会为道德可能会是什么的新公式、新概念打开无穷无尽的发明之门。他厌恶以相对主义的态度接受道德，那可能在历史发展过程中曾经满足过人的需要。但他的厌恶不容置疑，已扎入他的意识深处。也许应该承认的是，社会背景和阶级偏见使他很早就坚守一个主张：人的社会关系不仅应该稳定，而且应该是威权主义的。如果是这样，描写社会关系的正义原则与人的发明和改进就没有关系。

　　无论如何，用象征手法表现道德抽象是终极的需要；我们认为，这是他把道德抽象称为形式的首要动机。为了成为形式，形式必须要有独立的存在；形式强加于行为流的永久形状，我的心灵可以观看和理解形状，却不能发明形状。所以，形式不是知性活动创造的，这就意味着，"它本身"之类的语言手法表征的"对象"也不是智力活动创造。

　　柏拉图还有第二种动机，或许其烈度不亚于他的首要动机。多种多样的对象被用来描绘的不是道德行为，而是物理现象的行为。他从前人那里继承了一个潜在的信念：我们体验物理现象时，我们接触一个外在于我们的世界、秩序、系统，这个世界和我们对它的理解没有关系。我们稍早前说过，这是希腊人天才的根本，我们在希腊艺术里窥见了这一天才，外部世界是不能轻慢的，不能被视为是不存在的。希腊人需要的是欣赏这个外部世界的结构和逻辑。对柏拉图和大多数希腊思想家而言，这一结构本身是抽象的。同时，它又是一致的和有限的，是一个封闭系统，是认知对象，不是直觉的对象。感觉器官对这个世界的报告只会产生困境和矛盾。

　　如果是这样，我们用来描绘和理解外部世界的心理范畴就不可能仅仅是人类智能随意为之的方便手段，外部世界的结构就是我们描绘和理解的对象，从图形和比例、空间关系、容积和密度、质量和速度都是这样的对象。它们必须要表征宇宙结构本身。我们必须花费心血学会去思考它们，但我们不发明它们。因此，这些概念也是形式，它们是真实的存在，虽然我们的认知专注于理解它们，但他们的存在肯定与我们的认知没有关系。

　　于是，对希腊人头脑提出要求的抽象就成为形式，而不是概念。我们可能会挑剔这一结果，但在历史语境下那是有道理的。考察这些形式与史诗叙事的关系我们就会发现，那是历史事实，它们都出现了，都可以被视为这样那样的经验分类，但人们此前却觉得，它们无分类，杂乱。正义和运动的感觉都是这样，良善和空间的感觉都是这样，美丽和重量或维度的感觉都是这样的。这些分类变成语言计数器，自然就用来表示现象之间的关系，成了非史诗的、非诗歌的、非具体的习用语。简言之，叙事化的经验说："风暴神刮起河水，打在墙上，把墙冲走了。"而抽象的版本重新安排后说："河水的力量如此这般凶猛（似乎意味着某种普遍或理想力量单位的比例，它总是'在'）"，墙有"如此这般的重量（或质量或惰性）；经计算和比较的重量和力量产生的结果是：墙体在压力下不得不让路"。但这个具体的结果取决于力量和重量概念的"在"，这些概念又成了方程式的"在"。在柏拉图主义里，这些概念成为力量和重量的"形式"，它们的交互成为压力与惰性关系的定律。随后这一定律被用于给定的实例显示，"形式"参与了墙体加河水的特殊的情景。

再以阿伽门农为例。预言师卡尔克斯挑战他，要他送回祭司的女儿，他震怒。不过他接着说："如果那样更好，我会送她回去。我要看见我的人民不受伤害，不忍让他们生灵涂炭。你们要快快准备好礼品，不要让我们阿哥斯人（Argives）失去战利品，那不合适。你们看见，我的奖品正在离开我身边。"这一连串的动作和事件意象鲜明，却是分离的——"我会送她回去——我的人民不能被生灵涂炭——但给我一个替代奖赏——我是国王——我是唯一失去战利品的人"——这些动作和事件都可以重新被安排去表现道德原则或社会法律："我的军队的好运压倒一切，迫使我送回那个女孩。但我的地位至高无上，正义需要我获得替代品。"在这里，军队的"好运"、阿伽门农的"地位"和他要求的"正义"所用的语言，都推定某种好运、礼仪和正义的标准，借此可以对当前情景的好运和礼仪进行评估。标准必须要用理性的法律来表达，标准就"在那里"。标准可以介入给定的情景，情景既是"实然亦非实然"（is and is not），标准只提供规范，规范贯穿情景，构成情景的行为和事件都符合标准。如此，标准也就是柏拉图的"形式"了。

我们重申，这些术语及其生成公式不只是语言手法，也不是创新，而是外在于头脑的实体。不过，发现、命名并学习使用这些术语和公式所花的精力是《理想国》第七卷的核心关注，这一卷讲雅典学园的课程。如果我们意识到，抽象的"对象"并不是悬在通透云端、从那里滑进我们的意识里，那就可以说，形式的"方法"实际上走在形式之前。更准确地说，我们必须要挑战"多"，将其转化为"一"，这一操作过程首先揭示语言和思维里可能存在的"对象"。

把这些"对象"称为形式，重点就不是放在如何发现和应用形式上，而是放在它们与"主体"相对的客观性上，主体要思考客体的客观性。柏拉图准备使用和利用形式，他相信客观知识与认知主体的终极分离，相信这是他必须首先戏剧化的真理的一面。我们可能抱怨，他低估了这种新形式和抽象的语言与悠久史诗语言的关系。我们说，新语言来自史诗语言，就像知性从荷马意识浮现出来一样。然而如果我们记住千百年间融合主体和客体的习惯，如果记住主客体同情的自我认同是维持口语传统活力的必要条件，我们就能意识到，这样传承的心境就是柏拉图的敌人；他渴望提出自己的语言学说框架，迎战这一心境，直面它，摧毁它。于是，形式理论的纯效应是将诗歌意象思维和哲学抽象思维的分裂戏剧化。在希腊思想史上，形式理论把重点放在断裂上而不是连续性上。这就是购买者的行为方式。在他们自己的时代，对他们自己及其受众而言，这些是新思想的预言师，而不是旧思想的发展人。无疑，苏格拉底自认为是灵魂的接生婆，这一暗喻预设苏格拉底辩证法和前人经验的连续性。柏拉图把哲学家抬到超越常人的高度，让形式高于普通的习语和思想，他的语言更严格。也许，挑战性低于形式的选词就达不到他的目的了。

这一新的习语难道不是引进了一个全新的阶段吗？不是引入了希腊思想而且欧洲思想发展的新阶段吗？的确是这样的。不过，柏拉图还准确地意识到，唯有他才能充分意识到这是革命，必须紧迫地推进这场革命。他的前人在这个方向上做了努力，尝试了新的句法，知道诗歌传统的障碍。

但唯有他一人矢志不渝地审视这个问题，整体上把握这个问题。因此，如果说他要用谁也不知来源的全套"形式"去占据宇宙和人的思想，这就是他的必然之举。这是因为他洞悉人类文化经验这一深刻变化的核心。这套"形式"不是他的心血来潮，甚至不是他个人的学说。它们宣告一个全新话语层次的到来；完善之后，这一新话语将创造一种全新的经验——反思、科学、技术、神学和分析的经验。我们可以赋予它十余种名字。新思想领域需要有指引自己前进的旗帜，它在柏拉图形式理论之下找到了这些旗帜。

从这个角度看，形式理论是历史之必然。但它享受这个地位之前，值得一问的是，这个词的选择是否带有某种严重后果？我们接下来的话可能会使许多读者觉得颇有争议，感觉到柏拉图神秘主义魔力的人尤其会有这样的感觉。我们的论点是，肩负摧毁一种魔力的历史重任的思想家不应该引入另一种魔力，不应该把它从后门塞进来。"形式"一词的麻烦是，它使知识对象化、把知识从意见里分离出来时，它又倾向于使知识视像化。这是因为说"形式""外形""外观"时，你毕竟倾向于以视觉观看、观察和沉思。柏拉图深信"良善"和"奇偶"的实在性，而且他努力使我们窥见这样的实在性。然而，他应该这样尝试吗？

无疑，形式一词此前用于几何图形的用法在他的想象中起了作用。他在用"线喻"时小心地指出，几何图形包含形式，但不完全是抽象的；几何图形仍然是有形的，或借用有形体的。但他是否总是保护自己不受视觉污染，这一点是可以怀疑的。证据是他有时描绘我们与形式的关系时所用的习语和句法。他会说，我们自己可以"摹仿"形式。写完《理想国》后，他大概不再用这种方式来表达我们与形式的关系。直到今天，这种方式仍然是向学生解释"形式"运行的简便方法，这大概就是这种方法之危险的征兆吧。难道形式不是我们比喻行为和我们自己的模式吗？这催生了一种主张：哲学家"模仿已然的客体"，"把自己比作客体"，最后把自己比作上帝。"因为人总是模仿他热情追求是东西。"最后这句话像是他在第三卷里分析听众与诗歌关系的回声。那语境没有贬义。但柏拉图能模仿和形式两者兼顾吗？这样的表述仅仅是修辞用语，模糊而不是揭示了柏拉图主义的实质。只有经过严格地辩证思维、打破梦境、移除认同的习惯，用分离的客观性取代以后，讨论中的对象才是可以把握的。看起来，在这些相当频繁使用的暗喻里，柏拉图容许他本人回到的那种惯习正是他要摧毁的心境。

我们与这些客体的关系不是"模仿"关系，绝不应该是。相反，这是我们焦虑、迷惑、受挫的探询关系，直到我们把握客体并给它们命名；我们将客体用于有意义的表述，这是探索句法和章法的关系，同样艰难。"模仿"的概念取代了苏格拉底意义上的紧迫努力，那是新型的被动接受形式。

这个过分简易的概念，这个通向"形式"用法意义的捷径，受助于"形式"这个词本身，《理想国》有一段话可以为证。我们特意将其放到这里来介绍，因为现代学生已耳熟能详，非常容易理解。你有一个独特和永久的"床"的形式，它和常用的名字"床"对应。然后你有工匠复制的形式，他打造这样那样的床，把床的模型溶入物体的床。最后你有艺术家，画家或诗人"模仿"工匠的副本，画家边画边模仿，诗人边唱边模仿。

形式理论为何要用"床"这个比方，原因是清楚的。艺术家和诗人在希腊语的共同习语中都是"匠人"（craftsman）。柏拉图想用一个三联体形式，把另一种"匠人"置于他们之上的至尊地位，这就是哲学家。这就戏剧性地把艺术家贬低到第三位而不是第二位，从而确定了柏拉图主义对艺术家的不屑一顾；不过我们却认为，他这是修辞手法而已。为了得到这个层级系统，他不得不挑选一个可以演绎出艺术家的形式。也许一只鞋、一口锅、一个装衣袋、一个回形针也可以起到这样的作用，而且任何文明的任何人工制品都有这样的作用。这就提出了一个问题：在不使用床或钉子（以及可以想象的其他东西）的文化里，对应的形式是否还存在。不过撇开这个问题的形而上思辨，这个"形式"例证真正的局限在于：它显然是一个理想的"形状"，你可以临摹轮廓，你可以想象它存在于上帝的脑子里；

而柏拉图谨慎地说，上帝正是形式的源头。形式的视觉内容居于辩证用法之上。

因此，形式一词在这里对应一个普通名词，表示一个具体的物理对象——这样使用时，"形式"等于只要求我们承认，一切普通名词都"普通"，都可以被认为是象征类别的。这对我们进行抽象的要求是最小的，不必生成抽象的话语词汇，因为床这个词继续被用作床。形式理论旨在确认物理客体抽象属性和关系的存在，其充分证据见柏拉图《理想国》提供的例证清单。没有任何能工巧匠试图提出"维度""正义""速度""相等"等概念。你的确可以问，首先命名某物的希腊语名词是否应该与形式产生联想。

无疑这个床的形式暗示，视觉关系是床的理想几何图形——甚至从最高的层次起，直到"智力活动"最底层的诗人不完美的视像化。此后，柏拉图再也没有利用过这类例子。但你可以说，在追求描绘我们称为抽象新心灵活动层次的语言时，柏拉图倾向于一次又一次地重回视觉的暗喻；倘若他始终依靠强调分析和综合的批判性语词，他就会减少误导人的风险了。关键的例子的希腊词"观点"或"沉思"（theoria），被妥当而愉快地化入了我们的"理论"（theory），表示整个的抽象话语层次，但在柏拉图的用语里继续含有"沉思"现实的意思，一旦达成即能被看见。那样的心态是被动的，也许还是新的吧。诗歌接受态类型通过模仿达成，那是情感积极的激动状态。相反，新达成的沉思是沉静、平静、超然的，像宗教仪式的"视察"，和参与人的戏剧相对。柏拉图改变了表演的性质，把我们变成了静观人（silent spectators）。其实我们仍然是观光者。我们不是受邀去避免艰苦的思考、重新堕入一种新形式的梦境吗？那不就是宗教的梦境而不是诗性的梦境吗？

这引导我们一路向前，走向对真善良的神秘的沉思。不可否认，柏拉图有时就要我们走这条路。但我们要争辩说，如果他不曾用视觉语词象征他新发现的抽象概念，这样的旅途本来是一路顺风的。如果把他的形式具体化，使之重回感知和情感容易接受的状态，他的"形式"本可以充满物理宇宙，物理宇宙本来就准备让它们来占领和栖居的。《柏拉图对话录·蒂迈欧篇》是他对这种思辨性视野的最后致意。但那是视野，不是论辩。我们是否可以大胆地说，正是这个原因，在《蒂迈欧篇》里，他是否完成了他最后对辩证法的背叛？他是否完成了对苏格拉底方法论的背叛？因为苏格拉底的方法论追求公式，用纯粹抽象的方程式取代视像化的故事。无疑，《蒂迈欧篇》里有一种代数，但这一代数身披神话的梦幻外衣，因此，在死守信仰而不是科学指引的时代，这篇对话录成为受宠的读物。然而，总有一天，柏拉图方法论的原初驱动力将要复活，大千气象就要再次被考察、穿透，将要受制于解释的类别，这样的类别又拥有完整的抽象集成性（integrity）。这一天到来时，科学将再次苏醒。

第十五章 "至尊音乐是哲学"

　　具有伟大思想喜剧的演员在希腊思想史的舞台上互动竞技、各展身手。这些演员不是男男女女，而是语词的思想，他们组队抱团，对阵竞争，力图把对手排挤出局，同时又向我们发起挑战，争夺我们的注意力。两个主演直面我们，以两种心态现身：其一是我们命名的荷马，主要是因为柏拉图本人喜欢给他贴这样的标签。但这个人物真的是昔日的泛希腊演员，一长列诗人尊崇的原型，他还能抖擞登台，再来一搏。其二是柏拉图式的主演，年轻、精明、有怨气，咄咄逼人地挑战荷马的威望。

　　这出喜剧的第三人位于他们两人之间，可以被确认为希腊语的"音乐"（Music）女神或"教化"（Paideia）。她不老不死，是希腊的教师，也是希腊的传统。她是一种思想感情方式，也是一种生活方式。但我们要给她设计什么台词呢？怎么称呼她呢？她有自己的思想吗？长期以来，她就是演员、意象思维人荷马的情妇；荷马告诉她说什么、怎么说。如今，年轻的柏拉图向她求爱，且奉献自己的感情。如果她听从柏拉图，她就不得不搁置她古旧的、使荷马钟情的风情，改而学一套讨好柏拉图的新的措辞。她不仅要用一套新的措辞，还要想一套新的思想。这是因为，如果她要去雅典学园和柏拉图一道生活，而那又是柏拉图为她盖的新家，她就必须要学会新的家政习惯。

对柏拉图而言，这样的情场竞逐是当代问题；那是公元前4世纪初悬而未决的问题，他热烈地向她求爱，并通过她吸引希腊人即他所谓的共和国，希望公民和音乐女神同情并理解他使用的新语言，喜爱他的追求。

然而，难道荷马不是生活在他三个半世纪之前吗？那是漫长的时光。此间，荷马威望的光辉未减分毫、他的权威未受质疑吗？在这出思想喜剧里，难道就没有警示未来密谋的揭幕表演吗？如今，密谋加快步伐走向危机。但年轻的柏拉图真的是提高嗓门反对那位年迈大师的第一个人吗？既然他的声音是革命的声音，在他登台说他的台词之前，革命的力量并没有蓄势待发，这真的可信吗？

那些力量真的蓄势待发了。这是由柏拉图的立场收场的一出序幕；结束我们的记述前，回眸一瞥这出序幕是合理的、恰当的。对柏拉图本人而言，这是公道的，因为他不是那种只有天才的思想家，他不是历史之流里的另类，产出了令人生畏的主张，提出了自己的一套理论。更准确地说，他是那些思想家之一；在他们身上，整个时代的重要力量生机勃发。他想到了当代人无意识的思想，他预言当代人希望想的思想，但他们自己却不知道自己希望那样想。我们可以说，他为当代的思想潮流指示方向、提供驱力。至于他特殊和先驱的任务，我们最好是说，那是要创造知性主义（intellectualism）本身的潮流；他绘制和挖掘航道，此前分散的精力汇聚成思想的大潮了。

此前已有人在同一方向努力，他们挑衅诗歌，激起诗歌愤怒的回应，于是就不得不像柏拉图一样把矛头指向诗歌，并挑战诗歌对教育的垄断——他本人是否对此作证呢？在第十卷结束他对诗歌的正面攻击时，他论及自己立场的历史背景：

> 诗歌谴责我们对他僵硬、不文雅；让我们抢先警告她要牢记，哲

学和诗歌很早以前就在争吵。请想想这些话："狂吠的母狗对她的主人咆哮"，"傻瓜清谈俱乐部的英雄"，"超级聪明的乌合之众"，"不会谋生、吹毛求疵的集成者"。就是这样，这些争吵和其他成千上万的证据证明一个事实：哲学和诗歌长期以来就在针锋相对。

这些征引源头不明，共同的攻击目标却是对手的习语和词汇以及其中潜隐的知性主义。这一点耐人寻味。他们攻击的是对手的说话方式，而不是其阐述的理论实质。这是不是暗示，传统眼里的哲学之罪只不过是他发明了抽象语言借以取代意象的概念呢？这一结论在此刻还言之过早。但提个问题倒是恰当的：既然柏拉图点名诗歌的对手是"哲学"，他所指的这个人、在思想史舞台上替代他出头的这个人是谁呢？

历史教科书似乎提供了明显的答案：柏拉图所指的必定是前苏格拉底哲人，阿里斯托芬以降的一群物理思想家（physical thinkers），从泰勒斯（Thales）到达摩克利特（Democritus）。他不必提及所有人：色诺芬尼（Xenophanes）和赫拉克利特（Heraclitus）很可能是柏拉图想说的人，因为他们指名道姓批评荷马和赫西俄德，颇为不敬。所以，评论家通常点名要这两位思想家在昔日的争吵中承担"哲学"的角色。从哲学一边看，他们对诗歌的攻击并不被看重。他们的言论被认为与前苏格拉底哲人（pre-Socratics）的意识形态立场几乎没有什么固有的联系。

不知为什么，这一切似乎不足以解释，柏拉图笔下的那场争吵里，有一种可以探查到的相当基本的感觉。他指认他所谓"哲学"的方式有一点麻烦，它本身没有错，但他根据的基础太狭窄。它漏掉了很多名字，用以指柏拉图时代之前的"哲学"时，它呈现出何谓"哲学"及其践行者的虚假肖像。基本的假设总是，前苏格拉底哲人是专业的思想家，用上了一套足以建构系统理论的词汇和概念。这样的理论是抽象的、形而上的，可以分为唯物主义或唯心主义者、单一主义者或多元主义者等类别，仿佛哲学术语解释了哲学思想家本人的基本意象。

但如果我们此前的主题是正确的，或接近靶心，如果荷马的思想和习语控制着希腊人的心灵和习语，直到柏拉图主义用彻底的观念习语取而代之；如果希腊人起初真的必须学会在专业的意义上思考问题，那么在问题和思维方法尚未充分探索之前，在思想的主体被确认并且与认知对象分离之前，在概念关系的无时间性和无形性被充分确定之前，在概念关系的先前经验的集合被充分确定之前，前柏拉图思想家就已经武装了全套的观念和语言，他们已然是思想家——这怎么可能呢？无疑，我们准备接受这样的观点：前苏格拉底哲人发觉自己卷入了类似柏拉图的斗争，他们的活动朦朦胧胧地预示柏拉图的信念，诗化的习语必须被废止，他们的问题和柏拉图的问题一样都是新词汇和新句法，需要确认思想家自主人格和力量的认知初露端倪。如果他们的确是这些努力的先驱，那种长时期的争吵就不会局限于色诺芬尼和赫拉克利特。也许我们审视的目标太狭隘了。

在柏拉图的著作里，诗性头脑（poetic mind）已经与"意见"划等号，也就是与大众的心境划等号。手握这一线索，我们重读巴门尼德（Parmenides）、恩培多克勒（Empedocles）、阿那克萨戈拉（Anaxagoras）和德谟克里特时，难道不能发现，他们也在不断地攻击相同的靶子吗？他们也瞄准诗人或大众。和柏拉图一样，他们不是也把大众的思想和敌视思维的心态划等号、或许也给它贴上了"意见"的标签吗？他们不是也断言，必须要在希腊创造一种不一样的心态去联络知识或科学吗？他们不是也断言，激励这一心态的问题也就是为一种新语言注入活力的问题吗？

最后，这些执着的念头仅限于前苏格拉底宇宙论者的圈子吗？挑动与诗歌争吵的所谓"哲人"想必是象征着一场运动，象征着一股努力的潮流，它调动了一切需要一种观念语言的人去描绘一切人文或自然现象——难道这不是可能的吗？这样的潮流会不会包括地理学家和历史学家呢？会不会有早期的医学著作撰写人参与呢？传统教育把雅典启蒙的领袖称为"智者派", 这场运动肯定包括他们——难道不是吗?

以上是我个人的建议, 意在从这个立场出发, 激励人们对前柏拉图的思辨潮流做一些新的研究。这种努力的真正障碍是一种现代预设的形式, 我们大家都有重要的预设: "哲人"一词指示的意义。首先, 在公元前 4 世纪初之前, 这个名词看起来并没有成为前苏格拉底哲人的标签。在公元前 5 世纪最后 20 年的文献里, 这个名词罕有露面。赫拉克利特可能用过它, 未必是用来说他自己。记述梭伦 (Solon) 的旅行和看世界的渴望时, 希罗多德 (Herodotus) 用了动词 philosophise, 伯里克利 (Pericles) 在著名的悼词里也用了这个动词: "我们用哲理思考 (philosophise), 没有阴柔气; 我们拥抱高尚 (philokalise), 不会吝啬"。这句话读起来像格言, 不会使哲学听起来很专业。实际上, 彼时的 "philosophy" 是阴性名词, 是希腊思想史舞台上一个女性的名字, 她登台的时间大约在柏拉图写《理想国》的时候, 或稍早一点而已。

任何搜寻 philosophy 一词在公元前 5 世纪使用的努力都有错失重点的危险。我们的重点是: philosophy 一词历史的线索、哲学思想史的线索首先是由《理想国》提供的。在这本书里, 与 philosopher 象征的人直接划上等号的人准备挑战具体意象对意识的控制, 并用抽象取而代之。在《理想国》里, 哲学一词尚需定义, 尚未进入专业用法; 柏拉图尝试做新鲜而富有想象力的解释。他的解释是翻译者通常采用的假设; 面对《理想国》哲学家最后登台, 并成为 "对话" 里的核心问题时, 人们翻译 philosophy 一词时常常采用重要的假设。这一假设没有根据, 彼时没有证据显示, philosopher 一词等同于我们现代人所谓的哲学家。没有证据显示, 他代表一个学派的成员, 这个学派的学说是用公式表达的, 这些公式大体上又是系统性的。

到了第九卷, 柏拉图才把哲学家推到我们面前, 将其作为国家主要政治权威的唯一索求人。其建议意在引人注意、令人震撼, 它的确起到了震撼的作用。这个新奇的建议迫使我们考察所谓"philosoph"是什么意思。答案始于第一个音节，我们集中考察其含义，"Phil"是心理冲动、驱动、渴望的标签，这是耗尽一切的欲望。所以"philosoph"是个拥有特殊本能和特殊精力的人。于是我们问：这些本能和精力指向什么？答案是：其对象是"sophia"，即该词的第二个音节（我们目前将其翻译为"智慧"，可惜它含有误导人的含义，就像"philosopher"本身有误导人的含义一样）。那么，这个"sophia"是什么呢？是通过诗歌表演追求的经验吗？不是的，它是对"在"（are）、"永在"（are forever）这些本体的认知；它们是"感觉不到的"，它们就是形式。

在稍早前的一章里，我们看到这些字眼代表的意思，看到它们在希腊人意识的历史中徐徐展开的语境。因此，在柏拉图的语汇里，"philosoph"说到底是一个拥有抽象能力的人；在彼时的希腊教育环境里，这种人很稀罕，他们有意识地、古怪地蔑视自己文化的"伦理"（ethos）。柏拉图直抵这个问题的核心：

> 他们拥抱每一个"它本身"（itself per se），这些实体都热爱"智慧"（sophia），而不是坚守"意见"（opinion）。"意见"的信徒拥抱他们看见的具体的声音和色彩……

他又说：

> 我们可以一致断定，这些本土的人物是"哲人"：在任何心理训练里，他们都充满激情，与"此在性"（isness）相关的任何训练对他们都有吸引力；这样的"此在性"随时都"在"，在"成长中"和"消亡"的影响下，"此在性"是不会摇摆的。

他又道：

> 大多数人不能接受这样的理念：有一种美本身而不是许多美丽的
> 事物，有几种本体本身而不是许多具体的事物。因此，大多数人不可
> 能是"哲人"。

根据以上论述和其他一些相关论述，希腊词 philosophia 能迅即而简要地认定人世间的任何东西，比现代的 philosophy 容易；就历史意义而言，philosophia 的含义更为隽永。那是使人顶住环境压力、把普通人变成研究者的能力。但在彼时的希腊语汇中，环境压力同时又鲜明地界定为诗化传统（poetised tradition）；诗化传统的习俗是与英雄故事和英雄人物产生激烈的情感认同，与行为和场景的表演认同。与此相反，"哲人"（philosoph）需要学会如何重新表述诗化传统里的人和事，使用另一种分离抽象理念的、观念的和形式化的语言；这种新语言坚持清空近身的事件和行为，将其分解并用类别重新安排。如此，这种新语言用规则取代快乐的直觉，阻止直觉反应生效；于是，推理分析取代直觉，成为基本的生活方式。

柏拉图描绘的是他视为天然精英的人物，有别于其他人，他们倾向于把一切情景简约为抽象术语。倘若我们应要求去描绘这些希腊精英，用预设了类型而不是巧合一个希腊词去描绘他们的话，我们不妨称之为"知识分子"（intellectuals）。这个词同样含有名声可疑的色彩，传达社会评价的同样歧义性，柏拉图笔下这批新的 philosophos 就具有这样的特征。今天的我们已经习惯面对知识分子，因为重组经验、将显性现象变成力量概念的习惯已经被我们的西方文化接受了，这一习惯已成为我们文化的一部分。但历史并非总是这样的。因此，柏拉图不是在这里挑选了一个广为人知的哲学家的职业，并敦促哲学家养成备更具普遍性的品格。相反，他尝试率先分辨普通心态的一组人，尝试用一个字给他们贴上单一类型的标签。我

们几乎可以说，他是在发明一个知识分子的理念；就像语义学里的发明一样，他这个观念和语词在他上一代人里已冉冉升起。他只是欢呼其预兆，并恰好确认了这一预兆。这样做，他确认并捕捉了上一代人的猜想，他们已经在摸索前进，走向人能"思考"的理念；思考是一种特殊的精神活动，很舒服，很令人激动，需要用很新奇的方式使用希腊语的精神活动。

新词汇及其伴生的个人投入扰乱了诗化经验，同时又使人觉得那是对传统的冒犯。它们对有些人是诱惑，却引起更多人怀疑。这就是苏格拉底的生活和辩证法历史意义的语境。不过，我们在这里的目的不是考虑狭义的苏格拉底问题，而是要考虑希腊文化的总体革命，柏拉图主义就是其必然产物。既然如此，只要我们将 philosophers 和 philosophy 翻译成"知性主义"（intellectualism），我们就可以集中审视这些哲学家，并将其视为这场革命的旗帜。"知性主义"是一场战争的信号；这场战争不是思想在课室里较量的战争，而是在城市国家心灵深处爆发的战争。它入侵教育制度的机体，柏拉图看清了这场战争的实质。

这个问题成了一个社会政治问题，大大超越了专门家狭隘的思虑，被压缩成了本章题名的语词："至尊音乐是哲学"。语词寥寥，用于语义的变化压制了语词的原意，更容易被误解。寥寥几个词并不传达这样的意思：专业哲学的讯息是一首甜美的歌曲。在苏格拉底生命的最后一天，柏拉图来探视他并代表他进行答辩时，苏格拉底一字一顿地说出这句话："至尊音乐是哲学"。他常常在睡梦中听见一个声音的劝谕："创作音乐，努力为之。"用传统语汇表达就是说，他觉得自己身处伟大的教育传统，大而言之就是荷马的传统。但他要对何为教育做出他自己的解释，建构了一个很不传统的观念。"知性主义"可能是"教育的至上形式"，超越并勾销了以前的诗歌方法。然而，他接着语带讥讽地说，在最后的日子里无事可做，他在孤独中回归诗歌。

根据柏拉图的表述，苏格拉底在庭审会上确认，他的使命就是"知性思考"（intellectualising），法官和陪审团不认可，并坚决拒绝。如果他停止这样的思考，他会不会接受免予起诉呢？

> 只要我一息尚存，官能还在，我就绝不会停止"哲理思考"（philosophising）……

他这样说时他在做什么？什么是"哲理思考"？柏拉图用以下的公式回答我们的问题。苏格拉底说，他常常走到市民跟前，直面他们说：

> 你们为什么不专注于思考，给你们的思考赋予思想、赋予真理，让你们的心灵思考、让它至善至美呢？

最简单、最基本的语词就是方法（methodos）或抽象的训练，柏拉图就用这些词语表述《理想国》的核心主张。

这是公共舆论只确认了与苏格拉底相关的方法吗？从《柏拉图对话录·申辩篇》给方法赋予的使命特征来看，我们起初可能会认为，这是与苏格拉底有关的方法。但方法价值的哲理证据指向一个较大的群体，他们是先驱的"知识分子"。在同一篇讲话里稍早一点的地方，苏格拉底描绘人们对他的普遍偏见，指控他"腐蚀年轻的一代"。他问，人们如何坐实指控呢？他们真不能证实指控，但试图予以证实，他们提出老一套的论点以"反对一切哲学家"。苏格拉底说，哲人们的兴趣领域包括天文学、宗教和价值的颠倒（使最不好的论点看上去比较好）。到公元前5世纪末，如果《申辩篇》真实复制了彼时的习惯用语的话，那么，前苏格拉底哲人和智者派哲人已经被公共舆论视为知性运动的代表了。如果他们被称为"哲人"，那不是因为他们主张的哲理，而是因为他们所用的语汇和句法，以及他们代表的颇为陌生的心理能量。智者派、前苏格拉底哲人和苏格拉底本人都有一个致命特征：他们都在努力发现和践行抽象思维。苏格拉底辩证法更大力追求这一目标，更无情地坚持，新的教育革命只能沿着这条道路，别无它途。这就是为什么公共责骂的雷霆把苏格拉底击倒了。

伯里克利的悼词再现了早前人们对知识分子比较轻松的态度，那是在教育危机变得严重之前，在新老两代人的分裂变成愤怒的社会问题之前，在战争的压力和紧张造成对未来的怀疑和恐惧、激发对过往的反动之前。但即使这篇悼词也有一丝辩护的调子："我们雅典人可以'知性思考'而不牺牲男子气。"这样的话在此前一百年大概不会有人说。伯里克利是讲究实际的政治人，他说过这样的话是可信的吗？可能说过吧，如果我们认为这句话反映了他所受的智者派影响的话。但它可能是历史学家自己观念的镜像，身处世纪末的史学家在回眸伯里克利的黄金时代。当时的习语会用"知性思考"这个词吗？

无论如何，伯里克利的措辞暗示新现象对旧事物的威胁。如果诗歌不再是教育的载体，只能用诗歌表达的英雄和贵族的传统及其价值又如何是好呢？数学和辩证法能培养分析师、规划人和批评家，而且社会总有一天会需要这些人，但社会还能培养"没有儿女柔肠"的英雄吗？

"爱智之人"（philo-sophos）指的是本能倾向于知性主义、思维能力强的人。柏拉图认为，他在这个词里看见了一种新型的人正在他熟悉的社会里出现。作为一个类型，爱智者的有效象征表现在动词"爱"加形容词sophos 的组合中。sophos（智）是形容词，其名词形式是 sophia（智慧），两者都是传统词汇，人们不指望它们表示新型的"知识分子"，但它们的确变成知识分子的意思了。这正是它们的命运。两者早前的习惯用法含有其未来历史的基本种子胚胎。因为在荷马语稍后的习用语里，它们并不指一般意义上的"智慧""经验"或"聪明"，而是指非常具体的工匠意义上的"技能"或"专门知识"。从此，其用法的发展反映了变化中的文化情景。最迟到公元前 6 世纪晚期，它们已经被用来表示希腊人敬重的卓越技能，即吟游诗人的技能。诗人的技能首先是掌握有效交流的技能，包括掌握语词和内容的技能。因此，sophia 可能指诗人的音乐才能或作诗才能，同样指他作为教师的权威；诗人是潜隐在诗歌背后的传统经验的声音。随着诗歌转向散文、具体转向抽象，智慧人逐渐成为代表新交流形式的大师；这种新交流形式既服务于教育，又反对诗歌。总之，sophia 始终是指"说话技能"和"思想技能"，同时又指变化了的言语与和思想。大约在公元前 6 世纪末，"七贤人"被认定为格言警语的大师，其名字都缀加了贤明的意义。如此表征的技能仍然是口语的技能。相反，苏格拉底被称为"聪明人"，说他"太聪明"，因为他用新颖精致的习语来表达经验。因此，把 sophia 翻译成智慧、把 mousike 翻译成音乐，都有致命的问题。因为智能认可任何知性气候的品质，远不能揭示希腊词 sophia 掩藏的内涵。谁也不会因他是"智慧人"而被送上法庭。人如果"太精巧"，他就会陷入困境。

sophos 和 sophia 及其复合词（已提及、未穷尽）的语义史对理解柏拉图之前那些先驱的处境有关系，他们在开发抽象的技能。一方面，如果这几个词在公元前 5 世纪末可以和此前的几位先驱联系在一起，那的确表明，某些追求抽象概念的先驱真的存在。另一方面这又表明，这些新语言秩序的预言家的处境基本上是相当暧昧的。他们声称智能技艺卓越。然而，除了起初训练所得的诗才，除了他们自我感觉的威望，这有可能是什么才干呢？对这样的才能，传统的标签同样是 sophia。我们先说前苏格拉底哲人吧，他们起初一方面作诗，一方面像赫拉克利特那样作讽刺诗，回应课余文化的环境。因此，他们觉得自己置身伟大的口语传统中。然而，他们已开始讨厌它，并与之斗争，确认这个传统体现在"众多"的人身上，又体现在他们有时反对的荷马和赫西俄德身上。因此，他们声称拥有作为希腊教师的吟游诗人的"智能"，但努力将其改变成适应知性主义新秩序的观念，因为知性主义终将取代诗才。他们犹如身处分叉的棍子间；我们可以观察 sophos 和 sophia 以及类似的语词，它们缓慢渐变，在公元前 6 世纪和前5世纪期间从诗才演变为抽象才能。

因此，我们不得不准备接受这样一个假设：一方面早期希腊哲学面对的和柏拉图要解决的都是抽象的问题，另一方面它又一定程度上预示柏拉图对问题的解决。我们必须敞开思想去接受这样一种可能性：前苏格拉底哲人说的话不如他们想要说的话那样重要。如果我们看到他们对语言的执着，看到他们不停抱怨语言的局限，看到他们不断呼吁做出新的认知努力，我们就不应该忽略这些告诫和抱怨，仿佛它们是日常的操演，而是应该问：他们孜孜以求的想法在存世片段文献里占有什么突出的地位？按比例算，前苏格拉底哲人给这些问题的注意力和他们对所谓系统学说的注意力各占多少？如果比例偏重前者，我们就应该相应地调整我们的视觉；就是说，我们要准备至少发现，他们执着于柏拉图所谓的方法，而不是选定固化的哲学立场，或宣示理论主张。如果我们察觉他们有些人身上有一股敌视诗人的潜流，另一方面又谴责通俗的习语和思想，我们就应该准备把这两者联系起来，就像柏拉图一样，他把诗歌和意见等同起来看了。

同理，我们要记住，这些人是前柏拉图时代的人，他们很接近希腊英雄文化和古风文化的时代和环境；我们要准备发现，这些人的习语不如柏拉图的习语先进，他们事实上以诗人的身份起步——否则他们怎么能发表自己要保存的主要宣示呢？除了将其置入具体而可见的框架里，那还有什么办法呢？同时他又在努力摧毁具体性和能见度。他们该怎么办呢？那是多么令人绝望的两难困境啊！从哪里去得到一批哲学词汇呢？除了从先前口语文化的习语里"拽出"一些词、对荷马和赫西俄德的词汇和句法进行一些奇异的扭曲、施加一些难以承受的压力外，还有什么办法呢？情况是这样的：早期的前苏格拉底哲人用的是韵文或诗性的格言，晚期的前苏格拉底哲人把隽永的句子串缀成篇、完成有思想的散文，即使这样我们也不应该假定——可惜人们常常这样假设，前苏格拉底哲人是刻意为之的哲学家、偶一为之的诗人。事实恰恰相反，他们早期唯一可能的自我观念是：

他们是一帮吟游诗人，正在奉献希腊闻所未闻的诗歌教育品牌。

对这样一种研究方法，人们广泛接受的古代和现代传统都构成可怕的障碍。亚里士多德有功，他发明了专业意义上的哲学史。这一发明固然重要，但其实却只能在以下条件下进行：其代价是把前苏格拉底思想简约为一套首要原理，将其简约为所谓的纲领，简约为一套主义的立场，这样的立场只能用逻辑－历史秩序来阐述。这种撰写希腊思想史的方法由提奥夫拉斯图斯（Theophrastus）典籍化，写进一本教材；这本教材成为权威记述的权威资料，古今如此。因此我们呼吁，说到前苏格拉底哲人和智者派时，我们不再坚持他们是物质主义者、多元主义者、理想主义者或相对主义者；相反我们建议，他们的共同之处更重要，他们的分歧是次要的——对那个时期而言，分离他们的方法可能不是那么对胃口的研究方法。研究结果可能是：既然他们所用的词汇和句法有文献可查，如果严格按照他们那几个世纪（公元前6世纪和前5世纪）的语言来评估，而不是用我们今天的语言来评估，我们就不得不得出这样的结论。

然而，前苏格拉底哲人和智者派并非故事的全部。希腊诗歌语言和散文语言的打造者可能还有其他人，他们参与这一历史进程，发挥了一定的作用。请记住，我们研究的是保存交流信息的一场危机。在什么情况下这一危机的性质发生变化的呢？如果发生了什么革命，这一革命的一般形态是什么样子呢？让我们回到本书较早的章节。回忆基本的荷马情景，即荷马时代和近荷马时代的文化景观。

我们先说的假设是：任何语言－族群都遵从共同的习俗模式，都使用共同的技术类型，都共享共同的世界观，都拥抱本族群的历史和生活环境。这些单项文化成分合成一个系统，形成松散意义上的公共法和私法，构成一个累积经验的库藏。历史学家倾向于假设，这一库藏或"传统"代代相传，无需受惠于有组织的努力。我们的论述相反：任何靠经验积累的知识都可能得而复失，除非知识融入了某种教育训练的制度；社会之为社会就必须要有这样的训练，训练的内容部分是行为的模仿，很大程度上是语词的模仿。

如果能通过教育来传承，传统就必须以某种永久不变的形式通过开头记诵来保存。接下来的问题就是，在荷马时代和前荷马时代，在公元前 12 世纪和前 7 世纪之间，任何书面文本都是不可能有的；实际上我们证明，即使在音节文字的初期，完善书面文本的传统也是不可能的。传统库藏的保存必须要依赖活人活生生的记忆；若要记忆有效而稳定地保存，人的语词记忆就必须得到一切可能的记忆术的辅助，使语词不可磨灭地铭记在意识里。我们探索的记忆手段起先是标准的节律，用以调动一切可能的身体反射，接着是把一切经验化简为一个伟大的故事或一连串这样的故事。这些故事使要记住的有用经验以活生生事件的形式展现出来，事件以并置的形式排列，简要的情节成为总体的参照框架。从这个观点看，叙事不应被视为目的本身，而应该是传播部落百科全书材料的载体，这部百科全书的外观不像百科全书，它分散进入数以千计的叙事语境里。这就是简要的荷马史诗，它容纳了一切哲学、一切历史和一切科学。这部史诗首先是一个教育设施，因此，把赫西俄德这样一位诗人划入"首位"教谕诗人，意义不大。不过我们稍后将探索，他在什么特殊的意义上是教谕诗人。

在公元前 8 世纪，我们看到史诗用上了一种新传播技术，这种技术为保存传统提供了第二种而且是截然不同的保存方法。起初，它要求我们发挥想象力去观察，那是多么急剧的一场革命，它要求我们理解，它注定要渗透并改变欧洲的一切文化状况和一切社会关系。不过，那是留待"未来"的事情。这种新保存方法用的是字母表符号，字母表能流畅地转录口语，能没有歧义地识读，它把传统保存在书写材料里，而书写的材料又可以放置起来，随时随意查阅。重要的消息被保存后，无需活生生记忆的辅助，忘记了也无妨。这是因为，传统安全了，享有独自的生命，我们将其称为"希腊文学"。

　　然而，这一新方法起初并没有造成实际上的不同结果。新旧并存，口语记忆方法和书面保存技艺并存。诗歌可以写下了，它还是诗歌。字母表的发明造成的第一种新现象是非教谕诗歌的保存，那是私密场合非教谕诗歌的保存，或与教育机构无关主题诗歌的保存。我们必须设想，彼时的口诵诗歌多如牛毛，在生活常态下被人遗忘，它们被其他诗歌取代，来去匆匆，寿命短暂。然而，一旦被书写在羊皮纸或莎草纸上，它们就能被回忆起来、被重新使用。于是就出现了希腊所谓"抒情诗人"的现象，他们就是首批享受书面保存可能性的诗人。值得指出的是，亚基罗古斯（Archilochus）就是第一位重要的抒情诗人；这种文学事件的演化显然证明，根据铭文判定希腊字母表发明的年代稍晚的人无疑是正确的。

　　作为保存方法，史诗的声觉技术由于书面词技术的问世而过时了。但在历史缓慢的进程中，人们要认识到史诗声觉技术的过时还需要一段时间。之所以要花一点时间是有特殊原因的。编纂无需受惠于节奏和叙事背景的百科全书的道路是打通了。于是人们可能认为，一旦摆脱了记忆术的简省性强加的约束，百科全书就会以成千上万的方式被放大和延伸。但这样的解放并没有立即发生。千百年的心灵习惯不可能很快被打破，尤其是在它们利用了感知愉悦的一切资源时——这一点是很重要的。

　　此外，书面词被充分利用所需的条件使其进展极其复杂。书写不像游泳，独立的个人可以在他挑选的池子里尽兴畅游。诚然，作家可以为自己方便再读和重组而写，而且我们可以肯定，最初的希腊作家就是这样做的。他们发现，口头创作更容易回忆，其组织和复杂性可以增加。但为了充分实现写作的潜力，作家需要读者，就像吟游诗人需要听众一样。只有在作家写作背后的社会结构组织起来时，大批的读者才会产生。总之，作家是否能利用书面文化依靠有一个条件：教育体制为他培养读者，他感觉能利用书面文化的程度取决于他的语言群里"读者"的文化程度。

　　事实上，走向充分书面文化的进程花费了三百年——如果我们的断代是正确的话，书面文化的充分发育是伯罗奔尼撒战争结束不久在雅典到来的。在荷马和柏拉图之间的几百年中，有几个手工艺和半识字的阶段。从一个阶段走向下一个阶段精确的程度和灰度大概永远不可能简约为准确的历史。最终的结果是，荷马被字母表化以后很久，雅典传统的主流起先依靠重复荷马，继后依靠编纂对荷马的补充，其形式是赞美诗、颂诗与合唱，雅典则是用戏剧的形式。这些作品是作家创作的，但他们的创作还处在听众和观众的控制之下，所以他们不得不顺从保存口语交流的习语和才能。这就是说，除了保持韵律的手法，他们还坚持意象、事件和情景的语言；在这样的语言里，事情的发生压倒思想，具象的符号压倒抽象的概念。

但字母表技术使保存的知识能够摆脱两个桎梏：一是韵律，一是意象丛的句法。这两种手法长期既做伴又分离，共同建构容易记住形式的语词。因此，注意这一点饶有趣味：打出一拳就完成这个双重任务竟然是希腊心理能量难以承受之重。这两种口语形式起初都可能是先后被抛弃的，而不是同时被抛弃的。于是，当一个比较明显的选择被做出时，韵律被抛弃，结果却不是思想的散文（无论我们是否称之为"哲理的"），而是叙事的散文，它维持了史诗的并置手法，仍然在事件发生和行为表演的外衣下报告经验。如此，"历史"就在爱奥尼亚的海岸边降生，描述性地理学就以历史的面目呈现出来了。

另一方面，更困难的任务是与叙事的魔力决裂，是用类别重组经验而不是用事件安排经验，有人率先尝试了，却长期囿于韵律的约束。希腊的首批"原型思想家"（proto-thinker）——如果能这样叫的话——仍然是诗人。他们表达思想时不得不大声说出口，以便使他们的作品朗朗上口、牢牢记住。虽然所用的语言公式仍然是口语的，这些作品的基本特征却不再是口语的了。他们表现出矛盾性，一方面是令人生畏和具有教谕性，显然是为教育计划构想的，而不是为娱乐编写的；另一方面却以近乎拼死的热情坚守史诗的公式、意象、口语传承的视觉品质，仿佛他们思考的努力必须要得到补偿，因而不得不斗胆依靠悠久而熟悉的习语。如此，习语就有了继续妥协并顿挫作者观念意向的效应。阿里斯托芬将启动这些力量的主要人物称为"王子"（archegos）。这些力量渐涨，最终扰乱荷马式头脑，并与具象魔力决裂，用抽象的训练取而代之。这个人就是赫西俄德。他的后继者继续同样的努力，他们就是早期的前苏格拉底哲人。

赫西俄德是最容易被评估为神话编目的第一人。这一评估不是深刻理解他的关键，但它确乎可以指明那场革命的性质，那是他启动的保存言语的技术。表面看，《神谱》是众神及其功能按家族分门别类的编目。《工作与时日》是告诫、寓言、谚语、格言、名言、警句和事例的编目，与故事交错混杂。我们在稍早的一章里表达了相同的意见：纯粹或孤立的编目在全口语的媒介里难以存活。要在活生生的记忆里找到立足之地，分类目录需要附加在叙事语境里，它自身还需要最大限度地使用活跃的动词和形容词，以便把信息包装成行为。《伊利亚特》第二卷里的希腊船舶目录显示了这两个口语传统的要点。

在赫西俄德的著作里，编目已经和叙事分手。我们认为，它已经被分离或抽象出来，脱离了口语传统丰富宝藏那成千上万的语境，尤其摆脱了我们指认的荷马的两部史诗。赫西俄德著作里的素材并非全都取自荷马，但许多素材的确取自荷马史诗；荷马两部史诗可能是赫西俄德著作的核心，围绕这个核心的取自其他史诗材料现已失传。那是赫西俄德相当熟悉的史诗。总之，从前被悬置、沿着叙事长河漂流的部落百科全书以胚胎的形式得到再确认，正在从溪流里被筛选出来。一个总体的世界观正在以分离的或"抽象的"形式浮现出来。因为这种分离的努力违背了轻松口语记忆的准则，所以人们推定，赫西俄德的创作有了书面词的帮助。组织行为超乎故事情节，以强加一个大致的话题逻辑，这样的行为是眼睛完成的而不是耳朵完成的。它揭示的是书面符号重组和生成的结构能力，与之对立的是纯口语传统典型的回声和回应的声学模型。

从更大一点的视角看，赫西俄德这两部诗作并不是简单的编目；相反，它们代表着宏大心力整合的双重努力，达到了认知两个人类经验领域的地步：物质环境（寓于《神谱》）和道德环境（寓于《工作与时日》）。在数以百计的神名及其众多故事的外衣下，《神谱》重点尝试用视幻的方式展现宇宙、天空、海洋、陆地、河流、山脉、大气、天气、风暴、阳光、山火、洪流和地震。这是一篇拓展思维视界的文献，用上了空间的词汇。

这是抽象的努力，显然超越了赫西俄德的实际成就。把经验叙事化为连串行为的本能仍然是很强烈的，世界以众神行为的故事露面。但从语义上看，走向未来的重要一步迈出了：抽象的语汇将要取而代之。诗人组织生灵万象所用的手法是家族——genos 或 genee。这一具象的手法用来把世间万象安排在一致的群体里。向着分门别类甚至确立因果链迈出了一步。Genos 将要变成 genus（属）或类了。

《神谱》不仅尝试整合空间经验，还把这样的尝试与整合人间公共法的尝试结合起来。其象征是宙斯及其后代，以及文明的属性，表现为安排和控制物理力的属性。风暴之后，法律与平和主宰。可见诗人赫西俄德《神谱》的组织还没有达到严密逻辑的水平。未来知识分明的界域尚未规整地分布，尚未抽象为物理学对政治和伦理的归类。他正在为这些严密的整合铺路，但仅此而已。

然而，《工作与时日》却完全致力于公共法和私法的组织。这是困难得多的任务，因为这种新形式重新安排的材料基本上没有视觉形象。环境可以用可见物的模式组织，即使那是在为无形物做准备。但是人间喜剧、整套的习俗、习惯用法和感知等现象只不过是语词和行为。我们不禁惊叹那天才的努力，它竟然一定程度上成功地把希腊的道德指令和公众认可的习惯整合起来了，我们在《工作与时日》里看到了这样的成就。我们将其称为原型道德（proto-morality），这一原型道德是一个半抽象系统；读者看到，它不断瓦解具象的东西。规则和规诫插入传闻逸事和故事，作者似乎失去他对主题的把控，但稍后又恢复了这样的控制力。同样，开启了在泛化语境里使用荷马式语言的努力，这就是改变句法的努力。比如，曾经仅用作"人"（men）的词被用于暗含"人类"（general mankind）概念的语境。象征人和动物"获得范围"（ranging）和"来来回回"（going to and fro）的语词被置入一些语境，暗示"总体范围"或"法律"，以及人生活之下的总体模式了。在《神谱》里，作者谋求重新安排和重组叙事情景，在表达"家庭"的语词里找到语言的助力。这些词语在《神谱》里相当频繁，在《工作与时日》里又露面，提供了"类型"的概念，似乎精准度逐渐上升。如此，作者建构了他所谓的人类五大"家族"①的逻各斯，它们前后相继，表现出道德举止的类型，同样词语的抽象可能性被进一步拓展；赫西俄德推出诗化的话语，区分两个争斗的"家族"，一利一害。这些类别是真正的形式类别；用后人逻辑的术语，它们会被区分为两个种属。长远来看，这些例子将影响柏拉图的断言：这些类型是"它们本身"、智力活动的"对象"。不过，我们在此引用它们是要显示：半抽象的语汇如何从史诗具象性的词汇发展而来，不是靠新词取代旧词，而是靠改变旧词所用的句法。"家族"与"争斗"的联结促成了一个暗示："家族"正在被用于一个特别的暗喻意义。就这样，一切抽象的推进都依靠暗喻资源的利用。

我们在这里揭开了前柏拉图哲人奋力达成观念思维的帷幕，这一场斗争为柏拉图主义的登台铺路，他们使用的语言武器比柏拉图的武器原始。我们提出了一个研究赫西俄德两本书走向的轮廓，仅此而已。让我们告别赫西俄德，暂不详细探索描绘他，以便观察希腊思想为走向概念化（conceptualisation）目标而跨出的下一步。

这下一步并不局限于物理经验对道德的领域。这是《神谱》开掘的观念综合与环境分析的可能性，首先可追溯到《神谱》的结尾；随后，

---

① five 'families' of mankind，亦有人译为"种族"。

到智者派时期，希腊思想转向进一步组织《工作与时日》里呈现出的道德话语领域。上文业已暗示，这样的优先顺序有心理原因。故事说明有形天象的外观，叙述天体的降生、争战等，这实际上是"宇宙进化论"（cosmogony），更容易导向心灵整合的努力，进而导向永恒关系的"宇宙学"（cosmology）。这是因为可见的宇宙结构本身由于其存在就是一种"完整的本体"，大致对称而单一的现象，因而可以导向"一"的观念。心灵可能被吸引去考虑一个社会仪态和道德模式的观念，原因很简单，一个可见的"天"的原型显露出来，位于一个封闭的、半圆形的、天地之间的领域。如此，宇宙就优先于公义（dikaiosune）——物理就优先于道德理论了。

《神谱》描绘泰坦族（Titans）被打入地狱（Tartarus）的一景，接着展现的是宇宙总体布局的全景，地球对称地悬置在天堂和地狱之间，夜与昼栖居其间，轮流在大气里现身。这样的诗化描绘主要是连串的意象，一定程度上是一种结构，仿佛在沉思早期宇宙学家建构世界历史比较令人满意的记述，以及当前的布局。宇宙学家的景观始于赫西俄德，却一直尝试摆脱他。即使尝试持续不断地纠正他，也一直在模仿他。他们的记述尝试把天体、大气、地球、海洋和地下世界联系起来，构成一个可行的系统性组合（schematism）。他们的记述以古董奇异珍品的面目被保存下来，即使他们满足于这样的宇宙论，他们在欧洲思想史上也没有值得骄傲的地位。

但宇宙学家抓住了赫西俄德作品里隐含的事实：在视图建构宇宙图示时，他们所用的希腊语正在变化，他们的思想也在变化。他们意识到，在建构宇宙图示时，他们正在贡献一种新东西，即新的秩序理念；这个理念是他们描绘宇宙图示最重要的前提，或者是一种新的组织方法。史诗的描绘方法是把现象分解成一个接一个的故事，使之分散在具体的语境里。前苏格拉底哲人意识到，他们正在把史诗故事里的现象整合成模式。他们尝试迈出重要的一步：整合理念本身，将其视为他们新方法的管束原则。这是抽象，而不是事件，不能用事件串联的句法来表达。所以他们就采用表示"一物"（one thing）的单词，将其用于上帝或"无"（nothing），将其悬置在一个中性的单数里。于是"统一"（unification）、"图式化"（schematisation）和"系统"的理念诞生了。很快他们就意识到，这种单词及其概念是不能放进故事的，它们需要的是一种新的表述方式，而且这样的表述方式要放进无时间性的句法框架里。"一"就是"是"。于是，"是"就骄傲地和"一"并列了。

于是，前苏格拉底哲人就处在这样的地位：他们在描绘自己所作所为的基本规则。他们的注意中心不再是宇宙图示，而是经验新安排的方法。因为这涉及一种新秩序的心理运行和语言手法，他们就非常关注培养新意识层次和新语言的紧迫需要；相应的结果是，他们发现自己自然而然地卷入了与旧意识和旧语言的战争中。如果不对新旧两种意识和语言进行比较，他们就不可能给新意识和新语言下定义。因此，界定新意识和新语言的唯一办法就是以否定的方式描绘他们必须逃离的旧意识和旧语言。他们用了诸如此类的语汇："降生""发生""不复存在""形状和颜色的变化"，否定了史诗里无休止的场景复沓、无休止的多样情景。

前苏格拉底哲人就和习语起冲突，但因为没有更好的办法，他们又不得不使用这些习语，旧的习语决定了他们的时空，给他们打上了竞技场角斗士的烙印。在我们的时代，他们发现的竞技场的形态已不复存在。但是他们的冲突为一切抽象思想的词汇做出了重要而永恒的贡献：身体和空间、物质和运动、恒久和变化、质量和数量、组合与分离等如今常用的词汇——前苏格拉底哲人率先把这些词汇提升到接近显意识的层次。为此，他们首先改变词汇的句法语境，有时还新造一些无人称单数的词汇。如前所述，他们的表述不再是"战场上的这具尸体（corpse）"，而是随处、处处都用的"人体"（body）；不再说"这个篮子现在空，一会儿就要装满"，而是说"宇宙空旷，时时处处空旷"。

除了这类物理概念，他们还新添了少量的心理活动词汇。这些二分术语有：理性对情感，知性对感觉。我们很熟悉这些词语，却花了很长时间才注意到，前苏格拉底哲人不得不摸索着进去寻找这些概念；他们的新语言和新探询方法揭示了他们自己的心理活动，他们不得不理顺这些纠缠的心理活动，区分不同层次的精神努力和心理活动。

基本上，这些术语的生成靠的是内省自己整合和抽象的努力；前苏格拉底哲人初步意识到，以前的荷马式经验截然不同，荷马等吟游诗人从来没有做过这样的尝试。前苏格拉底哲人尝试为这些类型的经验寻找合适的名字，为个人经验寻找其他核心的名字，他们的意识正在发生这样的变化。

这里勾勒的思想者是原型思想家，意思是说，他们不得不首先发现作为理念和方法的观念思维本身，思想的产物即思想的系统才能流畅地浮现出来。这些哲人的范围从色诺芬尼起直到赫拉克利特。遗憾的是，米利都学派（Milesian School）不能纳进来，根本原因是在希腊思想发展走向抽象的语境里，他们的贡献湮灭。他们确切的原文全部湮灭，他们进行观念探索的索引也随之湮灭了。

到了德谟克里特时代或稍早一点，我们转向雅典。雅典的第一位思想家苏格拉底把全部精力用于更精准地界定希腊走向抽象的驱力的性质。一个观点认为，苏格拉底的教诲代表着此前趋势的逆转，这个观点站不住脚，即使它似乎从《柏拉图对话录·申辩篇》得到了一点鼓励。如果说前苏格拉底哲人曾寻求必要的词汇和句法，说出了为此目的而必须有的对心力的觉察，我们还是可以说，他们并不知道自己在做什么。觉察到正在发生变化的是苏格拉底的天才，他界定了这些变化对心理和语言的影响。他提出抽象的方法，他确认这个问题是语言（逻各斯）问题，也是心理问题。他把抽象的性质准确地表述为分离的行为，把"事物本身"从叙事语境中分离出来，只讲它本身或说明它、体现它。苏格拉底的大量精力大概用于界定思维的主体（精神），主体正在把自身从诗歌的母体中分离出来；在诗歌里，一切经验都是用意象序列表现的。没有彼时的证据显示，苏格拉底已把这些概念当作"形式";"形式"是柏拉图加上的概念——这样说更保险。

在徐徐展开的希腊文化史中,苏格拉底本人呈现出一个悖论的形象,和他的任何前人一样矛盾。比如,巴门尼德(Parmenides)既是坚守口语传统的吟游诗人,又反叛传统,力求一套非诗性的句法关系和词汇。同样,苏格拉底牢牢扎根于口语方法论,就我们所知他不著一字;他利用集市上的口头交流,同时又致力于一种新的技法,他本人不知其为何物,因为只有书面词才能达成这一技法;但由于书面词的存在,这一新技法即将露面。

苏格拉底在雅典人社群的核心里从事自己的工作,他密切关注雅典城邦的教育问题。宇宙论者避免把人的行为和伦理责任概念化,同时避免直接卷入有关教育的论战。但苏格拉底进入的时期亦名为希腊启蒙时期,彼时,概念化的驱力已经偏离环境,走向人自己的习惯模式以及城邦的政治和伦理。但彼时的"政治"和"伦理"还不是公认的话语和知识领域。整合这些领域、确认它们为研究课题正是苏格拉底和智者派的任务,目的是要为它们成为训练科目铺路。就这样,他们在这些领域启用道德问题讨论所需的抽象的计量标准。于是,正义和良善、有用、愉悦和权宜、自然和常规等概念,全都从希腊意识里冒出来,找到各自适合的名目,一般以中性单数的形式出现。它们冒出来,加入身体、空间、运动和物质等词语的行列,提供共同概念的基本储备,使繁复的话语成为可能。在智者派和希腊启蒙运动的庇护下,我们回到赫西俄德,这次是回到《工作与时日》。整合人文万象、使之概念化并分析它这一更艰难的任务终于有人承担起来了,这是和宇宙万象相对的人文万象。

在这个时期,走向抽象的驱力开始得到承认。雅典人达成了历史自觉;他们确认一种新现象已经闯入他们的语言和经验,他们开始称之为"哲学"。智者派著作残存的只言片语揭示了大量的信息:既有他们达成新话语(逻各斯)水平的努力,又有他们概念词汇的精致;既有心里分类的词汇(如情感、理性、意见等),又有人类动机的词汇(希望、恐惧),还有道德原则的词汇（如效用或正义）。

如果说苏格拉底这一类追求和任何物理现象的话语没有关系，他的同时代人可不是这样的。话语的重点放在人类行为上，但概念和语言问题仍然涉及宇宙的行为。这就是为什么卷入抽象工作的人在柏拉图的《申辩篇》里都被界定为哲学家（philosophisen）。希腊已投入一场危险且令人着迷的游戏：荷马史诗的英雄们发现自己正在被翻译成概念、类别和原则的战斗。

随同理念词汇的，还有新生理念的散文，散文在修昔底德（Thucydides）的讲演词里表现得最为有效而生动。倘若我们由更多的智者派著作存世，这位历史学家可能就不会得到专一的功劳了。显然从表面即可看出他深受智者派影响。这个时期的希波克拉底（Hippocrates）存世不多的几本书也证明了同样的影响。这些著作基本上是按照人体行为和环境分类安排的。在这个意义上，它们都是智者派的论著，同样的努力很久以前在赫西俄德的著作里业已开始，很快它们将聚集最终的动力，并将在柏拉图的著作里迸发出来。

舞台已经为一位天才搭建起来，苏格拉底被发现了。他是作家却不是诗人，他将一劳永逸地组织一篇思想的散文；一劳永逸地阐述他的散文必须要什么句法，他将探索管束散文的逻辑规则。这位天才被发现了，另一位天才柏拉图也被发现了，学生柏拉图将对老师苏格拉底的发现进行矫正，并将其系统化。在他们的共同努力下，"知识"被创造成对象，成为教育体制的正当内容；知识被分门别类为伦理、政治、心理、物理和形而上学。于是，人关于社会、自身和环境的经验就在抽象世界里有了分离的、有组织的存在了。

欧洲迄今仍然生活在他们的阴影中，使用他们的语言，接受他们的二分对子，顺从他们的抽象训练，将其作为高等教育的主要载体，直到今天。"至尊音乐"确乎成为"哲学"，荷马的"教化"不知不觉间沉入过往、成为记忆；同样，希腊的特殊天才，亦如它在希腊古风时期和古典盛期那样，终将成为我们的记忆。

我们揭开了柏拉图先驱的帷幕，又将其拉上。哲学先驱短暂现身，他们说的是柏拉图主义的序幕。但那短暂的一幕呼唤扩张，直到它获得了一出新戏的比例。伟大的希腊思想喜剧开启了，三百年后柏拉图和亚里士多德开始写作。我们的《柏拉图导论》一写完，撰写前苏格拉底哲人和赫西俄德的《导论》的要求就要开启了。

参考文献

[1]   James Adam: *The Republic of Plato* (ed. and comm.), Cambridge 1920.

[2]   W. F. Albright: *The Archaeology of Palestine*, Penguin Books 1949. 'Some Oriental Glosses on the Homeric Problem', *AJA* 54 (1950) 162-76. 'Northeast-Mediterranean Dark Ages' in *The Aegean and the Near East*, ed. S. S. Weinberg, N. Y. 1956, pp. 144-64.

[3]   J. I. Armstrong: 'The Arming Motif in the Iliad', *AJP* 79 (1958), pp. 337-54.

[4]   J. W. H. Atkins: *Literary Criticism in Antiquity*, Cambridge 1934.

[5]   John Burnet: *Early Greek Philosophy*, 4th edn., London 1958. *The Socratic Doctrine of the Soul* (Proc. Brit. Acad., vol. 7), Oxford 1916. *The Ethics of Aristotle* (ed. and comm.), London 1900.

[6]   C. M. Bowra: *Problems in Greek Poetry*, Oxford 1953. *Tradition and Design in the Iliad*, Oxford 1930. Heroic Poetry, London 1952.

[7]   Rhys Carpenter: 'The Antiquity of the Greek Alphabet', *AJA* 37 (1933), pp. 8-29. 'The Greek Alphabet Again', *AJA* 42 (1938), pp. 58-69.

[8]   H. M. and N. K. Chadwick: *The Growth of Literature*, Cambridge 1932-40.

[9]   H. F. Cherniss: *The Riddle of the Early Academy*, Berkeley 1945. *Aristotle's Criticism of Presocratic Philosophy*, Baltimore 1935.

[10]   R. G. Collingwood: *The Principles of Art*, Oxford 1938.

[11]   R. M. Cook and A. G. Woodhead: 'The Diffusion of the Greek Alphabet', *AJA* 63 (1959) 175 ff.

[12] F. M. Cornford: *The Republic of Plato* (tr. and notes), New York 1945. *Before and After Socrates*, Cambridge 1932.

[13] Phillip Delacy: 'Stoic Views of Poetry', *AJP* 69 (1948) 241-71.

[14] A. Delatte: *Les Conceptions de l'enthousiasme chez les philosophes presocratiques*, Paris 1934.

[15] J. D. Denniston: 'Technical Terms in Aristophanes', *CQ* 21 (1927) 113-21.

[16] H. Diels: *Doxographi Graeci*, Berlin 1879 (3rd cdn., 1958). *Fragmente der Vorsokratiker*, Berlin 1922, 4th edn.

[17] H. Diels and W. Kranz: *Fragmente der Vorsokratiker*, Berlin 1934-8, 5th edn.

[18] A. Diès: *Autour de Platon*, Paris 1927.

[19] E. R. Dodds: *The Greeks and the Irrational*, Berkeley 1956.

[20] Sterling Dow: 'Minoan Writing', *AJA* 58 (1954) 77-129. 'The Greeks in the Bronze Age', XIe Congrès International des Sciences, Stockholm 1960.

[21] T. J. Dunbabin: *The Greeks and their Near Eastern Neighbors*, London 1957.

[22] G. F. Else: ' "Imitation" in the Fifth Century', *CP* 53 (1958) 73-90 and 'addendum' 245.

[23] H. C. Evelyn-White: *Hesiod Homeric Hymns etc.* (Loeb), London 1950.

[24] John Ferguson: *Republic* Book Ten (text and comm.), London 1957.

[25] M. I. Finley: *The World of Odysseus*, N.Y. 1954.

[26] H. Fraenkel: *Wege und Formen fruehgriechischen Denkens*, Munich, 2nd edn. 1960.

[27] P. Friedlaender: *Plato* (tr. Meyerhoff), Vol. I, N. Y. 1958.

[28] K. von Fritz: '*NOOΣ* and *NOEIN* in the Homeric Poems', *CP* 38 (1943) 79-93. '*NOOΣ NOEIN* and their derivatives in Pre-Socratic Philosophy', Part I, *CP* 40 (1945) 223-42; Part 2, *CP* 41 (1946) 12-34.

[29] O. A. Gigon: *Der Ursprung der griechischen Philosophie*, Von Hesiod bis Parmenides, Basel 1945.

[30] John Gould: *Development of Plato's Ethics*, Cambridge 1935.

[31] W. C. Greene: 'Plato's View of Poetry', *HSCP* 29 (1918), pp. 1-75.

[32] B. A. van Groningen: *In the Grip of the Past*, Leiden 1953.

[33] G. M. A. Grube: *Plato's Thought*, London 1935. 'Plato's Theory of Beauty', Monist 1927.

[34] W. K. C. Guthrie: *The Greeks and their Gods*, London 1950.

[35] R. Hackforth: 'The Modification of Plan in Plato's Republic', *CQ* 7 (1913) 265-72.

[36] G. M. A. Hanfmann: 'Ionia, Leader or Follower', *HSCP* 61 (1953) 1-37.

[37] E. A. Havelock: 'Why Was Socrates Tried?': Studies in Honour of Gilbelt Norwood, Toronto 1952, pp. 95-109. 'The Evidence for the Teaching of Socrates', *TAPA* 65 (1934) 282-95. *The Liberal Temper in Greek Politics*, London and New Haven 1957.

[38] Jens Holt: *Les Noms d'action en-σιζ(-τιζ)*, Aarhus 1940.

[39] F. Householder: Book Review of Emmett Bennett and Others, *CJ* 54 (1959) 379-83.

[40] F. Jacoby: *Hesiodi Carmina Pars I: Theogonia*, Berlin 1930.

[41] W. Jaeger: *Aristotle* (Eng. trans), 2nd edn., Oxford 1948. Paideia, Vol. I (Eng. trans.), Oxford 1939.

[42] L. H. Jeffery: *The Local Scripts of Archaic Greece*, Oxford 1961.

[43] Marcel Jousse: *Le Style Oral rhythmique et mnémotechnique chez les Verbomoteurs*, Paris 1925.

[44] G. S. Kirk: *Heraclitus: The Cosmic Fragments*, Cambridge 1954.

[45] G. S. Kirk and J. E. Raven: *The Presocratic Philosophers*, Cambridge 1957.

[46] W. Kranz: See under Diels.

[47] A. Lesky: *Geschichte der grieschischen Literatur*, Bern 1957-8.

[48] R. O. Lodce: *Plato's Theory of Art*, London 1953.

[49] Albert Lord: *A Singer of Tales*, Cambridge (Mass.) 1960. 'Homer Parry and Huso', *AJA* 53 (1948) 34-44.

[50] H. L. Lorimer: *Homer and the Monuments*, Londou 1950. 'Homer and the Art of Writing', *AJA* 52 (1948) 11-73.

[51] J. B. McDiarmid: 'Theophrastus on the Presocratic Causes', *HSCP* 61 (1953) 85-156.

[52] A. Meillet: *Les Origines Indo-européennes des metres grecs*, Paris 1923.

[53] Cordon M. Messing: 'Structuralism and Literary Tradition', *Language* 27.1 (1951).

[54] J. S. Morrison: 'The Origins of Plato's Philosopher-Statesman', *CQ* N.S. 8 (1958) 198-218.

[55] W. Mure: *A Critical History of the Language and Literature of Ancient Greece*, London 1850.

[56] J. L. Myres: 'Folk Memory' (Presidential Address), *Folklore* 37 (1926) 13-24.

[57] K. O. Mueller: *A History of the Literature of Ancient Greece*, 1841 (in German), 1858 (Eng.).

[58] W. Nestlé: *Vom Mythos zum Logos*, Stuttgart (2nd edn.) 1942.

[59] R. L. Nettleship: *Lectures on the Republic of Plato*, ed. Charnwood, London 1925.

[60] M. P. Nilsson: *Homer and Mycenae*, London 1933. *KATAIIAOI*, Rh. Mus. 60 (1905) 161-89. 'Die Uebernahme und Entwicklung des Alphabets durch die Griechen' (1918), reprinted op. sel., vol. 2, Lund 1952.

[61] J. A. Notopoulos: 'Mnemosyne in Oral Literature', *TAPA* 69 (1938) 465 ff. 'Parataxis in Homer', *TAPA* 80 (1949) 1-23. 'Homer, Hesiod and the Achaean Heritage of Oral Poetry', *Hesperia* 29 (1960).

[62] Denys Page: *History and the Homeric Iliad*, Berkeley 1959.

[63] F. A. Paley: *The Epics of Hesiod*, London 1861.

[64] Adam Parry: 'The Language of Achilles', *TAPA* 87 (1956) 1-7.

[65] Milman Parry, *l' Epithète Traditionelle dans Homère*, Paris 1928.

[66] H. J. Paton: 'Plato's Theory of εἰχασία', *Proc. Arist. Soc.* 22 (1922) 69-104.

[67] H. N. Porter: 'The Early Greek Hexameter', *YCS* 12 (1951) 3-63.

[68] L. J. D. Rjchardson: 'Further Observations on Homer and the Mycenaean Tablets', *Hermathena* 86 (1955) 50-65.

[69] Richard Robinson: Plato's Earlier Dialectic, Ithaca, N.Y. 1941.

[70] S. H, Rosen: 'Collingwood and Greek Aesthetic', *Phronesis* 4 (1959) 135 ff.

[71] T. Rosenmeyer: 'Gorgias, Aeschylus and *Apate*', *AJP* 76 (1955) 225-60.

'Judgment and Thought in Plato's Theaetetus' (mimeograph.), presented at Soc. Anc. Greek Phil., New York, December 1959.

[72] Jacques Schwartz: *Pseudo-Hesiodea*, Leiden 1960.

[73] Paul Shorey: *The Unity of Plato's Thought*, Chicago 1903. *Plato's Republic* (Loeb), London 1935.

[74] E. E. Sikes: *The Greek View of Poetry*, London 1931.

[75] H. W. Smyth: *Greek Melic Poets*, London 1900.

[76] Bruno Snell: *Die Ausdruecke fuer den Begriff des Wissens in der vor-Platonischen Philosophie*, Philol. Untersuch., 29 Berlin 1924. *The Discovery of Mind* (tr. Rosenmeyer), Oxford 1953.

[77] Friedrich Solmsen: 'Gift of Speech in Homer and Hesiod', *TAPA* 85 (1954) 1-15.

[78] Alice Sperduti: 'The Divine Nature of Poetry in Antiquity', *TAPA* 81 (1950) 209-40.

[79] R. G. Steven: 'Plato and the Art of his Time', *CQ* 27 (1933) 149-55.

[80] J. Tate: ' "Imitation" in Plato's Republic', *CQ* 22 (1928) 16-23. 'Plato and Imitation', *CQ* 26 (1932) 161-9.

[81] A. E. Taylor: *Varia Socratica*, Oxford (Parker) 1911. *Socrates*, Edinburgh 1932.

[82] E. G. Turner: 'Athenian Books in the Fifth and Fourth Centuries B.C.', Inaug. Lect. Univ. Coll., London (H. K. Lewis), 1952.

[83] Ueberweg-Praechter: Grundriss der Geschichte der Philosophie, Vol. I, 13th edn., Basel 1951.

[84] B. L. Ullman: 'How Old is the Greek Alphabet?', *AJA* 38 (1934) 359-81.

[85] M. Ventris and J. Chadwick: *Documents in Mycenaean Greek*, Cambridge 1956.

[86] W. J. Verdenius: *Mimesis*, Leiden 1949.

[87] H. T. Wade-Gery: *The Poet of the Iliad*, Cambridge 1952.

[88] Calvert Watkins: 'Indo-European Origins of a Celtic Metre', Proc. Int. Conf. on Poetics, Warsaw, August 1960 (Inst. Lit. Stud. Polish Acad. Sc.).

[89] T. B. L. Webster: *From Mycenae to Homer*, London 1960. 'Greek Theories of Art and Literature down to 400 B.C.', *CQ* 33 (1939) 166-79. 'Homer and the Mycenaean Tablets', *Antiquity* 113 (1955) 14 ff.

[90] C. H. Whitman: *Homer and the Heroic Tradition*, Cambridge (Mass.) 1958.

[91] U. von Wilamowitz-Moellendorf: *Platon*, Vol. I, 3rd edn., Berlin 1948. *Hesiodos Erga*, Berlin 1928.

[92] Rodney S. Young: 'Late Geometric Graves and a Seventh-Century Well in the Agora' *Hesperia*, Supp. 2 (1939). 'Review of Dunbabin', *AJA* 64 (1960) 385-7.

[93] Zeller-Nestle: *Die Philosophie der Griechen*, 13th edn., Leipzig 1928.

[94] T. Zielinski: 'Die Behandlung gleichzeitiger Ereignisse im antiken Epos', *Philologus* Supplementband 8 (1901).

译后记

深圳大学传播学院媒介环境学译丛第三辑主题"回眸与展望"共五本书，两种"回眸"：

（1）麦克卢汉讲演录《麦克卢汉如是说：理解我》（第二版），他的读者都知道，麦克卢汉的思想在讲演中双重发挥、畅快淋漓；

（2）国内学界长期追问：为什么不引进《柏拉图导论》？这个问题终于有了令人满意的答案，不亦快哉。

三种新锐书"展望"：

（1）《伟大的发明：从洞穴壁画到人工智能时代的语言演化》老树新花，指向未来；

（2）《假新闻：活在后真相的世界里》是及时雨，很解渴；

（3）《个人数字孪生体：东西方人机融合的社会心理影响》文理嫁接，伸向未来。

《柏拉图导论》是古典学经典，对象读者是同行学者，有论辩色彩。中译本针对一般读者，必须有所取舍。经版权方允许，我们有三大举措：

（1）原书注释专注考据、繁难冗赘，对一般读者并不友好，悉数删除；

（2）索引不是必须，不用；

（3）文献乃必须，保留。

专此说明。

何道宽

于深圳大学文化产业研究院

深圳大学传媒与文化发展研究中心

2022 年 6 月 6 日

译者介绍

何道宽，深圳大学英语及传播学教授授，荣获翻译文化终身成就奖（2023），深圳市政府津贴专家、资深翻译家、《中国新闻传播学年鉴》（2017）学术人物、《国际新闻界》"名家聚焦"人物、《中国新闻传播教育年鉴》（2021）"名师风采"人物。曾任中国跨文化交际学会副会长、广东省外国语学会副会长、中国传播学会副理事长，现任中国传播学会终身荣誉理事、深圳翻译协会高级顾问，从事英语语言文学、文化学、人类学、传播学研究40余年，率先引进跨文化传播（交际）学、麦克卢汉媒介理论和媒介环境学。著作和译作逾一百种，著译论文字逾2000万。

著作有《夙兴集》、《焚膏集》、《问麦集》、《融媒集》、《中华文明撷要》（汉英双语版）《创意导游》（英文版）。电视教学片（及其纸媒版）有《实用英语语音》。

译作逾100种，要者有：《文化树：世界文化简史》《理解媒介》《技术垄断》《数字麦克卢汉》《游戏的人》《中世纪的秋天》《17世纪的荷兰文明》《裸猿》《麦克卢汉传：媒介及信使》《传播的偏向》《帝国与传播》《超越文化》《新新媒介》《媒介环境学》《模仿律》《麦克卢汉精粹》《思维的训练》《思想无羁：技术时代的认识论》《手机：挡不住的呼唤》《真实空间：飞天梦解析》《麦克卢汉书简》《传播与社会影响》《新政治文化》《莱文森精粹》《与社会学同游》《伊拉斯谟传》《口语文化与书面文化》《传播学批判研究：美国的传播、历史和理论》《重新思考文化政策》《交流的无奈：传播思想史》《作为变革动因的印刷机》《无声的语言》《传播学概论》《软利器》《迫害、灭绝与文学》《菊与刀》《理解新媒介：延伸麦克卢汉》《字母表效应》《变化中的时间观念》《文化对话：跨文化传播导论》《媒介、社会与世界：社会理论与数字媒介实践》《群众与暴民：从柏拉图到卡内蒂》《互联网的误读》《中国传奇：美国人眼里的中国》《初闯中国：美国人对华贸易、条约、鸦片和救赎的故事》《驱逐：被遗忘的美国排华战争》《乌合之众》《个性动力论》《媒介即是按摩：麦克卢汉媒介效应一览》《媒介与文明》《余韵无穷的麦克卢汉》《指向未来的麦克卢汉：媒介论集》《公共场所的行为：公共场所的行为：聚会的社会组织》《文化科学：故事、亚部落、知识与革新的自然历史》《创意生活》《公共文化、文化认同与文化政策》《被误读的麦克卢汉：如何矫正》《心灵的延伸：语言、心灵和文化的滥觞》《什么是信息：生物域、符号域、技术域和经济域里的组织繁衍》《震惊至死：重温尼尔·波斯曼笔下的美丽新世界》《文化的肌肤：半个世纪的技术变革和文化变迁》《数据时代》《被数字分裂的自我》《持续不懈的创新：艺术、文化与创意产业的发展》《个人数字孪生体：东西方人机融合的社会心理影响》《柏拉图导论》《伟大的发明：从洞穴壁画到人工智能时代的语言演化》《假新闻：活在后真相的世界里》《麦克卢汉如是说：理解我》等。

论文50余篇，要者有《介绍一门新兴学科——跨文化的交际》《比较文化之我见》《中国文化深层结构中崇"二"的心理定势》《论美国文化的显著特征》《和而不同息纷争》《多伦多传播学派的双星：伊尼斯与麦克卢汉》《异军突起的第三学派——媒介环境学评论之一》《游戏、文化和文化史：〈游戏的人〉给当代学者的启示》《破解史诗和口头传统之谜》《麦克卢汉：媒介理论的播种者和解放者》《莱文森：数字时代的麦克卢汉，立体型的多面手》《文化政策需要顶层设计》《媒介环学：从边缘到殿堂》《冒险、冲撞、相识：美中关系史第一个一百年的故事》《泣血的历史：19 世纪美国排华史揭秘》《罗伯特·洛根：麦克卢汉思想圈子硕果仅存的跨学科奇人》《尼尔·波斯曼：媒介环境学派的一代宗师和精神领袖》等。

"媒介环境学译丛"书目

1.《媒介环境学：思想沿革与多维视野》（第二版）〔美国〕林文刚 编 / 何道宽 译　118.00 元

2.《什么是信息：生物域、符号域、技术域和经济域里的组织繁衍》〔加拿大〕罗伯特·K.洛根 著 / 何道宽 译　59.00 元

3.《心灵的延伸：语言、心灵和文化的滥觞》〔加拿大〕罗伯特·K.洛根 著 / 何道宽 译　79.00 元

4.《震惊至死：重温尼尔·波斯曼笔下的美丽新世界》〔美国〕兰斯·斯特拉特 著 / 何道宽 译　55.00 元

5.《文化的肌肤：半个世纪的技术变革和文化变迁》（第二版）〔加拿大〕德里克·德克霍夫 著 / 何道宽 译　98.00 元

6.《被数字分裂的自我》〔意大利〕伊沃·夸蒂罗利 著 / 何道宽 译 69.00 元

7.《数据时代》〔意大利〕科西莫·亚卡托 著 / 何道宽 译　55.00 元

8.《帝国与传播》（第三版）〔加拿大〕哈罗德·伊尼斯 著 / 何道宽 译 59.00 元

9.《传播的偏向》（第三版）〔加拿大〕哈罗德·伊尼斯 著 / 何道宽 译 59.00 元

10.《麦克卢汉精粹》（第二版）〔加拿大〕埃里克·麦克卢汉、〔加拿大〕弗兰克·秦格龙 编 / 何道宽 译　108.00 元

11.《个人数字孪生体：东西方人机融合的社会心理影响》〔意大利〕罗伯托·萨拉科、〔加拿大〕德里克·德克霍夫 著 / 何道宽 译　79.00 元

12.《伟大的发明：从洞穴壁画到人工智能时代的语言演化》〔意大利〕保罗·贝南蒂 著 / 何道宽 译　59.00 元

13.《假新闻：活在后真相的世界里》〔意大利〕朱塞佩·里瓦 著 / 何道宽 译　59.00 元

14.《麦克卢汉如是说：理解我》(第二版)〔加拿大〕马歇尔·麦克卢汉 著，〔加拿大〕斯蒂芬妮·麦克卢汉、〔加拿大〕戴维·斯坦斯编 / 何道宽 译　79.00 元

15.《柏拉图导论》〔英〕埃里克·哈弗洛克 著 / 何道宽 译　69.00 元